Michaela Karl
Streitbare Frauen

PIPER

Zu diesem Buch

Mit feinem Gespür für innere Widersprüche und Selbstzweifel taucht Michaela Karl in die Gedankenwelten streitbarer Frauen ein und macht die Hintergründe ihres Handelns nachvollziehbar. Auf der Grundlage von Briefen, Tagebüchern, Schriften und Erinnerungen zeichnet Michaela Karl beeindruckende Lebenswege gegen den Strom nach.

Dr. phil. Michaela Karl, geboren 1971 in Straubing, studierte Politologie, Geschichte und Psychologie in Berlin, München und Passau. Sie promovierte 2001 an der Freien Universität Berlin über Rudi Dutschke und ist derzeit Lehrbeauftragte für politische Theorie an der Hochschule für Politik in München.

Michaela Karl

Streitbare Frauen
PORTRÄTS AUS DREI JAHRHUNDERTEN

Piper München Zürich

Mehr über unsere Autoren und Bücher:
www.piper.de

Von Michaela Karl liegen bei Piper vor:
Bayerische Amazonen
Streitbare Frauen

MIX
Papier aus verantwortungsvollen Quellen
FSC® C014496

Ungekürzte Taschenbuchausgabe
Januar 2013
© 2009 Residenz Verlag im Niederösterreichischen Pressehaus
Druck- und Verlagsgesellschaft mbH, St. Pölten – Salzburg
© 2013 Piper Verlag GmbH, München
Umschlaggestaltung: semper smile, München
Umschlagabbildung: Hulton Archive/Getty Images
Satz: Ekke Wolf, typic.at
Gesetzt aus der Kingfisher
Papier: Munken Print von Arctic Paper Munkedals AB, Schweden
Druck und Bindung: GGP Media GmbH, Pößneck
Printed in Germany   ISBN 978-3-492-26468-6

Inhalt

Zu diesem Buch 9

I
»Ich that es um hundert tausend Menschen zu retten!« 15
Charlotte Corday (1768–1793), die Mörderin Jean Paul Marats

II
Für Freiheit und Frauenrechte 33
Mathilde Franziska Anneke (1817–1884), die badisch-pfälzische Amazone

III
Move or Die! 53
Harriet Tubman (1822–1913), der Moses ihres Volkes

IV
Die Waffen nieder! 73
Bertha von Suttner (1843–1914), die Streiterin für den Weltfrieden

V
Volkswohl und Volkswille 93
Vera Figner (1852–1942), die Gefangene des Zaren

VI
Für Sozialismus und Frauenrechte 117
Clara Zetkin (1857–1933), die Grande Dame der deutschen Arbeiterbewegung

VII
Votes for Women! 135
Emmeline Pankhurst (1858–1928), die Queen der Suffragetten

VIII
Für die Republik Irland 157
Constance Markievicz (1868–1927), die rebellische Gräfin

IX
Die Propaganda der Tat 175
Emma Goldman (1869–1940), die gefährlichste Frau der Vereinigten Staaten

X
Der Blick der Güte 197
Tina Modotti (1896–1942), die Jeanne d'Arc mit der Kamera

XI
Venceremos! 217
Tamara Bunke (1937–1967), die Compañera Che Guevaras

XII
Mein ist die Rache 237
Phoolan Devi (1963–2001), die Königin der Banditen

Anmerkungen 253

Literatur 262

Personenregister 266

Bildnachweis 270

Gewidmet meiner geliebten Mutter
Christl Karl (1946–2007)
und Maria Stern (1940–2008)

»Wer nach seiner Überzeugung handelt,
und sei sie noch so mangelhaft,
kann nie ganz zugrunde gehen,
wohingegen nichts seelentötender wirkt,
als gegen das innere Rechtsgefühl
das äußere Recht in Anspruch zu nehmen.«
Annette von Droste-Hülshoff[1]

»Heiß ich doch, weil ich fromm war, Frevlerin!
Ja, wenn es den Göttern wohlgefällt,
Dann seh ich ein: Ich leide, weil ich fehlte.
Doch fehlten diese, treffe sie nichts Ärgeres,
Als was sie wider Recht an mir getan!«
Sophokles, Antigone[2]

Zu diesem Buch

Sophokles erzählt in seinem Drama von Antigone, der Tochter des Ödipus, über die sich der Fluch der Götter legt, nachdem ihr Vater seinen eigenen Vater getötet und seine Mutter geheiratet hat. Antigones Brüder Polyneikes und Eteokles erschlagen sich gegenseitig beim Kampf um Theben. Der neue König Kreon versucht die Ordnung wiederherzustellen und verbietet die Bestattung Polyneikes, der als Verräter gilt. Doch Antigone widersetzt sich den Gesetzen des Herrschers. Das Gebot der Götter, die Toten zu bestatten, gilt ihr als höheres Recht und auch die Androhung von Strafe kann sie nicht von ihrem Weg abbringen. Sie handelt gemäß ihrer moralischen Überzeugung und bestattet den Bruder. Damit stellt sie ihr Gewissen über das Gesetz; sie ist bereit, für ihr Streben nach Gerechtigkeit das eigene Leben zu opfern.

Im Mythos der Antigone, der schon Hegel als Symbol für das sittliche Recht galt, drückt sich der Widerstreit von gerechtem Handeln und positivem (vom Menschen gemachtem) Recht aus. Antigone wird gefasst und nach einem Verhör, in dem sie ihre Gründe darlegt, zum Tode verurteilt. Daran ändert auch die Tatsache nichts, dass sie die zukünftige Schwiegertochter Kreons ist. Noch im Kerker geht sie in den Freitod, ihr Verlobter, Kreons Sohn Haimon, und dessen Mutter, Kreons Ehefrau Eurydike, folgen ihr.

Antigone hatte gegen zwei Gesetze verstoßen, die nicht nur

in der antiken Welt Gültigkeit hatten, sondern auch lange danach noch galten: Zum einen missachtete sie ein Gesetz der Regierung und zum anderen hatte sie die ihr zugedachte Rolle als Frau, wonach sie sich dem Mann unterzuordnen und sich von der politischen Bühne fernzuhalten hatte, verlassen. Statt sich den politischen und gesellschaftlichen Geboten zu beugen, kämpfte sie unbeirrbar, mutig und entschlossen für die Umsetzung eines höheren Zieles. Der Einsatz für ein höheres Gut überstrahlte alle menschlichen Beziehungen und stand über ihrem eigenen Wohl und Wehe.

Die in diesem Buch porträtierten Frauen gleichen ihr darin. Auch sie glaubten an ein höheres Ideal, dem sie sich verpflichtet fühlten. Sie waren Überzeugungstäterinnen, die für die Durchsetzung ihrer Ziele gegen sittliche und staatliche Gebote verstießen. Die Umsetzung ethischer Werte hatte bei ihnen stets Vorrang vor der Umsetzung weltlicher Gesetze. Sie fühlten eine tiefe moralische Verantwortung für die Menschen in sich, die sie dazu brachte, sich gesellschaftlichen und politischen Zwängen zu verweigern und Gesetze zu brechen.

Angetrieben von Wut und Empörung angesichts gesellschaftlicher oder politischer Missstände hatte ihr Einsatz jenseits aller politischen Analyse immer auch eine persönlich-moralische Dimension, die bei Frauen ungleich stärker zum Tragen kommt als bei Männern. Ein Umstand, der sicherlich die erstaunliche Radikalität und Konsequenz erklärt, mit der diese Frauen ihre Ziele verfolgten. Couragiert und furchtlos stritten sie für ihre Überzeugungen, allen Widrigkeiten zum Trotz.

Politische Frauen waren zu allen Zeiten ein heikles Thema. Oppositionelle Frauen hatten und haben es weitaus schwerer als diejenigen, die im Gleichschritt mit der Macht marschieren. Trotzdem sind es gerade die Rebellinnen, jene Frauen, die gegen den Strom schwammen, die noch heute faszinieren. Ihr unbedingter Einsatz für unpopuläre Themen wie Frauen- und Menschenrechte, Freiheit und Frieden veränderte die Welt und brachte zahlreiche Neuerungen mit sich, von denen nicht nur Frauen profitieren konnten. Der Einsatz von Frauenrechtlerinnen wie Mathilde Franziska Anneke oder Clara Zetkin verbesserte die rechtliche Situation von Frauen überall auf der Welt. Der Kampf von Harriet Tubman gegen die Sklaverei trug entscheidend zur Ächtung derselben bei.

Dabei galt politisches Engagement lange Zeit als unweiblich und nicht gesellschaftsfähig. Als Bertha von Suttner sich an die Spitze der europäischen Friedensbewegung setzte, wurde sie verlacht und verhöhnt. Dass Frauen in der Öffentlichkeit als Rednerinnen auftraten, wurde als höchst unschicklich und unpassend bewertet. Eine restriktive Gesetzgebung sorgte lange Jahre dafür, dass Frauen ohnehin von jeglicher politischen Betätigung ausgeschlossen blieben. Traten Frauen öffentlich in Erscheinung, dann höchstens als Gefährtinnen und Helferinnen männlicher Helden, als selbstständige Akteurinnen wurden sie nicht geduldet. Frauenengagement galt als etwas Unnatürliches, und dass viele der im Folgenden porträtierten Akteurinnen ein äußerst turbulentes Privatleben aufzuweisen hatten und dadurch zusätzlich gegen gesellschaftliche Schranken verstießen, war Wasser auf die Mühlen ihrer Gegner. Dabei ist es nur allzu gut vorstellbar, dass Frauen, die sich dem Diktum widersetzten, sich von der Politik fernzuhalten, sich auch im privaten Bereich nur wenig um gesellschaftliche Konventionen scherten.

Während man sich heute an Frauen in Öffentlichkeit und Politik gewöhnt hat, fällt es noch immer schwer, Frauen im Zusammenhang mit verübter Gewalt zu betrachten – Frauen nicht nur als Opfer, sondern auch als Täterinnen zu sehen. Männer können Helden werden, auch wenn sie Gewalt anwenden. Frauen, die zur Gewalt greifen, gelten als Fanatikerinnen oder Verrückte wie Charlotte Corday. Dass Frauen wie Emmeline Pankhurst oder Emma Goldman den Staat mit Gewalt bekämpfen wollten, löst Unbehagen aus. Derart radikale Frauen machen Angst, steht das Weibliche doch für die friedlichen Mittel in der Auseinandersetzung. Noch beängstigender jedoch sind Frauen wie Phoolan Devi, die auf männliche Gewalt mit massiver Gegengewalt reagierten und damit eine Männerwelt auf den Kopf stellten. Frauen sollen dulden oder sich zumindest mit humanen Mitteln wehren – selbst gegen Inhumanität. Feldzüge für die Gerechtigkeit sollen ihre Sache nicht sein.

Widerstand zu leisten ist immer mit einschneidenden Konsequenzen verbunden, bei Frauen ist deren Tragweite jedoch ungleich größer. Für Constance Markievicz und Vera Figner bedeutete ihr politisches Engagement den vollständigen Bruch mit ihrem bisherigen Leben. Für sie gilt in extremer Weise das, was für alle hier vorgestellten Frauen gilt: Sie schlugen einen Weg ein, den man ihrer sozialen Herkunft und Sozialisation nach nicht von ihnen erwartete. Doch anstatt sie dafür zu bewundern, begegnete man ihnen mit Skepsis. Menschen, die keine Rücksicht auf ihre Familien nehmen und für ihre politische Überzeugung gar ihre Kinder verlassen, nennt man »Helden«, wenn sie Männer sind, und »Rabenmütter«, wenn es sich um Frauen handelt. Dabei zeigt die Geschichte, dass Frauen, die sich einmal zu einem derartigen Schritt durchgerungen haben, weder durch Gefängnis noch durch Folter von ihrer Mission abgebracht werden konnten. Der Bruch mit Familie, Freunden und Partnern, den Tamara Bunke und Tina Modotti erlebten, konnte sie zu keiner Zeit von ihrem aufrechten Gang abhalten.

Sicherlich können sie nicht für alle ihre Aktionen unser Verständnis erwarten, manches macht den Umgang mit diesen Frauen schwierig. Auch Frauen sind nicht unfehlbar. Es mag nicht jede Entscheidung akzeptabel sein, eine Gewissensentscheidung war sie trotzdem. Diese Frauen stellten einen hohen moralischen Anspruch an das Leben und an sich selbst und umso interessanter ist es, zu erfahren, wie es innerhalb dieses hohen Anspruches zu gravierenden Fehlentscheidungen und Taten kommen konnte, die diesem Anspruch nicht gerecht werden. Um eine gerechte Bewertung der Akteurinnen leisten zu können, ist es wichtig, sie noch einmal in Selbstzeugnissen zu Wort kommen zu lassen. Durch die Hinterlassenschaft von Briefen, Tagebüchern, Autobiografien, Schriften und Artikeln ist es auch so viele Jahre später möglich, in ihre Gedankenwelt einzutauchen und den Entscheidungsfindungsprozess, der ihrem Handeln vorausging, nachzuvollziehen.

Es ist offensichtlich: Für Frauen und Männer gelten in der Politik nicht dieselben Maßstäbe. Um wahrgenommen zu werden, müssen Frauen nicht nur besser, sondern auch radikaler sein. Lange Zeit standen ihnen nicht die gleichen Mittel zur Verfügung wie Männern, um ihre politischen Ziele umsetzen zu können. Bemächtigten sie sich dieser Mittel, wie öffentlicher Auftritte, Provokationen oder Militanz, stießen sie auf heftige Gegenwehr, deren Überwindung sie radikalisierte und zum Teil auch fanatisierte.

Doch wie immer man auch zu ihnen stehen mag, eines ist unbestritten: Sie waren charakterfest, geradlinig und von unbeugsamem Willen. Ihr Einsatz verfolgte stets ein höheres Ziel. Der Wille zur Macht, der männliches Engagement zumeist bestimmt, fehlte ihnen gänzlich.

Für Leserinnen und Leser von heute mögen die Porträts dieser zwölf Frauen beispielhafte Lebenswege sein, die zeigen, dass es zu jeder Zeit, überall auf der Welt, schwierig war, als Frau politisch gegen den Strom zu schwimmen, dass es aber, zu jeder Zeit, überall auf der Welt, Frauen geben muss, die dies versuchen.

München, im Juli 2009 *Michaela Karl*

I
Ich that es um hundert tausend Menschen zu retten!

Charlotte Corday (1768–1793),
die Mörderin Jean Paul Marats

»Oh mein Vaterland! Dein Unglück zerreißt mir das Herz,
ich kann dir nichts bieten als mein Leben,
und ich danke dem Himmel, dass ich die Freiheit habe,
darüber zu verfügen.«[1]

»Hast Du Thatsachen von der Corday, so sende sie mir; auf Böttigers Zureden versprach ich etwas für den Berliner Historien-Kalender (...) und nahm diese Königin. So viel entsinn' ich mich noch, dass sie dem Marat das Lebenslicht ausgeblasen.«[2] In dieser etwas despektierlichen Form schreibt der Dichter Jean Paul im März 1799 an seinen Freund und Biografen Christian Otto, ehe er sich zu einem glühenden Bewunderer der jungen Französin wandelt. Genau 20 Jahre später wird der Student Karl Ludwig Sand Jean Pauls Text über Charlotte Corday bei sich tragen, als er den Schriftsteller August von Kotzebue erdolcht.

Charlotte Corday ist 25 Jahre alt, als sie mit einem Paukenschlag die politische Bühne betritt. Am 13. Juli 1793 ermordet die junge Frau den radikalen Revolutionär Jean Paul Marat in der Badewanne. Bis zu diesem Tage war Charlotte Corday nach außen hin kaum in Erscheinung getreten. Die revolutionären Zeiten hatte sie fern der Hauptstadt Paris in Caen verbracht. Sie war weder am Sturm auf die Bastille, noch am Marsch der Pariser Marktweiber nach Versailles beteiligt gewesen, sondern hatte viele Jahre das Leben einer unbescholtenen Bürgerin geführt. Ein einziger Tag genügte, um sie zu einer der berühmtesten Frauen Frankreichs zu machen und ihren Namen für immer untrennbar mit der Französischen Revolution zu verbinden.

Marie Anne Charlotte Corday d'Armont wird am 27. August 1768 in Saint-Saturnin-des-Ligneries in der Normandie geboren. Sie ist das vierte Kind eines verarmten Adeligen, ihr Urgroßvater ist der berühmte französische Dramatiker Pierre Corneille. Die

Familie lebt ganz im Geiste der Aufklärung und erzieht die Kinder in diesem Sinne. 1782 übersiedelt sie nach Caen. Hier stirbt die Mutter 45-jährig bei der Geburt des sechsten Kindes. Da die drei älteren Geschwister das Elternhaus bereits verlassen haben, muss nur für Charlotte und die zwei Jahre jüngere Eleonore eine Lösung gefunden werden. Der Vater sieht sich außerstande die beiden Mädchen aufzuziehen und bringt sie im Benediktinerinnenkloster Abbaye-aux-Dames in Caen unter. Charlotte ist ein nachdenkliches und ruhiges Kind, das sich hier in der Abgeschiedenheit intensiv mit den Denkern der Aufklärung Guillaume-Thomas Raynal und Jean-Jacques Rousseau beschäftigt. Große Begeisterung wecken in ihr die antiken Autoren, allen voran Plutarch, dessen *Parallelbiografien* im 18. Jahrhundert das meistgelesene Werk der Antike ist. Die Tugend der großen griechischen und römischen Persönlichkeiten beeindruckt sie und beeinflusst Charlottes Charakterbildung und ihr Denken.

Es gefällt ihr so gut im Kloster, dass sie nach Ende der Schulzeit beschließt zu bleiben und für die Äbtissin als Privatsekretärin zu arbeiten. Ohne große Aufregungen gehen die nächsten Jahre ins Land. Hinter den dicken Klostermauern ist nicht viel zu spüren von den sich ankündigenden revolutionären Umwälzungen, die Europa für immer verändern und zum wichtigsten historischen Ereignis der Neuzeit werden sollten. Charlotte fühlt sich wohl in der Gemeinschaft der Benediktinnern und trägt sich bald gar selbst mit dem Gedanken, Nonne zu werden. Dies käme auch ihren finanziellen Verhältnissen, die eine Heirat ohnehin erschweren würden, entgegen.

Während Charlotte in Caen ein beschauliches Klosterleben führt, gärt es überall im Land. Besonders die Unzufriedenheit des Dritten Standes wächst. Frankreich erlebt einen beachtlichen wirtschaftlichen Aufschwung, die politische Einflusslosigkeit der Bürger widerspricht bald ihrer ökonomischen Macht. In einer Zeit rapider sozioökonomischer Strukturveränderungen fühlen sich die Bürger durch das überkommene Ancien Régime in ihrer Entfaltung gehemmt. Der Geist der Aufklärung trägt dazu bei, dass der Dritte Stand ein neues politisches

Selbstbewusstsein entwickelt und es nicht länger hinnehmen will, von einem dekadenten Adel bevormundet zu werden. Denker wie Montesquieu oder Rousseau entziehen dem absolutistischen System sukzessive seine Legitimationsgrundlage. Die Freiheitsideale der von den Franzosen unterstützten amerikanischen Unabhängigkeitsbewegung finden hier ihr Echo. Dazu kommt, dass sich der Staat gerade durch seine Beteiligung am amerikanischen Unabhängigkeitskrieg in einer dauerhaften finanziellen Krise befindet. Als der Generalkontrolleur der Finanzen Jacques Necker 1781 zum ersten Mal die Zahlen des französischen Budgets offenlegt, erkennen die Bürger voll Empörung, welche Unsummen das Ancien Régime verschlingt. Alle Versuche Neckers, den Staatshaushalt zu sanieren, scheitern am Widerspruch der Ersten Stände Adel und Klerus, die ihre Privilegien, wie zum Beispiel die Befreiung von direkten Steuern, mit Klauen und Zähnen verteidigen. Diese Verweigerungshaltung gegenüber den Steuergesetzen der Krone ergreift schließlich auch das Volk. Ludwig XVI. sieht sich gezwungen, die seit 1614 nicht mehr zusammengetretenen Generalstände einzuberufen, um die Finanzkrise zu regeln.

Die Majorität der Bevölkerung hat jedoch mit ganz anderen Problemen zu kämpfen. Die Schere zwischen Arm und Reich klafft in diesen Jahren immer weiter auseinander. Die französischen Bauern, die 85 Prozent der Bevölkerung ausmachen, sind arm und, obwohl persönlich frei, durch die dreifachen Abgaben an Staat, Kirche und Grundherren unterdrückt. Ihnen bleibt kaum mehr als ein Drittel ihres Einkommens zur Ernährung der Familie. Die städtische Unterschicht ist völlig verelendet, das Lumpenproletariat wächst kontinuierlich. 1788 kommt es, bedingt durch eine verheerende Missernte sowie einen darauf folgenden harten Winter, zu einem enormen Preisanstieg für Brot. Während die Bevölkerung hungert, sind die Getreidespeicher von Adel und Klerus jedoch gut gefüllt. Es bilden sich erste Demonstrationszüge, bei denen ein gerechter Brotpreis gefordert wird. In den Städten spitzt sich die Situation bedenklich zu. 1789 ist Brot dreimal so teuer wie üblich. Einfache Handwerker müssen längst die Hälfte ihres Verdienstes für Brot ausgeben. Im April stürmen aufgebrachte Arbeiter die Fabrik des Industriellen Réveillon, der über zu hohe Löhne geklagt hatte. Die herbeigerufene Nationalgarde richtet ein Blutbad an, den Volkszorn zu stoppen vermag sie nicht.

Am 5. Mai 1789 werden in Versailles die Generalstände eröffnet. Unter der Führung Graf Mirabeaus erklärt sich der Dritte Stand zum Vertreter des Volkswillens, da er 95 Prozent der Bevölkerung vertritt. Man fordert, die Abstimmung von nun an nach Köpfen, nicht nach Ständen vorzunehmen. Dies würde dem Dritten Stand, dessen Abgeordnete zuvor auf 600 verdoppelt worden waren, eine enorme Machtfülle geben. Die Abgeordneten des Dritten Standes verwerfen die Ständeordnung und erklären sich selbst zur Nationalversammlung. Der Klerus schließt sich ihnen mit knapper Mehrheit an, der Adel setzt weiterhin auf den König und die alte Ständeordnung. Am 20. Juni geloben die Deputierten des Dritten Standes im sogenannten Ballhausschwur nicht eher auseinanderzugehen, bis sie dem Land eine Verfassung gegeben haben. Da sich nun auch Teile des Adels solidarisieren, gibt der König nach. Am 9. Juli 1789 erklärt sich die Nationalversammlung zur Verfassungsgebenden Versammlung.

Weil sich im nahen Paris die Situation derweil zugespitzt hat, lässt der König Truppen in die Hauptstadt verlegen. Die Entlassung des angesehenen Finanzministers Necker am 11. Juli heizt die Stimmung zusätzlich an. Am 12. Juli gehen die Dragoner bei den Tuilerien gegen das Volk vor. Dieses reagiert mit der Aufstellung einer Nationalgarde. Einen Tag später stürmt die Menge das Invaliden-Haus, erbeutet Gewehre, aber kein Pulver. Am 14. Juli 1789 beginnt mit dem Sturm auf die Bastille die Französische Revolution. Er endet mit 98 toten Belagerern, mehreren toten Soldaten, einem gelynchten Befehlshaber und dem Sieg der Aufständischen.

Dieser städtische Aufruhr wird bald ergänzt durch die Revolte der Bauern. Hatten sich diese bis zum 14. Juli relativ bedeckt gehalten, wächst nun die sogenannte Große Furcht (Grande

Peur) vor einer gewaltsamen Reaktion des Adels. Angespornt durch die Pariser Ereignisse fordern die Bauern die Aufhebung der Privilegien der Grundherren. Es kommt zu lokalen Bauernaufständen, die letztlich in der Nacht vom 4. auf den 5. August mit der Ablösung der Feudalrechte der Grundherren durch die Nationalversammlung enden. Am 26. August wird die Erklärung der Menschen- und Bürgerrechte verabschiedet. Die Nation wird zum Souverän, aus Untertanen werden Bürger. Dass dies nur für männliche Bürger und nicht auch für die Bürgerin gilt, erscheint den Revolutionären kein Manko.

Von all diesen Ereignissen bleibt Charlotte Cordays Leben unberührt. Erst am 13. Februar 1790 verändert die Französische Revolution auch Charlottes beschauliches Klosterleben. An diesem Tag löst die Nationalversammlung alle Klöster Frankreichs, mit Ausnahme der in Krankenpflege und Schulwesen tätigen Orden, auf. Sie leitet damit die Neuorganisation des Klerus ein. Die Schwestern müssen sich bei staatlichen Behörden registrieren lassen und werden von nun an vom Staat entlohnt. Charlotte, die keine Nonne ist, geht leer aus.

Mit 21 Jahren kommt sie nun bei ihrer Tante Madame Le Coustellier de Bretteville-Bouville in Caen unter. Trotz ihrer persönlichen Unannehmlichkeiten begrüßt Charlotte Corday die Französische Revolution ausdrücklich. Freiheit, Gleichheit, Brüderlichkeit – das sind die Ideale der Aufklärer, denen sie sich verbunden fühlt. Sie sieht in der Revolution die Wiedergeburt der von ihr so verehrten Antike. Damit steht sie nicht allein. Bereits im Dezember 1789 hatte eine Delegation bestehend aus 21 Künstlerinnen dem Präsidenten der Nationalversammlung in Versailles ihren Schmuck überreicht, analog zur Schmuckübergabe der römischen Frauen nach der Einnahme Veiis 396 v. Chr. Revolutionäre jeder Couleur, ob gemäßigt oder radikal, beziehen sich auf die Helden der Antike: auf Cato, Brutus und Cassius. Charlotte Corday selbst wird nach dem Attentat auf Marat von Anhängern mit Cassius und Brutus verglichen werden. Man solle ihr eine Säule stiften mit der Inschrift »Größer als Brutus«, lautet die Forderung später.[3]

Noch aber ist Charlotte Corday weit davon entfernt, selbst politisch tätig zu werden, setzt all ihre Hoffnung auf eine republikanische Verfassung nach altrömischem Vorbild. Sie verinnerlicht die Staatstheorien der Aufklärer und erwartet deren Umsetzung in der neuen Verfassung. Corday wird zu einer glühenden Verfechterin der Gewaltenteilung nach Locke und Montesquieu, welche die Verfassung vom 3. September 1791 maßgeblich beeinflussen werden. Diese Verfassung macht aus Frankreich eine konstitutionelle Monarchie. Die absolute Macht des Königs wird begrenzt, er behält allerdings ein aufschiebbares Veto gegenüber von der Nationalversammlung erlassenen Gesetzen. Ganz im Sinne der gemäßigten Bourgeoisie, der Konstitutionellen, wird das Zensuswahlrecht für Männer eingeführt. Die Konstitutionellen, welche die Mehrheit in der Nationalversammlung stellen, setzen im Gegensatz zu den Republikanern auf eine Zusammenarbeit mit dem König. Doch obwohl Ludwig XVI. sich öffentlich zu den Grundsätzen der Revolution bekennt, strebt er nach der Wiederherstellung früherer Zustände. Heimlich knüpft er Kontakte mit dem Ausland, um eine Gegenrevolution zu formieren. Ein Fluchtversuch der königlichen Familie scheitert. Es mehren sich die Stimmen, die seine Abdankung fordern. Am 17. Juli 1791 wird eine Petition zur Abdankung auf dem Altar des Vaterlandes auf dem Marsfeld niedergelegt. Die Nationalgarde schießt in die Menge, es gibt viele Tote. Zum ersten Mal hatte eine revolutionäre Armee auf das Volk geschossen. Der von den radikalen Republikanern besuchte Jakobinerklub setzt sich nun an die Spitze derjenigen, die die Abschaffung der Monarchie fordern. Ihm gehören die bedeutendsten Revolutionsführer, Robespierre, Danton und Marat an. Charlotte Corday erfährt von all dem nur aus den Zeitungen.

Während sich die innenpolitische Lage zuspitzt, nimmt auch die außenpolitische Bedrohung zu. Die ehedem zerstrittenen europäischen Großmächte eint die Furcht vor der Revolution. Sie fordern eine Wiederherstellung der Monarchie und drohen offen mit der militärischen Niederwerfung der Revolution in

Frankreich. Die Kriegsgefahr wächst. Die Revolutionäre zerfallen in verschiedene Lager. Wichtigste Gruppierungen werden die gemäßigten Girondisten und die radikalen Montagnards. Während die Girondisten Gleichheit in erster Linie als Rechtsgleichheit auffassen und die Individualität des Menschen betonen, stellt die Bergpartei *La Montagne* die natürliche Gleichheit aller Menschen in den Mittelpunkt. Die existierende Ungleichheit sei das Ergebnis von Besitz, Milieu und Erziehung und die revolutionäre Gesellschaft müsse alles tun, um diese Ungleichheit zu beseitigen. Während die Girondisten eher die Interessen des Besitzbürgertums vertreten, stellt sich die Montagne auf die Seite der besitzlosen Volksmassen. Dabei entstammen Girondisten und Montagnards selbst demselben eher großbürgerlichen Milieu. Angesicht der drohenden Kriegsgefahr plädieren die Girondisten nun für den Krieg, um die Revolution zu sichern. Robespierre als Führer der Montagnards ist gegen dieses Abenteuer mit unkalkulierbarem Risiko. Die Girondisten setzen sich durch. Als in Österreich mit Franz II. ein entschiedener Gegner der Französischen Revolution den Thron besteigt, erklärt Frankreich am 20. April 1792 Österreich den Krieg. Preußen eilt Österreich umgehend zu Hilfe. Am 1. August droht der Oberbefehlshaber der österreichisch-preußischen Truppen Paris mit der Zerstörung für den Fall, dass der königlichen Familie Gewalt angetan werde. Die Lage spitzt sich zu. Die Pariser fordern die Absetzung des Königs, drohen unverhohlen mit Erhebung. In der Nacht zum 10. August kommen beim Sturm auf das Stadtschloss des Königs 300 Belagerer ums Leben. Einen Tag später wird das Zensuswahlrecht abgeschafft, ein neuer Nationalkonvent gewählt. Am 17. August fällt Verdun in die Hände der preußisch-österreichischen Truppen. Im September 1792 beginnen sie ihren Marsch auf Paris, ehe sie in Valmy durch ein französisches Heer gestoppt werden.

Am 21. September fällt in Paris der Entschluss, die Monarchie abzuschaffen. Die Republik wird ausgerufen. Am 18. Januar 1793 verurteilt der Konvent Ludwig XVI. zum Tode. Drei Tage später wird der König guillotiniert. Seine Frau, die ungeliebte Königin Marie Antoinette, eine Tochter Maria Theresias, wird ihm im Oktober aufs Schafott folgen.

Am 1. Februar erklärt Frankreich England und den Niederlanden den Krieg. Doch der Vorstoß scheitert, Ende März droht dem Land eine neue Invasion. In der Vendée kommt es zu einem royalistischen Aufstand, die Brotpreise steigen erneut. Das Volk ruft nach Hilfe. Doch die Girondisten, deren Klientel das Besitzbürgertum ist, setzen auf den freien Wettbewerb und lehnen jegliches Eingreifen des Staates ab. Dies kostet sie viele Sympathien, die Sansculotten, eine Gruppierung radikaler Kleinbürger und Arbeiter, drohen offen mit Aufstand. Sie fordern die Festsetzung von Höchstpreisen sowie die Besteuerung von Handel und Industrie mit dem Ziel der Nivellierung von Besitz- und Einkommensunterschieden. Die Montagne nutzt die Sansculotten, um die Girondisten auszuschalten. Während die Girondisten die Revolution beenden wollen, fördern die Montagnards deren Radikalisierung. Gegen den Willen der Girondisten wird ein Getreidefestpreis eingeführt. Am 2. Juni 1793 wird der Nationalkonvent von 80 000 Sansculotten umstellt, welche die Auslieferung von 29 führenden Girondisten fordern. Im Oktober werden 21 davon zusammen mit Marie Antoinette vor das Revolutionstribunal gestellt werden. Sie werden als Aufrührer, Royalisten und Föderalisten, welche die Einheit der Republik zerstören wollen, zum Tode verurteilt.

Die übrigen Girondisten fliehen aus Paris nach Caen, das zum Zentrum des Widerstands gegen die Radikalen um Robespierre und Marat wird. Jetzt wird auch Charlotte Corday in den Strudel der revolutionären Ereignisse hineingezogen. Bisher hatte sie alles nur aus der Ferne verfolgen können, hatte bis zum Exzess Berichte gelesen und exzerpiert. Nach ihrem Tod findet man über 500 Traktate für und gegen die Revolution bei ihr.

In den Versammlungen der Girondisten erfährt sie nun aus erster Hand, was sich in Paris abspielt. Bald schält sich für sie heraus, wer die eigentlich treibende Kraft hinter all dem Unheil ist: Jean Paul Marat. Der am 24. Mai 1743 in der Schweiz geborene Marat ist Herausgeber der radikalen Zeitschrift

L'Ami du Peuple (Der Volksfreund). Zuvor war er lange Jahre in Frankreich und London als Arzt tätig gewesen. 1774 hatte er in London das Werk *The Chains of Slavery* (Die Ketten der Sklaverei) veröffentlicht. Darin hatte er die Regierungen Europas als Verschwörung von Königen, Adel und Klerus gegeißelt. Seit 1777 lebt Marat nun in Frankreich, hat sich als Lungen- und Augenarzt einen Namen gemacht und einige Traktate über Physik, Recht und Politik verfasst. Sich selbst vermochte der an einer Hautkrankheit Leidende allerdings nicht zu helfen. Bei Ausbruch der Revolution schloss er sich dieser umgehend an und entfaltete besonderes Talent darin, die Unterschichten zu agitieren. *Der Volksfreund*, dessen Name sich auf Marat übertrug, ist die Stimme des revolutionären Volkes. Marat schreibt mit spitzer Feder gegen alle an, die seiner Ansicht nach der Revolution Schaden zufügen: Royalisten, Girondisten und die Bourgeoisie in der Nationalversammlung. Die Gegner jeglicher weiteren Radikalisierung der Revolution sind in seinen Augen Volksfeinde und müssen vernichtet werden. Er veröffentlicht in seiner Zeitung die Namen von Menschen, die er für Verräter hält, und zeichnet mitverantwortlich für zahlreiche Lynchmorde, welche die aufgehetzte Menge begeht. Am 26. Juli 1790 verkündet er in einer Wandzeitung, die in ganz Paris angeschlagen wird: »Fünf- bis sechshundert abgeschlagene Köpfe hätten euch Ruhe, Freiheit und Glück gesichert; eine falsche Humanität hat eure Arme zurückgehalten, und eure Schläge außer Kraft gesetzt; sie wird das Leben von Millionen eurer Brüder kosten; eure Feinde brauchen nur einen Augenblick zu triumphieren, und das Blut wird in Strömen fließen; sie werden euch ohne Mitleid erwürgen, sie werden euren Frauen den Bauch aufschlitzen, und um auf ewig unter euch die Liebe zur Freiheit zu ersticken, werden ihre blutigen Hände das Herz in den Eingeweiden eurer Kinder suchen.«[4] Seine Aufrufe zur Gewalt lassen es nicht an Deutlichkeit fehlen. Der Staat fühlt sich bedroht und stellt derartige Aufrufe durch die Nationalversammlung am 31. Juli 1790 unter Strafe. Marat taucht unter, doch in der Illegalität verstärkt er seine Tätigkeit. Seine Zeitung erscheint jetzt sieben

Tage die Woche. Verschiedentlich wird seine Verhaftung beantragt, doch Marat arbeitet unermüdlich weiter. Aus dem Untergrund verfolgt er den Sturz der Monarchie. Nach dem Sturm auf die Tuilerien vom 10. August 1792 schreibt er: »Niemand verabscheut Blutvergießen mehr als ich; aber um zu verhindern, dass das Blut in Strömen fließt, dringe ich in euch, einige Tropfen zu vergießen. Um die Pflichten der Menschlichkeit mit der Sorge für die öffentliche Sicherheit in Einklang zu bringen, schlage ich euch daher vor, die gegenrevolutionären Mitglieder des Stadtrates, der Friedensrichterkollegien, des Départements und der Nationalversammlung auszumerzen.«[5] Er schließt sich den Jakobinern an und wird im September Deputierter des Nationalkonvents. Wiederholt klagen die Girondisten Marat im Konvent an, doch seine Popularität im Volk ist so groß, dass man ihm nichts anhaben kann. Die Volksmassen stehen hinter Marat, der offen für eine revolutionäre Diktatur eintritt, die den Staat von allen revolutionsfeindlichen Elementen befreien soll.

Im September 1792 kommt es zu einem der schlimmsten Gewaltakte während der Französischen Revolution, den Marat ausdrücklich befürwortet. Angesichts der herannahenden feindlichen Truppen wächst in Paris die Angst vor der Rache der Gegenrevolution. Es bricht eine Massenhysterie aus. Der Mob stürmt die Gefängnisse und tötet über 1200 Gefangene, viele davon einfache, völlig unpolitische Kriminelle. Das Septembermassaker gilt bis heute als Schandfleck der Revolution. Danton als zuständiger Justizminister sieht dem Wüten der Meute tatenlos zu.

Für Charlotte Corday sind es vor allem Marats Aufrufe, welche die Stimmung zusätzlich anheizen. Ihre Brüder emigrieren und schließen sich dem Emigrantenheer des Herzogs von Condé an. Charlotte bleibt, hofft auf eine Kehrtwendung. Doch mit der Hinrichtung des Königs wird ihr klar, dass alles Hoffen vergebens ist. Die radikalen Jakobiner um Robespierre, Danton und Marat setzen sich gegen die gemäßigten Girondisten durch.

Der Terror kommt nun auch nach Caen. Mehrere Menschen werden von Anhängern der Radikalen getötet. Charlotte Corday berichtet einer Freundin in einem Brief über die erlebten Gräuel: »Alle Schandtaten, die man begehen kann, an die fünfzig Personen sind geschoren und geschlagen, Frauen vergewaltigt worden; es scheint sogar, dass es nur auf sie abgesehen war; drei sind ein paar Tage darnach gestorben.«[6] Viele Bewohner verlassen die Stadt, fliehen vor dem Terror der Revolutionäre. Die Girondisten planen nun von Caen aus mit einer Armee nach Paris zu marschieren, um den Terror der Jakobiner zu beenden. Doch als sie sich am 7. Juli 1793 auf einer Wiese vor Caen versammeln, kommen ganze 30 Mann zusammen. Zu dieser Zeit hat Charlotte Corday ihren Entschluss längst gefasst. Marat, als der Hauptschuldige an diesen Auswüchsen, muss sterben. Dabei hält sie sich nur an das, was ihr Opfer einst geschrieben hat: »Wenn die Rechte der Nationen nicht weniger geheiligt sind als die Menschenrechte, auf welche sie zurückgehen; und wenn der Mensch, im Naturzustand, das Recht hat, Gewalt durch Gewalt abzuwehren, das Recht, zu töten, um nicht getötet zu werden: so folgt daraus, dass ein unterdrücktes Volk das Recht hat, seine Unterdrücker zu bestrafen und seine Tyrannen zu vernichten; wenn es über keine anderen Mittel verfügt, sich der Tyrannei zu entziehen.«[7]

Charlotte Corday will die treibende Kraft hinter der zunehmenden Radikalisierung zur Rechenschaft ziehen. Marats Einfluss auf das Volk macht die Errungenschaften der Revolution zunichte. Um weiteres Blutvergießen zu verhindern, sieht sie nur einen Ausweg: Marat muss sterben. Einzig sein Tod werde Frankreich vor dem Untergang retten. Aus der Ferne Caens überschätzt sie Marats Bedeutung um ein Vielfaches. Robespierre heißt die wirklich einflussreiche Persönlichkeit der Jakobiner. Doch Charlotte Corday ist entschlossen, ihr eigenes Leben für Frankreich zu opfern. Dass sie das Attentat mit dem Leben bezahlen wird, ist ihr durchaus bewusst. Dennoch setzt sich in ihr der Gedanke fest, zur Rächerin und zugleich zur Märtyrerin zu werden, ihrem Leben den schmerzlich vermissten Sinn zu geben.

Systematisch beginnt sie damit, ihren Plan in die Tat umzusetzen. Sie bittet den Girondisten Charles Jean-Marie Barbaroux um ein Empfehlungsschreiben an einen Deputierten in Paris, den sie für eine Freundin um etwas bitten möchte. Barbaroux verweist sie an Monsieur Duperret, einen der letzten freien Girondisten in Paris. Mit diesem einfachen Trick gelangt sie in den Besitz eines Passierscheins. Am 9. Juli 1793 fährt sie von Caen mit der Postkutsche ab. In Argentan besucht sie ein letztes Mal ihren Vater und erzählt ihm, dass sie auf dem Weg nach England sei. Am 11. Juli betritt sie zum ersten Mal die französische Hauptstadt. Sie bezieht ein Zimmer im Hotel de la Providence in der Rue des Vieux Augustins Nr. 17. Nachdem sie ausgepackt hat, geht sie in einen Laden am Palais Royal und kauft für 40 Sous ein Küchenmesser mit Ebenholzgriff und einer 20 cm langen Klinge. Zurück im Hotel schreibt sie einen Abschiedsbrief »Aux Français amis des lois et de la paix« (An Frankreichs Freunde von Recht und Frieden), in dem sie die Beweggründe für ihre Tat darlegt und ihre Mitbürger zum Kampf aufruft: »Franzosen! Ihr kennt eure Feinde, erhebt euch! Vorwärts marsch! (...) Ich will, dass mein letzter Hauch meinen Mitbürgern nützlich sei, dass mein Haupt, wenn es in Paris herumgetragen wird, ein Signal für alle Gesetzesfreunde sei und dass der wankende Berg seinen Untergang in der Schrift meines Blutes lese, dass ich ihr letztes Opfer sei und dass das gerächte Universum erkläre, ich habe mich um die Menschheit verdient gemacht.«[8]

Corday plant, den »Freund des Volkes« am 14. Juli, dem Jahrestag der Erstürmung der Bastille, als Fanal für die Revolution in aller Öffentlichkeit bei seiner Rede auf dem Marsfeld zu töten. Doch Marats Gesundheitszustand macht ihr einen Strich durch die Rechnung. Aufgrund seiner schweren Hautkrankheit ist Marat an die Badewanne gefesselt und kann das Haus nicht verlassen. Sie muss ihren Plan ändern. Von einem Mietkutscher erfährt sie die Adresse Marats: Rue des Cordeliers Nr. 30. Am Morgen des 13. Juli 1793 geht sie zu seiner Wohnung. Das Messer verbirgt sie unter ihrem Brusttuch. Mitgenommen hat sie zudem ihren Pass und ihren Taufschein, anhand derer man sie später identifizieren wird. Eine Aktion, die ihrer späteren Aussage widerspricht, sie habe eigentlich anonym bleiben wollen. Vor dem Haus verweigert man ihr den Eintritt, Marat sei zu krank, um Besucher zu empfangen. Charlotte Corday fährt zurück ins Hotel und verfasst einen Brief, in dem sie ihren Besuch ankündigt: »Bürger! Ich komme aus Caen. Ihre Liebe fürs Vaterland ist mir Bürge, dass sie die unglücklichen Begebenheiten von diesem Theil der Republik zu kennen wünschen. Gegen ein Uhr werde ich in Ihrer Wohnung seyn. Seyn Sie so gütig mich anzunehmen. Ich werde Sie in Stand setzen, Frankreich einen großen Dienst zu leisten.«[9] Nachdem Sie keine Antwort erhält, geht sie ein zweites Mal zur Wohnung und wird erneut abgewiesen. Sie verfasst einen zweiten Brief: »Ich habe Ihnen diesen Morgen geschrieben, Marat! Haben Sie meinen Brief erhalten? Ich kann es nicht glauben; denn ich war in Ihrer Wohnung, und man wollte mich nicht vorlassen. Morgen hoffe ich werden Sie mir eine Unterredung bewilligen. Ich wiederhole es: Ich komme aus Caen, und habe Ihnen die wichtigsten Geheimnisse zur Rettung der Republik mitzutheilen. Außerdem bin ich verfolgt für die Sache der Freiheit; ich bin unglücklich, und dies alles ist hinreichend um ein Recht auf Ihren Schutz zu haben.«[10]

Nachdem sie auch diesen Brief über die innerstädtische Schnellpost überbringen lässt, wartet sie noch einige Zeit vergeblich auf Antwort, ehe sie sich noch einmal zur Wohnung auf den Weg macht. Marats Lebensgefährtin Simone Evrard versucht erneut sie abzuwimmeln. Doch diesmal hört Marat den Disput der beiden Frauen vom Badezimmer aus mit an und bittet Charlotte Corday einzutreten. Als Corday das Zimmer betritt, sitzt Marat aufgrund des ihn quälenden Juckreizes mit einem nassen Tuch auf Kopf und Schultern in der Badewanne. Die Krankheit hat sein Gesicht schwer entstellt. Quer über der Wanne liegt ein Brett, auf dem sich Papier, Tinte und Feder befinden. Marat weist ihr einen Stuhl zu. Sie wechseln einige Worte, Charlotte erzählt vom Komplott der Girondisten und nennt die Namen der Rädelsführer. Marat schreibt alles mit. Das Gespräch dauert nicht länger als zehn Minuten. Charlotte Corday schildert später Marats letzten Moment: »Ich höre man hat die letzten Worte Marats gedruckt; ich zweifle sehr, dass er noch welche hervorgebracht hat, aber ich kann Ihnen die letzten mittheilen, die er mir sagte. Nachdem er alle ihre Namen (...) hatte, sagte er, um mich zu trösten, er werde sie in wenigen Tagen in Paris guillotinieren lassen. Diese letzten blutrünstigen Worte entschieden sein Schicksal.«[11]

In diesem Augenblick zieht sie unvermittelt das Messer aus ihrem Brusttuch und sticht auf Marat ein. Sie verletzt dabei seine Lunge, die linke Herzkammer und die Aorta so schwer, dass Marat noch in den Armen der auf seine Hilferufe hin herbeieilenden Simone Evrard stirbt. Ein Redakteur des *L'Ami du Peuple* schlägt Charlotte Corday mit einem Stuhl nieder. Nachbarn und Freunde alarmieren die Polizei, Corday, die keinerlei Widerstand leistet, wird noch am Tatort verhaftet. Auf dem Weg zum Gefängnis hat die Polizei alle Hände voll zu tun, die aufgebrachte Menge daran zu hindern, Charlotte Corday zu lynchen.

Am 15. Juli wird Marats einbalsamierte Leiche in Paris öffentlich aufgebahrt. Seine Badewanne wird wie eine Reliquie durch die Straßen getragen. Einen Tag später wird er unter den Bäumen des Kreuzganges des ehemaligen Couvent des Cordeliers begraben. Ende September 1794 wird seine Leiche exhumiert und ins Panthéon überführt. Erst 1795 findet der Sarg seine endgültige Ruhestätte auf dem Friedhof St. Étienne du Mont.

Die Attentäterin wird eingekerkert. Bei den Verhören wird sie vor allem nach ihren Hintermännern befragt. Doch Corday weist dies weit von sich. Sie übernimmt die volle Verantwortung und antwortet auf die Frage nach ihren Mitschuldigen stolz: »Alle rechtschaffenen Menschen in Frankreich. Kennen Sie das menschliche Herz so wenig, um nicht einzusehen, dass es weiter keiner fremden Eingebungen bedurfte, und dass man besser seinen eigenen Willen vollführt, als einen fremden.«[12]

Die Hoffnungen, weitere Girondisten als Komplizen Cordays hinrichten zu können, erfüllen sich nicht. Auf die Frage, was sie dazu getrieben habe, ausgerechnet Marat zu töten, antwortet sie: »Seine Verbrechen. (...) Die Verwüstungen, welche die

Anarchie in meinem Vaterland anrichtet. Er hat unseren National-Charakter verderbt, die Moral des Volkes zerstört. Das Ungeheuer hat uns vier Jahre lang durch seine Verbrechen entehrt. Glücklicherweise war er kein Franzose.«[13]

Der Verteidiger, den sie erbittet, erhält ihren Brief erst nach ihrem Tode und steht somit nicht zur Verfügung. Kurz überlegt sie gar, Robespierre zu ihrer Verteidigung zu bestellen. Mit Claude François Chauveau-Lagarde wird ein Pflichtverteidiger ernannt, der später auch Königin Marie Antoinette vertreten wird. Er plädiert auf Geisteskrankheit, wohl auch, um der Tat die politische Brisanz zu nehmen. Nur dies könnte Charlotte Cordays Leben retten. Sie selbst verteidigt sich in Anspielung auf die Äußerung Robespierres bei der Hinrichtung Ludwigs XVI. mit den Worten: »Ich that es um hundert tausend Menschen zu retten.«[14] Sie ist gefasst und ruhig, auch als das Todesurteil verkündet wird. Ihr letztes Bekenntnis gilt der Republik: »Ich liebe sie und kenne sie besser als jemand; aber den Franzosen fehlt es an Geist und Energie, Republicaner zu seyn. Ich sehe nichts als Egoisten, die ihr Vermögen auf den Ruinen ihrer Mitbürger zu erheben suchen. Ich sehe in der Versammlung des Convents unwissende und feige Memmen, die da dulden, dass einige wenige Bösewichter die Menschheit mit Füssen treten und den Bürgerkrieg anzünden. Ich bin müde länger unter einem so sehr herabgewürdigten Volk zu leben.«[15]

Nachdem das Todesurteil gesprochen ist, wird sie in die Conciergerie gebracht. Hier verfasst sie mehrere Briefe, einen auch an Barbaroux, in dem sie schildert, was sie zur Tat getrieben hat: »Wer das Vaterland rettet, achtet nicht auf das, was die Tat kostet. Möge der Friede so schnell kommen, wie ich es wünsche! (...) Ein großer Verbrecher ist nun aus der Welt geschafft, ohne diesen Schritt war kein Friede zu hoffen.«[16]

Sie bittet Barbaroux, sich um ihre bedrängten Verwandten zu kümmern, fürchtet sie doch, dass diesen eine Art Sippenhaft drohen könnte. Doch Barbaroux wird sich ein Jahr später nicht einmal selbst helfen können. Im Sommer 1794 stirbt auch er unter der Guillotine. Ihren Vater bittet Charlotte um Verzeihung für alles: »Verzeihen Sie mir, mein lieber Papa, dass ich ohne Ihre Erlaubnis über mein Dasein verfügt habe. Ich habe viele unschuldige Opfer gerächt, habe vielen anderen unglücklichen Ereignissen vorgebeugt, wenn sich dem Volk erst die Augen öffnen, wird es froh sein, von einem Tyrannen befreit zu sein.«[17] Ihrem letzten Wunsch gemäß wird sie von einem Offizier der Nationalgarde porträtiert. Als Dank schenkt sie ihm vor der Hinrichtung eine Locke zur Erinnerung: »Morgen um acht Uhr richtet man mich, wahrscheinlich mittags werde ich gelebt haben, um mich römisch auszudrücken. Man wird glauben müssen, dass die Bewohner des Calvados etwas taugen, da selbst die Frauen dieses Landes der Festigkeit fähig sind, im übrigen weiß ich nicht, wie die letzten Augenblicke sein werden, und das Ende krönt das Werk. Ich brauche keinerlei Unempfindlichkeit über mein Schicksal affektieren, denn bis zu diesem Augenblick habe ich nicht die mindeste Todesfurcht, ich habe das Leben immer nur um des Nutzens willen geschätzt, den es bringen konnte.«[18]

Am 19. Juli 1793 wird Charlotte Corday mit geschorenen Haaren in einem roten Hemd auf einem Karren zum Schafott auf der Place de la Révolution gefahren. Auf priesterlichen Beistand hatte sie verzichtet. Sie stirbt ruhig und gefasst. Der deutsche Revolutionär Adam von Lux schreibt voll Bewunderung: »Sie bestieg das Schaffott – sie starb – und die große Seele erhob sich zu den Catonen, zu den Brutus, und den wenigen anderen, deren Verdienste sie gewiss besitzt, und vielleicht sogar übertrifft. (...) Caen! Du hast eine Heldin hervorgebracht, deren Byspiel man vergebens in Rom und Sparta sucht.«[19] Nach Charlotte Cordays Hinrichtung hebt einer der Helfer des Henkers ihren abgeschlagenen Kopf aus dem Korb und zeigt ihn der Menge. Dabei schlägt er ihn auf die Wange. Die Umherstehenden berichten später von einem Ausdruck eindeutiger Entrüstung auf ihrem Gesicht. Bei der Obduktion der Leiche wird festgestellt, dass Charlotte Corday noch Jungfrau war. Sie wird in einem Massengrab nahe Ludwig XVI. beigesetzt. Unklar ist, ob auch ihr Kopf bestattet oder als Kuriosität einbehalten wurde. Unbestätigten

Gerüchten zufolge soll er sich bis ins 20. Jahrhundert im Besitz der Familie Bonaparte befunden haben.

Ihren Anspruch, weiteres Sterben zu verhindern, kann Charlotte Corday nicht erfüllen. Marat wird zum Märtyrer der Revolution. Der Mord an ihm radikalisiert die Revolution erneut, führt zu einer neuen Welle der Gewalt. Für die weiblichen Revolutionäre hat Charlotte Cordays Tat ebenfalls weitreichende Folgen. Sämtliche Frauenvereinigungen werden verboten und aufgelöst. Es kommt zu einer groß angelegten Kampagne gegen politische Frauen, nicht zuletzt deshalb, weil es eine Frau war, die das angebliche Unglück Frankreichs verursachte. In der Folgezeit werden so berühmte Frauen wie Olympe de Gouges und Madame de Roland hingerichtet. Das Rachebedürfnis des Volkes ist immens und liefert die endgültige Legitimation für die Errichtung der jakobinischen Terrorherrschaft, der schließlich auch die Potentaten Danton und Robespierre selbst zum Opfer fallen. Am Ende frisst die Revolution ihre Kinder selbst.

Charlotte Corday jedoch lebt fort, in Gemälden, Dramen und Geschichten, als jene Frau, über die Jules Michelet, der als bedeutendster französischer Historiker des 19. Jahrhunderts gilt, in seinem Buch *Die Frauen der Revolution* geschrieben hat: »Der alte Schutzherr heroischer Morde, Brutus, verblasstes Andenken an ein fernes Altertum, tritt jetzt seine Herrschaft ab an eine neue Gottheit, die mächtiger und verführerischer ist. An wen denkt der junge Mann heute, der eine große Tat träumt, heiße er Alibando oder Sand? Wen sieht er in seinen Träumen? Das Phantom des Brutus? Nein, die hinreißend schöne Charlotte, so wie sie war, in dem düsteren Glanz des roten Mantels, in dem blutigen Widerschein der Julisonne, im Purpur des Abends.«[20]

II
Für Freiheit und Frauenrechte
Mathilde Franziska Anneke (1817–1884), die badisch-pfälzische Amazone

»Nicht der Krieg hat mich gerufen,
sondern die Liebe, (…) aber auch der Hass, der glühende,
im Kampf des Lebens erzeugte Hass
gegen die Tyrannen und Unterdrücker
der heiligen Menschenrechte.«[1]

»Viele von Euch im fremden wie im Heimathlande werden mich schmähen, dass ich, ein Weib, dem Kriegsrufe gefolgt zu sein scheine. Ihr besonders, ihr Frauen daheim, werdet mit ästhetischer Gravität sehr viel schönreden über das, was ein Weib thun darf, thun soll. Ich habe auch das einst gethan, bevor ich noch gewusst habe, was ein Weib thun muss, wenn der Augenblick vor ihm steht und ihm gebietet.«[2]

Mit diesen Worten beginnen die Memoiren von Mathilde Franziska Anneke, einer der wenigen Frauen, deren Namen mit der deutschen Revolution 1848 in Verbindung gebracht wird. Zusammen mit Emma Herwegh, Amalie Struve, Louise Aston und anderen ist sie eine der Amazonen, die in der badisch-pfälzischen Erhebung für Demokratie und Emanzipation kämpften. Ihr ganzes Leben war vom Wunsch nach Selbstbestimmung geprägt, ein Verlangen, das sie auch nach Ende des Revolutionsdonners nicht aufgab, sondern couragiert bis an ihr Lebensende weiterverfolgte.

Mathilde wird am 3. April 1817 als älteste Tochter von zwölf Kindern des wohlhabenden Domänenrats Karl Giesler und seiner Frau Elisabeth auf Gut Oberlevringhausen in Westfalen geboren: »Der wechsel- und wundervolle Monat April trug mich ins Leben. Ob er als wüster Unhold oder als lächelnder Frühlingsbote sich angetan hatte oder gar im Tränenmantel erschien – ich weiß es nicht. So viel ist mir erzählt worden, dass es gerade Mittag zwölf Uhr geschlagen hatte (...) als ich meiner sehr jungen, wunderschönen Mutter, meinem heiteren Vater und der

Welt geschenkt wurde«, schreibt sie später über den Beginn ihres Erdendaseins.[3] Mathilde wächst in großer Freiheit auf und erhält eine für damalige Verhältnisse umfangreiche Mädchenbildung, denn neben dem Besuch der Elementarschule wird sie zu Hause zusätzlich von Hauslehrern unterrichtet. Sie wächst zu einer hübschen und gebildeten jungen Frau heran, die sich schwärmerisch für Preußen begeistert. 1834 gerät die Familie aufgrund fehlgeschlagener Spekulationen des Vaters in finanzielle Schwierigkeiten. Die veränderte Situation zwingt die junge Frau 1836 in eine Vernunftehe mit dem Mühlheimer Weinhändler Alfred von Tabouillot, der die Schulden der Eltern übernimmt. Doch der zehn Jahre ältere Tabouillot ist ein grobschlächtiger Trunkenbold, der Mathilde schwer misshandelt. Am 27. November 1837 wird die gemeinsame Tochter Fanny geboren, nur einen Monat später verlässt Mathilde ihren Mann und reicht die Scheidung ein. Das zuständige Gericht in Duisburg weist ihre Klage ab und verpflichtet sie nach dem Ehegesetz des Allgemeinen Landrechts, zu ihrem Mann zurückzukehren. Denn auch wenn eine Scheidung im 19. Jahrhundert prinzipiell möglich ist, so wagt es doch kaum eine Frau, diese tatsächlich zu beantragen. Mathilde jedoch geht in Berufung und kehrt auch nach erneuter Ablehnung ihrer Klage durch das Oberlandesgericht Hamm nicht zu Tabouillot zurück. Stattdessen beeidet sie die Übergriffe ihres Mannes vor Gericht, sodass die Klage endlich angenommen wird.

Über drei Jahre wird sich der Scheidungsprozess hinziehen. Zuletzt wird beiden Parteien eine Mitschuld am Scheitern der Ehe gegeben. Mathilde erhält das Sorgerecht für ihre Tochter, bekommt aber durch ihre Mitschuld nur wenig Unterhalt. Daraufhin geht sie in Revision und ficht das Urteil an. Jetzt wird ihr, entgegen aller bisherigen Erkenntnisse, wegen böswilligen Verlassens des Ehemanns die Alleinschuld am Scheitern der Ehe angelastet. Am Ende dieser leidigen Geschichte ist Mathilde um viele Illusion ärmer und um eine wichtige Erkenntnis reicher, nämlich »dass die Lage der Frauen eine absurde und der Entwürdigung der Menschheit gleichbedeutende sei. Und so begann ich durch Wort und Schrift für die geistige und sittliche Erhebung des Weibes so viel ich mochte zu wirken.«[4]

Noch während des laufenden Verfahrens ist Mathilde mit Fanny nach Münster gezogen. Hier versucht sich die Mittellose als Schriftstellerin. Sie veröffentlicht religiöse Texte, arbeitet an Übersetzungen und gibt einen Lyrik-Almanach heraus, der neben Eigenem auch Gedichte von Ferdinand Freiligrath, Nikolaus Lenau, Lord Byron und Annette von Droste-Hülshoff enthält. Richtig Fuß fassen kann sie jedoch nicht. Sie hat gegen die geltenden gesellschaftlichen Normen verstoßen. Dies macht die alleinerziehende Mutter zur Paria. Annette von Droste-Hülshoff äußert sich dazu 1844 in einem Brief unmissverständlich: »Ich bin gewiss, die Tabouillot würde mich ganz aussaugen an Beutel, Geist und Körper. Sie ist nämlich blutarm und muss sich und ihr Kind allein mit Schriftstellern ernähren, kann nichts anderes, hat keine Kenntnisse zum Unterrichtgeben und kein Geschick zum Arbeiten und macht ganz wässrige miserable Gedichte, die niemand brauchen kann. Bis jetzt hat sie die Kost (ich glaube auch die Wohnung) bei ihrer Herzensfreundin Klementine Amelunxen eigentlich umsonst. (...) Die arme Klementine liegt ohne Hoffnung an der Schwindsucht, vor vier Wochen erwartete man täglich ihren Tod (...). Du siehst, wohin eine Bekanntschaft mich führen würde.«[5] Keine Spur also von jener »herzlichen Teilnahme«, von der der Dichter Karl Gutzkow später schreibt, als Mathilde sich schon einen Namen gemacht hat: »Die bekannte Dichterin aus dem reizenden Blankenstein an der Ruhr, eine dunkelblonde, zartblühende, junge Frau, mit schönen, blauen Augen und einer Stimme von seltenem Wohlklang, lebt seit mehreren Jahren in Münster und genießt hier nicht allein wegen ihrer Schönheit, sondern auch wegen ihres wohlgesitteten Betragens und ihrer angenehmen, geistreichen Unterhaltung überall die größte Achtung. Wie aber alles Schöne und Edle von jeher am meisten den Verfolgungen des Schicksals ausgeliefert war, so trafen auch diese herrliche Markanerin sehr harte Widerwärtigkeiten. Zum Glück fand sie in ihrem Leiden und Sorgen bei den Münsteranern eine herzliche Teilnahme.«[6]

1842 verfasst Mathilde das Trauerspiel »Oithino oder die Tempelweihe«, das mit mäßigem Erfolg in Münster aufgeführt wird. Annette von Droste-Hülshoff schreibt darüber an Levin Schücking: »Mein Bruder hatte auch um Gottes willen Billets für sich und die Seinigen genommen und sagt, er wisse nicht, was kolossaler gewesen sei, die Dummheit oder die Langweiligkeit des Stücks.«[7]

Bald arbeitet Mathilde auch als Journalistin für die *Kölnische Zeitung* und die *Allgemeine Zeitung* aus Augsburg, die bedeutendste deutschsprachige Zeitung der damaligen Zeit, zu deren Korrespondenten Heinrich Heine und Friedrich Engels gehören. Bereits ab 1846 beschäftigt sie sich verstärkt mit der Frauenfrage. Welche Ausmaße die Benachteiligung von Frauen hat, erlebt sie am eigenen Leib, als man damit droht, ihr angesichts ihrer liberalen Ansichten das Sorgerecht für ihre Tochter zu entziehen. Als sie ihren Ex-Mann verklagt, weil er sich wiederholt geweigert hatte, seinen Unterhaltspflichten nachzukommen, versucht er ihr Fanny mit Gewalt wegzunehmen. Die Unterstützung von offizieller Seite ist marginal. Neben dem eigenen Erleben ist es jedoch vor allem das Schicksal Louise Astons, das sie zu einer Stellungnahme für die Rechte der Frauen zwingt. Louise Aston sorgt in jenen Jahren mit ihrer radikalen Einstellung zur Auflösung der Ehe und dem Plädoyer für eine freie Sexualität für einen handfesten Skandal. Als sie als persona non grata aus Preußen ausgewiesen wird, meldet sich Mathilde empört zu Wort: »Warum erscheinen die Ansichten, die den Männern bereits seit Jahrhunderten angehören durften, einem Staate gerade bei den Frauen so sehr gefährlich? Etwa weil sie die Macht der Verbreitung dieser Ansichten mehr denn je in Händen haben und diese in ihrer ausgedehnteren Verbreitung die heutige Welt- und Staatsordnung zu erschüttern drohen? – Weil sie mit ihrem Herzblut den besseren Glauben an eine neue Menschwerdung nähren und in der folgenden Generation Euch das gesundere, freiere Geschlecht überliefern können, das sich nimmermehr zu feilen Sklaven knechten lassen wird?«[8]

Einer, der ihre Empörung teilt, ist Artillerie-Leutnant Fritz Anneke, der im August 1846 wegen der »unwürdigen« Verweigerung eines Duells und seinen radikaldemokratischen Ansichten unehrenhaft aus der preußischen Armee entlassen wird. Er schreibt Mathilde einen Brief, den sie begeistert beantwortet: »Die Tat sei unser Losungswort! und mit diesem im Munde eines Weibes vielleicht lächerlich klingenden Worte begrüße ich Sie als einen Freund, der für ein allgemeines Interesse gewiss den Mut zeigen wird, den er mit Recht verschmähte, einer ritterlichen Albernheit zuliebe, auf die Probe zu stellen, den er für Gleichgesinnte jedoch durch seine Verachtung eines durch Gewohnheit sanktionierten Vorurteils auf das glänzendste bewährte.«[9]

Die beiden stehen in regem Kontakt mit der politischen Opposition im Land und sind Mitglieder des »Demokratischen Clubs« in Münster, der als »Kommunistenclub« verschrien ist. Bald ist Mathilde für ihre Gegner nur mehr die »Kommunistenmutter« und die anständige Gesellschaft hat erneut Grund sie zu verachten. Das gemeinsame Engagement bringt Anneke und Mathilde einander näher. Am 31. Januar 1847 überreicht sie Fritz Anneke eine rote Rose und fordert ihn damit unmissverständlich auf, sich mit ihr zu verloben. Am 3. Juni heiraten sie und übersiedeln nach Köln. Ihr Haus wird zum Mittelpunkt eines revolutionäreren Kreises. Gemeinsam mit der Dichterin Emma Bunteschuh und dem Armenarzt Andreas Gottschalk gründen sie einen Zirkel, den sie liebevoll »unser Kommunistisch-Ästhetisches Clübbchen« nennen. Noch im selben Jahr veröffentlicht Mathilde die Schrift »Das Weib im Konflikt mit den socialen Verhältnissen«: »Es gilt auch in diesem Falle nur, die Stellung des Weibes innerhalb der Gesellschaft zu vertreten, denn da sogar diese ihm verweigert, da das Geschmähte selbst nicht einen Stein mehr findet, sein müdes Haupt niederzulegen, so gilt es vorläufig, seine äußeren Rechte gegen die Gewalten dieser Erde offen zu verteidigen (...). Warum auch sollte das Weib überhaupt die schweigsame Dulderin fortan noch sein? Warum noch länger die demütige Magd, ›die ihrem Herrn die Füße wäscht‹ (...).«[10] Eine große Mitverantwortung für die herrschende Unterdrückung der Frau gibt Mathilde der Kirche. Sie wendet sich vom katholischen Glauben ab und wird überzeugte Atheistin.

In Deutschland werden unterdessen die Forderungen nach nationaler Einigung und demokratischen Reformen lauter. Als die Franzosen in der Februarrevolution 1848 ihren Bürgerkönig Louis Philippe stürzen und die Republik ausrufen, wirkt dies wie ein Startschuss auf die liberalen Bestrebungen in Europa. Es kommt zur Märzrevolution, die in Deutschland und Österreich die Berufung liberaler Regierungen und die Wahl zu einer Verfassungsgebenden Versammlung erzwingt. Ausgehend von Baden breitet sich die Revolution im ganzen Land aus. Am 3. März 1848 zieht ein Demonstrationszug mit Fritz Anneke und Andreas Gottschalk an der Spitze vor das Kölner Rathaus und fordert nach Vorbild der Mannheimer Volksversammlung vom 27. Februar 1848 das Allgemeine Wahlrecht, Volkssouveränität, Presse- und Redefreiheit, Aufstellung einer Volksarmee, Versammlungs- und Vereinigungsfreiheit, Arbeitsschutzmaßnahmen, kostenlose Erziehung der Kinder sowie Frieden mit allen Völkern. Das Militär greift ein und verhaftet die Anführer, doch überall im Land werden die Märzforderungen formuliert. In Leipzig erzwingt Robert Blum die Einsetzung einer liberalen Regierung. In München tritt Ludwig I. nach der Affäre um die Tänzerin Lola Montez zurück. Zumeist geht der Übergang friedlich vonstatten, nur in Berlin gibt es über 300 Tote. Doch bereits am 19. März sieht sich König Friedrich Wilhelm IV. gezwungen, an den Gefallenen des 18. März vorbeizudefilieren und Reformen anzukündigen. Fürst Metternich wird in Wien zur Abdankung gezwungen. Die europaweite Restaurationspolitik, die mit dem Wiener Kongress eingesetzt hatte, ist damit am Ende. Am 21. März werden die Kölner Rädelsführer entlassen. Mathilde erinnert sich: »An dem Gefängnis angekommen, salutierten die Wachen, die uns vordem mit Kolben den Weg verschlossen hatten, und öffneten die eisernen Tore mit aller Bereitwilligkeit. Unsere Gefangenen, die in ihrer gänzlichen Unwissenheit über die Vorkommnisse der vergangenen Tage den Schlaf der Gerechten schliefen, mussten in ihren Zellen aufgerüttelt werden, um ohne Verzug den Weg in die Freiheit mit uns antreten zu können. Flammend stieg die junge Morgensonne empor, himmlisch die junge Freiheit. Ein Morgen der Seligkeit, ein Tag der Wonne im Siegesglanz. Wer könnte ihn vergessen, wer heute den Traum fassen und begreifen, was wir damals empfanden.«[11]

Fritz Annekes Engagement geht nun innerhalb des Kölner Arbeitervereins weiter. Er wird einer der drei Sekretäre des Vereins. Noch setzt er auf Reform, nicht auf Revolution. Am 18. Mai tritt in der Frankfurter Paulskirche die erste deutsche Nationalversammlung zusammen, um die Weichen für einen gesamtdeutschen Staat zu stellen und eine Verfassung auszuarbeiten.

Doch die völlig überraschte Reaktion erholt sich schnell. Im Juni wird der Juniaufstand in Paris niedergeschlagen, die Revolutionäre geraten zunehmend in die Defensive.

Fritz Anneke wendet sich nun dem bewaffneten Aufstand zu. Er kämpft für die Abschaffung des stehenden Heeres und die Bewaffnung des Volkes. Es wird eine Bürgerwehr gebildet. Am 3. Juli 1848 wird Fritz Anneke verhaftet und wegen Hochverrats angeklagt. Drei Wochen später bringt Mathilde den gemeinsamen Sohn Fritz zur Welt. Unmittelbar nach der Entbindung eilt sie zum Gefängnis und streckt das Baby dem Vater durch die Gitterstäbe entgegen.

Nachdem Fritz inhaftiert ist, übernimmt Mathilde die politische Agitation. Sie gründet die *Neue Kölnische Zeitung* und verfasst radikaldemokratische Aufrufe für die Republik. Am 10. September erscheint die erste Ausgabe: »Sie ist für das arbeitende Volk bestimmt, dass es ein ernstliches Wörtchen mitspricht bei den Einrichtungen in Gemeinde und Staat, Gesetze zu machen, Erwerbsverhältnisse zu ordnen (...).«[12] Der September 1848 führt zur endgültigen Spaltung der Revolutionäre und zur Radikalisierung der Revolution. Über die Schleswig-Holstein-Frage war der deutsch-dänische Krieg ausgebrochen, den die Bevölkerung begeistert unterstützt und die preußische Führung ebenso einhellig ablehnt. Als Friedrich Wilhelm IV. am 28. August gegen den Beschluss der Nationalversammlung den Waffenstillstand von Malmö erklärt, ist die Empörung groß. Die Einflusslosigkeit der Nationalversammlung ist mehr als deutlich geworden, die Liberalen verlieren an Einfluss. Diejenigen, welche eine konstitutionelle Monarchie anstreben, geraten gegenüber denjenigen, die eine Republik wollen, in den Hintergrund. Neue Barrikaden werden errichtet. Ende September wird die *Neue Kölnische Zeitung* verboten. Daraufhin ändert Mathilde den Namen der Zeitung in *Frauenzeitung*. Aber auch diesem Projekt sind, wie von Mathilde vorhergesagt, nur wenige Ausgaben beschieden: »Begnügt Euch mit ihr, so lange es geht; ich prophezeie ihr auch kein langes Leben.«[13] Bereits die dritte Ausgabe fällt der Zensur zum Opfer. Am 23. Dezember 1848 wird Fritz Anneke nach einem aufsehenerregenden Prozess freigesprochen.

Am 28. März 1849 legt die Nationalversammlung der Paulskirche eine Reichsverfassung vor und wählt den preußischen König Friedrich Wilhelm IV. zum deutschen Kaiser. Doch dieser denkt nicht daran diese Ehre anzunehmen, sieht sich als Monarch von Gottes Gnaden und nicht von Gnaden eines Parlaments. Er lehnt die Krone, die vom »Ludergeruch der Revolution« umgeben sei, ab mit dem Hinweis, dass die Kaiserwahl Aufgabe der Fürsten sei. Die meisten Regierungen der deutschen Staaten lehnen daraufhin die Verfassung ab. Auch sie wollen sich der Nationalversammlung nicht unterwerfen. Damit ist der Traum von einer friedlichen Einigung des Nationalstaates geplatzt. Zusammen mit einer wirtschaftlichen Krise und der weitverbreiteten Armut im Lande beschleunigt die autokratische Haltung der Fürsten die Revolution. Anfang Mai erhebt sich Dresden. Auf den Barrikaden stehen unter anderem Gottfried Semper, Richard Wagner und Michail Bakunin.

Auch in der Pfalz wird nun gerüstet. Fast täglich kommt es zu bewaffneten Auseinandersetzungen zwischen Aufständischen und Soldaten. Am 1. Mai wird in Kaiserlautern beschlossen, die Reichsverfassung falls nötig auch mit Gewalt durchzusetzen. Es formieren sich erste Volkswehren, die großen Zulauf finden. Nach einem gescheiterten Überfall auf das Zeughaus in Solingen zur Bewaffnung der Volkstruppen macht sich Fritz Anneke auf den Weg zu den Aufständischen nach Kaiserslautern. Mathilde schreibt am 13. Mai 1849 in der wieder gegründeten *Neuen Kölnischen Zeitung*: »Wer sich berufen fühlt, mit der Waffe in der Hand für die deutsche Freiheit zu kämpfen, und das werden nicht wenige sein, der wende sich nach einem von jenen Orten.«[14] Am 16. Mai wird der Belagerungszustand über die Pfalz verhängt. Mathilde unterstützt als Chefredakteurin der Zeitung die Aufständischen zunächst aus der Ferne. In Kaiserslautern wird Fritz Anneke das Kommando über die 1200 Mann starke Artillerie der pfälzischen Volkswehr übertragen. Sein Adjutant ist Carl Schurz, der spätere Innenminister der USA. Eine Truppe von insgesamt 13 000 Freiheitskämpfern stellt sich vier preußischen Armeecorps entgegen, die sich an den Grenzen auf die Invasion vorbereiten. Die Wohnung der Annekes in Köln wird gestürmt und nach belastendem Material und Waffen durchsucht. Karl Marx wird aus Preußen ausgewiesen. Am 18. Mai erscheint die letzte Nummer seiner *Neuen Rheinischen Zeitung*. Mathilde schreibt dazu in ihrer eigenen Zeitung: »Wir erscheinen deshalb im Trauerrand. Die interessanten Nachrichten aus Süd und Ost verschwinden gegen die plötzliche Trauerkunde, dass die *Neue Rheinische Zeitung* heute zum letzten Male erschienen ist. Und wie ist sie erschienen! Roth, roth roth, war immer ihr Feldgeschrei, heute aber auch ist ihr Kleid sogar roth ... Kein Organ kann uns hinfort einen Ersatz für diesen Verlust bieten.«[15]

In seiner letzten Verfügung empfiehlt Karl Marx seinen Lesern die Lektüre der Anneke-Publikation. Doch Mathilde hat genug vom Schreiben. Sie will mit der Waffe, nicht mit der Feder um die Freiheit kämpfen. Mathilde zieht in den Krieg: »Ich schied mit blutendem Herzen von meinen Kindern, doch in der sicheren Hoffnung auf höchstens 14 Tage«, schreibt sie später an ihre Freundin Franziska Rollmann.[16] An Bord eines niederländischen Dampfers reist sie nach Mannheim und von dort mit der Eisenbahn nach Kaiserslautern weiter, wo sie endlich auf ihren Mann trifft. Von nun an reiten sie gemeinsam: »Ich ritt an der Seite meines Gatten, neben unseren Kanonen das Pferd des Adjutanten. (...) Meine Erscheinung musste den Männern des Gebirges etwas fabelhaft vorkommen, denn oft bevor sie die Zügel meines Pferdes freigaben und mich durchpassieren ließen, musste ich entweder ihnen selbst Zutrauen eingeflößt oder musste Anneke für mich gebürgt haben. (...) So misstrauisch ich aber auch begrüßt worden war, so treuherzig aber und mit festem Händedruck entließen mich die gestrengen Männer, als sie hörten, dass ich mit ihnen in den Kampf ziehen wolle.«[17] Zahlreiche 48er berichten später bewundernd von Annekes schöner Ehefrau, die mit tiefschwarzen Haaren im schwarzen Samtkleid ihrem Mann als Ordonanz zur Seite gestanden habe. Bald trägt auch sie eine Waffe, um sich im Fall der Fälle zu verteidigen. Unzählige gefährliche Erkundungsritte absolviert sie, bringt Botschaften weit hinter die feindlichen Stellungen. Die revolutionären Truppen danken ihr ihren mutigen Einsatz auf äußerst charmante Weise. Einmal findet sie nach einem ihrer Ritte ein Laubzelt vor, das ihr die Männer errichtet haben: »Sie hatten mir den Boden mit reichlich Stroh bedeckt und die Front desselben mit rothen Fahnen geschmückt, an dem Eingang hatte der kleine Tambour von seiner Trommel und seinen Waffen eine sinnreiche Trophäe erbaut; im Vordergrunde flackerte ein stilles Feuer, auf dem in einer irdenen Scherbe zu meinem freudigsten Erstaunen etwas dünner Kaffee warm gehalten wurde.«[18] Doch sie erntet nicht nur Bewunderung. Ihr Engagement schafft ihr viele Gegner, führt zu öffentlichen Anfeindungen. Sie wird als »Mannweib« gescholten, in den Zeitungen häufen sich die Karikaturen der uniformierten Mathilde.

Am 6. Juni übersiedelt das Rumpfparlament der Frankfurter Nationalversammlung nach Stuttgart, wo es zwei Wochen später von württembergischem Militär aufgelöst wird. Im Juli kommt es im badischen Rastatt zur entscheidenden Schlacht, bei der auch das Ehepaar Anneke zugegen ist. Mathilde hält sich während dieser drei Wochen innerhalb der Festung Rastatt auf. Tapfer wehren sich die Aufständischen gegen die anrückenden preußischen Truppen, doch nach ersten Siegen wendet sich das Blatt rasch. Zuletzt verlässt Mathilde die Festung und reitet zu ihrem Mann. In den letzten Stunden der Revolution will sie an seiner Seite sein: »Stundenlang waren Anneke und ich schweigend neben einander geritten, sprechen konnten wir nicht mehr, denn das Bewusstsein unserer verlorenen Hoffnung, unserer verlorenen Schlacht presste uns die Brust zusammen. Endlich aber brach ich das Schweigen in einer Frage an ihn: Ob wir denn wirklich verloren. Sein einfaches ›Ja‹ als Antwort klingt mir wie die Todesverkündigung noch durch die Seele.«[19] Bis zum 23. Juli nehmen die preußischen Truppen die Stadt ein – die Revolution ist besiegt. Mathilde und Fitz fliehen in letzter Sekunde durch ein noch offenes Stadttor. Sie schlagen sich bis an den Rhein durch, wo ein Fischer sie ans sichere Ufer übersetzt. Am Boden eines schwankenden Kahns beginnt Mathildes Weg ins Exil: »Nacht und Öde umgab uns. Keine Hütte am Ufer winkte mit ihrem Obdach den Flüchtlingen aus deutschen Landen. Stumm und schweigsam wanderten wir weiter durch die Nacht. Fort und fort klangs durch die Seele in mir: ›Lebe wohl, deutsche Erde! Lebe wohl, mein armes, unglückliches Mutterland!‹«[20] Sie kämpfen sich bis Straßburg durch. Von hier aus geht die Reise weiter nach Zürich. Hier stoßen die Kinder zu ihren Eltern. Es ist eine anstrengende Flucht, aber immer noch besser als das, was die Gefangenen in Rastatt erwartet. Die Preußen halten sich nicht an die gegebenen Vereinbarungen, sondern statuieren an den Befehlshabern ein Exempel. 51 Todesurteile werden vollstreckt, mehr als 1000 Revolutionäre gehen ins Gefängnis. Der geflohene Großherzog kehrt nach Karlsruhe zurück. Bald ist die alte Ordnung wieder hergestellt. Mathilde schreibt voller Verachtung: »Wir haben Nichts aus diesem Kampfe gerettet, als für unserer große und heilige Sache eine neue Saat, die jedem Blutstropfen unserer gefallenen Helden entsprießt. Sie wird aufgehen, noch ehe der schimpfliche Sieg seinen gleißnerischen Glanz den Mördern der jungen Freiheit verliehen hat. Geberdet Euch, wie Ihr wollt; mögt Ihr in Eurer Verworfenheit immer blutdürstiger Eure Orgien feiern, oder auch Weihrauch streuen über die Gräber unserer Opfer, in heuchlerischer Andacht Eurer feigen Schergenseelen. – Alles gleich – der Tag des Gerichts, der Tag der Rache bricht wieder an.«[21]

Für die Aufständischen ist des Bleibens in Deutschland nicht länger. Allein Baden kehren in diesen Monaten insgesamt 80 000 Menschen den Rücken. Für die meisten heißt das Ziel: Amerika. Auch die Annekes verlassen Europa. Als sie im Oktober 1849 von Le Havre aus ins Exil starten, werden sie von vielen 48ern begleitet. Sieben Wochen dauert die Überfahrt. Ende November 1849 erreichen sie New York. Hier beginnt Mathilde mit der Niederschrift ihrer Erinnerungen *Memoiren einer Frau aus dem badisch-pfälzischen Feldzuge*.

Das Paar lässt sich in Milwaukee nieder, auch wenn Mathilde lieber in New York geblieben wäre. Sie beginnt damit, vor den vielen im Land lebenden Deutschen Vorträge über deutsche Politik und deutsche Literatur zu halten. Vor englischsprachigem Publikum bemüht sie eine Übersetzerin. Bald ist sie eine gefragte Zeitzeugin, die einiges zum Lebensunterhalt der Familie beisteuern kann. Fritz Anneke ist weniger Erfolg beschieden. Es gelingt ihm nur schwer, in der neuen Heimat Fuß zu fassen. In jenen Jahren vergrößert sich die Familie: Am 20. August 1850 wird Sohn Percy Shelley Anneke geboren, 1851 holt Mathilde ihre Mutter nebst ihren beiden Schwestern Johanna und Maria zu sich nach Milwaukee. Trotz ihrer vielen familiären Verpflichtungen bleibt Mathilde ihren Idealen treu und beginnt wieder publizistisch tätig zu werden. Im März 1852 erscheint die erste Ausgabe der von ihr gegründeten deutschsprachigen *Deutsche Frauen-Zeitung* in Milwaukee. Weil sie nur weibliche Setzer beschäftigt, kommt es zu heftigen Protesten seitens der Setzer in Milwaukee, die sie letztlich zwingen, den Sitz der Zeitung zu verlegen. Mit ihrer neuen Zeitung tritt sie explizit für Frauenrechte ein und behandelt frauenspezifische

Themen. Nicht immer zum Vergnügen der Männer, die ihr teils bitterböse Briefe schreiben. Doch Mathilde ist nicht gewillt, auch nur »ein Haar breit von der einmal erkannten Wahrheit ab(zu)weichen«.[22] Durch ihre aufrechte Haltung werden die großen amerikanischen Frauenrechtlerinnen Elizabeth Cady Stanton und Susan B. Anthony auf sie aufmerksam. Am 6. September 1853 hält sie auf der Women's Rights Convention in New York ihre erste Rede auf einem amerikanischen Frauenkongress. Offen klagt sie die Ungleichheit der Geschlechter an: »Ich sprach in öffentlichen Versammlungen über die Erhebung des Weibes, verlangte die soziale Verbesserung ihrer Stellung, Recht auf Arbeit und vor allem das politische Stimmrecht. Ich versuchte eine Organisation unter den deutschen Frauen herzustellen, gründete Vereine, die miteinander in steter Verbindung stehen sollten, und bot meine Zeitung als deren Organ an.«[23] Sie unternimmt erste Vortragsreisen entlang der Ostküste und sorgt mit ihren Reden für Aufsehen: »Auf denn, ihr Schwestern! Werft den hohlen Flitter des Putzes und der Eitelkeit ab und schafft, dass Euch der Mann um dessentwillen liebt, was ihr seid. Protestiert im Namen der Gerechtigkeit gegen das Almosen der glatten Konvenienz, mit welchem Euch der Mann um Eure geistigen und gesellschaftlichen Rechte betrügen will.«[24]

Die Familie zieht nun ein weiteres Mal um, zu Mathildes Freude nach New Jersey. Im Februar 1853 beginnt Fritz mit der Herausgabe einer deutschsprachigen Lokalzeitung und publiziert Mathildes Erinnerungen. Beide arbeiten nun Hand in Hand. Es ist ein glückliches, erfülltes Leben. Mathilde verlegt den Sitz der *Frauen-Zeitung*, die mittlerweile 2000 Abonnenten hat, nach New York. Sie erscheint jetzt wöchentlich.

Aufgeschreckt durch das Elend der Sklaven beginnt sie sich in deutschsprachigen Medien gegen die Sklaverei zu engagieren und offen die abolitionistische Bewegung zu unterstützen. 1854 erscheint ihre Erzählung »Gebrochene Ketten«. Über Jahre hinweg wird sie Novellen zur Sklavenfrage verfassen, oftmals auch in Verbindung mit der Frauenfrage. Hohe Literatur sind ihre Tendenzgeschichten nicht, mutig und aufrüttelnd sind sie allemal. Viele ihrer Geschichten werden in Deutschland veröffentlicht und informieren den interessierten Leser über die Problematik der Sklavenhaltung in den USA. Die ambivalente Haltung der US-Regierung zur Sklavenfrage bringt sie auf Distanz zum Star Spangled Banner: »Einige Sterne sind matt und tonlos geworden, und es ging die Harmonie der Hymne verloren unter dem Geklirr der Sklavenkette.«[25]

Im Dezember 1855 werden die Zwillinge Hertha und Irla geboren. Im Frühjahr 1858 bringt Mathilde eine weitere Tochter zur Welt. Kurz darauf erkrankt das Kind an den Pocken. Fritz Anneke weigert sich beharrlich die anderen Kinder impfen zu lassen. Der zehnjährige Fritz, Irla und das Baby sterben. Mathilde ist verzweifelt: »An Irlachen verloren wir unsere Lebensfreude, unsere Lust. An Fritzchen verloren wir unser Glück, unsere ganze Hoffnung.«[26] Völlig gebrochen kehren die Annekes New Jersey den Rücken und gehen zurück nach Milwaukee. Obwohl sie dort wieder mit Carl Schurz und seiner Frau Margarethe zusammentreffen, die soeben den ersten Kindergarten der USA eröffnet hat, findet sich Fritz Anneke in Amerika immer schlechter zurecht. 1859 kehrt er als Kriegsberichterstatter nach Europa zurück, um sich dem italienischen Freiheitskampf um Guiseppe Garibaldi anzuschließen. Doch noch ehe er eintrifft, wird dort der Frieden geschlossen. Er reist weiter in die Schweiz und arbeitet als Korrespondent. Im August 1860 folgt ihm Mathilde mit den Kindern.

Unterdessen spitzt sich die politische Lage in den Vereinigten Staaten zu. Als Abraham Lincoln im November 1860 Präsident wird, verlassen sechs Südstaaten die Union und gründen im Februar 1861 die Konföderierten Staaten von Amerika. Kurz darauf bricht der Sezessionskrieg aus. Mathilde wirft Lincoln in Artikeln für die *Allgemeine Zeitung* zu große Nachgiebigkeit gegenüber den Abweichlern vor. Viele exilierte Forty-Eighters kämpfen jetzt auf Seiten der Nordstaaten und auch Fritz Anneke schifft sich umgehend nach Amerika ein, um am Bürgerkrieg teilzunehmen. Mathilde unterstützt ihn vorbehaltlos: »Es liegt an Dir, an Deinem Willen, kühn auf das loszugehen, was Du tapfer verteidigen willst.«[27]

Oberst Anneke wird Regimentskommandeur über die Artillerie in Indiana. Es gelingt ihm zunächst, einige erfolgreiche Gebietsgewinne in Tennessee zu machen. Doch dann verlässt ihn das Glück. Weil er die mangelhafte Ausbildung der Soldaten und die schlechte Versorgung der Truppe kritisiert, erweckt er das Missfallen seiner Vorgesetzten. Am 13. September 1863 wird er wieder einmal unehrenhaft aus einer Armee entlassen.

Im selben Jahr reist Mathilde von der Schweiz aus zum ersten Mal seit der Revolution wieder nach Deutschland. Sie ist beeindruckt vom industriellen Fortschritt, doch für die Revolution hat sie nicht all zu viel Hoffnung: »Der Michel kann zu viele Fußtritte vertragen und fürchtet sich zu sehr vor den Gendarmen. Und wenn er sich auch gerade nicht davor fürchtet, so flößt doch der ›Gendarm in der eigenen Brust‹ ... ihm einen zu heiligen Respekt ein. Was lässt sich das Volk, was lassen sich die ›Spitzen der Intelligenz und des Liberalismus‹, was lassen sich die Vertreter des Volkes für Fußtritte gefallen, ohne auch nur einmal energisch das Maul aufzumachen.«[28]

Im Juli 1865 kehrt sie in die USA zurück. Von jetzt an geht das Ehepaar Anneke getrennte Wege. Nicht zuletzt der Tod der Kinder hatte die Gemeinschaft gesprengt. Gemeinsam mit ihrer Freundin Cäcilie Kapp eröffnet sie in Milwaukee eine Mädchenschule, das Milwaukee Töchter Institut. Die Schule, an der auch Naturwissenschaften und Mathematik gelehrt werden, hält ihren gesamten Unterricht in deutscher Sprache ab. Sie wird Mathildes aktiver Beitrag zur Emanzipation des weiblichen Geschlechts. Mathilde leitet die Schule bis zu ihrem Tod, bewundert und verehrt von ihren Schülerinnen: »Wir alle, denen das Glück zuteil wurde, sie unsere Lehrerin nennen zu dürfen, haben eine so große Verehrung für sie, dass wir sie als den größten Faktor in unserem Leben anerkennen. (...) Sie prägte uns den Stempel ihrer schönen Seele auf. Wer ihrem Streben folgte, bedurfte keiner anderen Religion. Ihr nachzueifern, musste man nach den Sternen greifen. Nie können wir ihr genug danken, für die Fühl- und Denkweise, die sie uns eingeimpft.«[29]

Beherrschendes Thema der Frauenbewegung in der zweiten Hälfte des 19. Jahrhunderts ist das Frauenwahlrecht. Am 15. März 1869 bringt George W. Julian im Kongress einen Antrag zur Einführung des Frauenstimmrechts ein. Mathilde Anneke wird eine der Mitbegründerinnen der Wisconsin Women's Suffrage Association. Gemeinsam mit Susan B. Anthony und Elizabeth Cady Stanton organisiert sie eine Landeskonferenz der Frauenstimmrechtlerinnen in Milwaukee. Als sich bei dieser Gelegenheit ein kleiner, schmächtiger Mann erhebt und im Brustton der Überzeugung erklärt, Gott habe die Männer von Natur aus größer und stärker gemacht, um ihre Überlegenheit zu zeigen, stellt sich die 1,83 große Mathilde unter lautem Gelächter der Anwesenden neben ihn. Im Mai 1869 ist sie eine der Rednerinnen auf dem Frauenkongress in New York und wird zur Mitbegründerin der National Women's Suffrage Association. Jeder Staat stellt eine Vizepräsidentin für den Verband. Sie selbst wird zur Vizepräsidentin von Wisconsin gewählt. 1870 vertritt sie die Vereinigung als Delegierte im US-Kongress. Mathilde wird ein Star der amerikanischen Frauenbewegung. Nach einer ihrer flammenden Reden schreibt die Frauenzeitung *Revolution*: »Madame Anneke, welch ein Appell war ihre Rede! Welch ein Ruf aus dem tiefsten Herzen der Weiblichkeit! (...) Ich glaube, dass manche Ihrer Zuhörer an jenem Tage gerührter waren, als sie zu sagen wagten, dass sie fühlten: hier sprach eine große, geheimnisvolle und tiefe Natur, die unter der Decke eines anmutig gebrochenen Englisch die Lava einer leidenschaftlichen und mächtigen Beredsamkeit brennen lässt.«[30]

Während Mathilde eine landesweite Berühmtheit wird, hat Fritz mit diversen Schicksalsschlägen zu kämpfen. Er hat sich in Chicago niedergelassen, wo im Oktober 1871 ein Großbrand seinen gesamten privaten Besitz sowie alle Bücher, Unterlagen und Schriften zerstört. Mathilde bietet ihm freundschaftlich an, zu ihr zu kommen: »Komm so schnell als möglich! Ich richte

Dir das Zimmer mit Teppich und Ofen hübsch zum Schreiben ein. Es soll Dir recht behaglich werden. Percy meint, Du würdest hier leicht eine Stellung finden. Pack also auf und lass uns zusammen unser stilles, friedliches Home haben.«[31] Er lehnt ab. Am 6. Dezember 1872 stirbt Fritz Anneke in Chicago, als er nach einem Abend bei Freunden in eine vier Meter tiefe Baugrube stürzt.

Anlässlich der Hundertjahrfeier zum Geburtstag der Vereinigten Staaten initiiert Mathilde eine Unterschriftensammlung zum Frauenwahlrecht. Eine Million Unterschriften will sie sammeln, doch die Beteiligung bleibt weit unter dem erhofften Ergebnis. Daraufhin formulieren die Frauenrechtlerinnen die Women's Independence Declaration und stürmen eine Versammlung im Kapitol. Susan B. Anthony verliest dort die Erklärung. Mathilde selbst kann an dieser Aktion nicht mehr teilnehmen. Sie hat sich an einer zerbrochenen Blumenvase verletzt und eine schwere Blutvergiftung erlitten. Ihre rechte Hand wird für immer gelähmt bleiben. Im Herbst 1877 stirbt ihre älteste Tochter Fanny an Brustkrebs. Ein Jahr später lehnt der Kongress den Verfassungszusatz für das Frauenwahlrecht ab. Im Juli 1880 tritt Mathilde auf der Jahrestagung der National Women's Suffrage Association in Milwaukee zum letzten Mal öffentlich auf. Dann lassen ihre Kräfte sukzessive nach. Zuletzt ist sie nicht einmal mehr in der Lage, ihre alte Freundin Susan B. Anthony zu empfangen: »Sie erfahren hiermit aus der Hand einer anderen, dass ich seit 1 ½ Jahren unfähig war, irgendetwas zu tun. Ich bin dazu verurteilt, mein Lebenswerk des Lehrens und Schreibens aufzugeben und fast ununterbrochen große körperliche Schmerzen zu ertragen. Meine Kinder umsorgen mich liebevoll.«[32]

Im Alter von 67 Jahren stirbt Mathilde Franziska Anneke am 25. November 1884 in Milwaukee. Am 10. November 1988 ehrt die Deutsche Post Mathilde Franziska Anneke mit einer Briefmarke in der Reihe »Frauen der deutschen Geschichte«. Am Kölner Rathausturm, der mit 124 steinernen Figuren Persönlichkeiten aus Geschichte und Sagenwelt ehrt, wird auf

Betreiben der Kölner Arbeitsgemeinschaft der SPD 1995 nach jahrzehntelangem Hin und Her eine Skulptur der badisch-pfälzischen Amazone aufgestellt, die in ihrem Heimatland so lange Jahre auf Wiederentdeckung gewartet hatte. Heute zählt Mathilde Franziska Anneke zu den großen Frauengestalten der neueren deutschen Historie.

III
Move or Die!
Harriet Tubman (1822–1913), der Moses ihres Volkes

»Wenn Du die Hunde bellen hörst, geh weiter.
Wenn Du die Fackeln im Wald leuchten siehst, geh weiter.
Wenn sie nach Dir rufen, geh weiter.
Bleib niemals stehen. Geh weiter.
Wenn Du die Freiheit willst, geh weiter.«[1]

Die zitierten Worte Harriet Tubmans stellten den Schluss jener viel beachteten Rede Hillary Rodham Clintons beim Parteitag der Demokraten im August 2008 dar, in der sie Barack Obama ihr volle Unterstützung zusagte. Die erste Frau, die jemals ernsthafte Chancen hatte, ins Weiße Haus einzuziehen, zitierte am Ende ihrer Ansprache eine ehemalige Sklavin, die als unerschrockene Kämpferin für Freiheit und Frauenrechte in die Geschichte eingegangen ist. Jedes Kind in den Vereinigten Staaten kennt den Namen Harriet Tubman. Einer Umfrage zufolge zählt sie zu den drei berühmtesten historischen Figuren der USA. Die legendäre Konkukteurin des Fluchtnetzwerkes Underground Railroad hat sich ihren Platz in den Geschichtsbüchern und im Herzen einer ganzen Nation gesichert. Neben Sojourner Truth und Frederick Douglass gehört sie zu den Ikonen afroamerikanischer Befreiungshistorie.

Harriet Tubmans Geschichte ist eng verbunden mit der Geschichte der Sklaverei in den Vereinigten Staaten von Amerika. Während die Staaten des Nordens nach dem Unabhängigkeitskrieg 1776 die Sklaverei abschafften oder zumindest Ansätze zeigten dies zu tun, war die Sklavenhaltung im Süden unvermindert weitergegangen. Der Reichtum ganzer Landstriche basierte weiterhin auf Ausbeutung und Unterdrückung. Auf den Baumwollplantagen des Südens schufteten Sklaven unter unmenschlichen Bedingungen, rechtlos und wehrlos. Auch wenn die meisten Südstaatler keine Sklavenhalter waren, standen sie dennoch hinter dem Recht zur Sklavenhaltung. Ganz anders der Norden. Hier entstanden Mitte des 19. Jahrhunderts immer mehr Vereinigungen, die für die Abschaffung der Sklaverei eintraten. Philanthropen, Humanisten, Politiker und diverse religiöse Gruppen sahen in den Sklaven Menschen, denen sie dieselben Rechte auf Leben und Freiheit zugestehen wollten wie allen anderen US-Amerikanern. Für die Befürworter der Sklaverei aber waren Sklaven Besitz, der keinerlei Rechtsansprüche hatte. Sie forderten, dass ihnen als Sklavenbesitzer dieselben Rechte zugestanden werden mussten wie jedem anderen Eigentümer. Ein Argument, das in einem Land, das den Schutz des Eigentums in der Präambel seiner Verfassung niedergeschrieben hatte, von großer Bedeutung war. Die Menschenrechte der Sklaven standen gegen die Eigentumsrechte der Sklavenhalter und es sollte fast ein Jahrhundert dauern, bis sich endgültig die Einsicht durchsetzte, dass auch Sklaven Menschen sind. Eine Einsicht, die mit einem Bürgerkrieg und Tausenden von Toten teuer bezahlt werden musste. Eine Einsicht, zu der vor allem Menschen wie Harriet Tubman entscheidend beitrugen.

Geboren wird Harriet Tubman wohl 1822 als Araminta Ross in Dorchester County/Maryland. Wie viele Sklaven kann sie ihr Geburtsjahr nicht eindeutig benennen. Schon ihre Großmutter mütterlicherseits war auf einem Sklavenschiff in die Vereinigten Staaten verschleppt worden. Vermutlich stammt die Familie von den Ashantis aus Ghana ab. Vom Großvater mütterlicherseits ist nichts bekannt, Gerüchten zufolge war er weiß. Sexuelle Übergriffe Weißer auf schwarze Frauen sind in den Jahren der Sklaverei an der Tagesordnung und stellen für weibliche Sklaven eine ständige Bedrohung dar. Frauen, die davon betroffen sind, haben keinerlei Handhabe gegen ihre Peiniger, sondern sind diesen schutzlos ausgeliefert.

Harriets Eltern, Harriet Green und Ben Ross, sind seit 1808 verheiratet und leben auf einer großen Plantage. Der Vater ist dort als Schreiner tätig, die Mutter arbeitet im Herrenhaus. Das Paar hat neun Kinder, die für ihren Besitzer Anthony Thompson einen zunehmenden Wertzuwachs darstellen. Thompson scheint ein humaner Sklavenhalter gewesen zu sein, bei seinem Tod verfügt er in seinem Testament, dass das Ehepaar 1840 freigelassen werden soll. Doch seine Erben weigern sich beharrlich, dieser Bestimmung nachzukommen. Da es für Sklaven keine Möglichkeit gibt, ihre Rechte einzufordern, verbleiben beide in der Sklaverei. Die drei älteren Töchter werden in der Folgezeit an einen Sklavenhändler verkauft. Sie werden die Familie nie mehr wiedersehen. Der kleinen Harriet brennt sich die Verzweiflung über die Trennung der Familie tief ins Gedächtnis ein. Als der neue Plantagenbesitzer Edward Brodess auch den jüngsten Sohn Moses verkaufen will, versteckt die Mutter ihn mit Hilfe anderer Sklaven. Als die Sklavenhändler das Kind schließlich mit Gewalt aus der Hütte holen wollen, droht die Mutter damit, den Eindringlingen den Schädel einzuschlagen. Daraufhin verzichtet Edward Brodess überraschenderweise auf den Verkauf. Für Harriet, die den Widerstand der Mutter staunend verfolgt, ist dies ein Schlüsselerlebnis, das zeigt, dass Widerstand möglich ist und durchaus zum Erfolg führen kann.

Da die Mutter keine Zeit hat, die Kinder zu versorgen, übernimmt Harriet bereits als kleines Mädchen die Versorgung der Geschwister. Als sie fünf Jahre alt ist, erscheint sie ihrem Besitzer als voll arbeitsfähig und wird an andere Sklavenhalter vermietet. Sie kommt auf die Plantage der Familie Cook, die sie sehr schlecht behandelt. Mehr als zwei Jahre bleibt das kleine Mädchen von ihrer Mutter getrennt. Krank vor Heimweh weint sie sich in den Schlaf: »Ich schlief auf dem Fußboden vor dem Feuer. Hier lag ich und weinte und weinte. Die ganze Zeit dachte ich, wenn ich doch nur nach Hause gehen und zu meiner Mutter ins Bett schlüpfen könnte. Das Lustige daran ist, dass meine Mutter in ihrem ganzen Leben niemals ein Bett hatte.«[2] Einmal soll sie, obwohl an Masern erkrankt, Fallen für Bisamratten in den Sümpfen überprüfen. Schwer krank watet sie durchs hüfthohe Wasser. Erst als sie zusammenbricht, darf sie nach Hause zu ihrer Mutter. Wieder genesen wird sie umgehend weiter vermietet, wobei die Aufgaben mit zunehmendem Alter beschwerlicher und gefährlicher werden.

Auf der nächsten Plantage ist es ihre Aufgabe, einen schlafenden Säugling zu hüten. Jedes Mal, wenn das Kind erwacht und zu schreien beginnt, wird die kleine Harriet mit der Peitsche bestraft. In ihren Erinnerungen beschreibt Harriet Tubman, dass sie einmal noch vor dem Frühstück ganze fünf Mal ausgepeitscht worden war, weil das Kind geschrieen hatte. Zahlreiche Narben am ganzen Körper bleiben als lebenslange Erinnerung an diese Tätigkeit zurück. Später wird sie erzählen, dass sie niemals geweint habe, wenn sie gezüchtigt wurde, und die Befreiung der Sklaven gerade von Plantagen, auf denen sie selbst geschuftet habe, ihre späte Rache für das damals erlittene Unrecht gewesen sei.

Sie ist noch ein junges Mädchen, als sie sich eine schwere Kopfverletzung zuzieht, an der sie ein Leben lang zu leiden haben wird. Im Auftrag eines ihrer Leihbesitzer ist sie gerade beim Einkaufen in einem Laden, als sie auf den Sklaven einer anderen Plantage trifft, der sich unerlaubt von der Feldarbeit entfernt hat. Als dessen Aufseher hinzukommt, verlangt er von Harriet, ihm dabei zu helfen, den Mann zu fesseln. Als Harriet sich weigert, nutzt der Sklave den entstehenden Disput, um zu fliehen. Daraufhin nimmt der Aufseher ein zwei Pfund schweres Gewicht von der Ladentheke und schleudert es auf den Flüchtenden. Aus Versehen trifft er Harriet am Kopf, die daraufhin schwer verletzt zusammenbricht. Bewusstlos bringt man die Blutüberströmte zurück auf die Plantage. Hier lässt man sie ohne jegliche medizinische Versorgung zwei Tage auf der Bank eines Webstuhls liegen. Anschließend wird sie erneut aufs Feld geschickt. Das Blut rinnt ihr in Strömen vom Kopf, sie kann kaum mehr sehen, an Arbeit ist nicht zu denken. Da sie keine Leistung bringt, wird sie schließlich zu Edward Brodess zurückgeschickt. Doch auch dieser bietet ihr keine Hilfe an, sondern versucht erfolglos sie zu verkaufen.

In ihrer Not sucht und findet Harriet Zuflucht bei Gott. Sie entwickelt sich im Laufe der Zeit zu einer tiefreligiösen Frau. Allerdings lehnt sie das Gehorsamsgebot, das die Sklavenbesitzer der Bibel entnehmen, rundweg ab, entdeckt ein eher revolutionäres Christentum für sich. Für sie gilt das alttestamentarische Gebot von Rache und Vergeltung. Schon damals beginnt sie zu halluzinieren und zu träumen, wobei sie ihre Träume stets als Zeichen Gottes interpretiert. Sehr wahrscheinlich ist, dass sie aufgrund der schweren Kopfverletzung an Narkolepsie, also einer Störung der Schlafrhythmik leidet. Sie wird im Laufe ihres Lebens immer wieder mitten im Gespräch einschlafen oder das Bewusstsein verlieren. Dass sie aufgrund dieser Vorgeschichte überhaupt in der Lage ist, später Sklaven zu befreien, erscheint fast als ein Wunder.

1844 heiratet Harriet den freien Schwarzen John Tubman. Um die Mitte des Jahrhunderts gibt es viele freie Schwarze. Ihre Anzahl steigt zwischen 1790 und 1850 von 59 466 auf 434 449 an. Ursächlich dafür ist die hohe Kinderzahl der schwarzen Bevölkerung. Da Kinder rein rechtlich den Status ihrer Mutter erhalten, sind alle Kinder freier schwarzer Frauen ebenfalls frei. Dazu kommt, dass es vermehrt Sklavenhalter gibt, die vor ihrem Tod die Freilassung ihrer Sklaven anordnen. Und es gibt nun auch Schwarze, die genug Geld verdienen, um Familienangehörige und Freunde freizukaufen. Mehr als die Hälfte der freien Schwarzen lebt im Norden.

An der Ostküste von Maryland, an der etwa die Hälfte aller Schwarzen frei sind, ist die Ehe zwischen einem freien Schwarzen und einer Sklavin zwar keine Seltenheit, bringt aber aufgrund der herrschenden Gesetze große Probleme mit sich. Da Harriet Sklavin ist, wären auch alle ihre Nachkommen automatisch Sklaven, John Tubman hätte keinerlei Verfügungsgewalt über seine Kinder. Dennoch heiratet er sie. Vermutlich hatte er vor, Harriet so bald als möglich freizukaufen. Nach der Heirat ändert Harriet Tubman ihren Namen offiziell von Araminta auf Harriet.

1849 erkrankt sie schwer. Ihr Wert als Arbeitstier schwindet. Edward Brodess versucht erneut sie zu verkaufen. Inständig fleht die junge Frau zu Gott, dass er auch diesmal keinen Abnehmer finden möge. Als es jedoch so aussieht, als habe er einen Käufer gefunden, bittet sie Gott, Brodess zu töten: »Am ersten März begann ich zu beten: ›Gott, wenn Du das Herz dieses Mannes nicht erweichen kannst, dann töte ihn und schaff ihn aus dem Weg.‹«[3] Eine Woche später ist der 47-jährige Brodess tot.

Seine Witwe Eliza löst die Plantage auf und veräußert die Sklaven. Die Gefahr, dass Harriet und ihre Familie auseinandergerissen werden, ist nun akut. Am 29. August 1849 wird ihre Schwester Kessiah über einen Agenten in der Lokalzeitung zum Verkauf angeboten. In dieser Situation wird Harriet aktiv. Aus der Sklavin wird eine Befreierin. Zunächst für sich selbst, später auch für andere. Gegen den Rat ihres Mannes entscheidet sie sich gemeinsam mit ihren Brüdern Ben und Henry für die Flucht in den Norden. Am 17. September 1849 ist es so weit. Harriet ist an einen Plantagenbesitzer in Carolina vermietet worden, bei dem auch ihre Brüder arbeiten. Von hier aus gelingt ihnen die Flucht. In einer Annonce im *Cambridge Democrat* bietet Eliza Brodess daraufhin 300 Dollar Belohnung für die Ergreifung der Flüchtenden. Doch zu einer Auszahlung wird es nicht kommen. Die drei kehren freiwillig zurück. Die beiden Brüder verlässt angesichts der drohenden Gefahren der Mut und Harriet sieht sich gezwungen mit ihnen umzukehren.

Doch der einmal gefasste Gedanke an Flucht treibt sie um. Einige Wochen später versucht sie es erneut. Diesmal jedoch ohne die Brüder. Die zurückbleibende Familie informiert sie auf ihre ganz eigene Weise von der Flucht, indem sie ein Lied singt, das eine versteckte Abschiedsbotschaft enthält:

»I'm sorry I'm going to leave you.
Farewell, oh farewell;
But I'll meet you in the morning.
Farewell, oh farewell.
I'll meet you in the morning,
I'm bound for the promised land
On the other side of Jordan,
Bound for the promised land.«[4]

Sie folgt den mutigen Männern und Frauen, die sich auf einen ungewissen Weg machen, denen die Gefahr, das Leben zu verlieren, weniger schmerzlich erscheint als die Aussicht, weiterhin in Sklaverei zu leben. Allein in Maryland werden 1850 729 entlaufene Sklaven gezählt. Auf welcher Route Harriet in die Freiheit flieht, wurde nie bekannt. Später wird sie auch von anderen, die in die Freiheit wollen, genutzt. Am Ende ihres Lebens verrät Harriet Tubman zwar einige Einzelheiten, jedoch so sparsam, dass der genaue Weg tatsächlich ein Geheimnis bleibt. Gesichert ist nur, dass sie über das Hilfsnetzwerk der Sklavenbefreiung, die legendäre Underground Railroad, flieht. In dieser um 1830 gegründeten Vereinigung haben sich freie Sklaven und Gegner der Sklaverei zusammengeschlossen, um Sklaven aus den Südstaaten den Weg in die Freiheit zu ermöglichen. Viele Quäker, die zu den aktivsten Abolitionisten gehören, befinden sich in ihren Reihen. Ihren Namen soll die Underground Railroad der Legende nach 1831 von einem Sklavenhalter aus Kentucky erhalten haben, der einen flüchtenden Sklaven aus den Augen verloren hatte und dies mit den Worten kommentierte, dass dieser wohl mit einer unterirdischen Eisenbahn unterwegs sein müsse. Die Aktivisten der Underground Railroad, deren Namen größtenteils ein Geheimnis blieben, bieten auf verschiedenen Strecken in den Norden Flüchtenden Unterkunft, Verpflegung, Transport, Führung und vieles mehr.

Harriet Tubman findet wohl in einer Quäkergemeinde in der Nähe ihrer Plantage Unterschlupf, ehe sie auf einem der von den Abolitionisten angelegten Fluchtwege in die Freiheit gelangt. Höchstwahrscheinlich nimmt sie die Route entlang des Choptank River durch Delaware nach Pennsylvania. Die 145 Kilometer lange Route stellt einen Fußmarsch zwischen fünf Tagen und drei Wochen dar. Da sie nicht gesehen werden darf, muss sie den Großteil der Strecke nachts zurücklegen. Der Polarstern dient ihr als Orientierungshilfe. In ständiger Angst vor den vielen Sklavenfängern, die gegen hohe Belohnungen entlaufene Sklaven einfangen und zurückbringen, kämpft sie sich vorwärts. Hilfe bieten ihr die unzähligen Streckenposten der Underground Railroad, die unter Lebensgefahr entlaufene Sklaven verstecken. Sie sind mutig, geschickt und einfallsreich. Eine Frau lässt Harriet einmal tagsüber ihren Hof kehren, nur um den Eindruck zu erwecken, sie sei eine Hausangestellte. In der darauf folgenden Nacht bringt die Familie sie dann auf ihrem Wagen zur nächsten Station. Oft muss sie stundenlang in Wäldern und Sümpfen ausharren, ehe sie sich im Schutz der Dunkelheit erneut auf den Weg machen kann. Nach einer halben Ewigkeit erreicht sie schließlich die Staatsgrenze nach Pennsylvania: »Als ich merkte, dass ich die Grenze überschritten hatte, schaute ich auf meine Hände, um zu sehen, ob ich immer noch dieselbe Person war. Es war alles so herrlich; die Sonne schimmerte wie Gold durch die Bäume und über die Felder und ich fühlte mich, als wäre ich im Himmel.«[5] Es ist geschafft. Nach all den Jahren ist sie endlich frei.

Sie lässt sich in Philadelphia nieder, doch die neu gewonnene Freiheit macht sie nicht glücklich: »Es gab niemanden, der mich im Land der Freiheit willkommen hieß. Ich war eine Fremde in einem fremden Land und meine Heimat war immer noch in Maryland, weil mein Vater, meine Mutter, meine Brüder und Schwestern dort waren. Aber ich war frei und sie sollten auch frei sein.«[6]

Während sie sich von den Strapazen erholt, reift in ihr der Gedanke, auch anderen zur Flucht zu verhelfen, allen voran der eigenen Familie. Dabei wird die Situation sowohl für entlaufene Sklaven als auch für deren Befreier immer komplizierter. 1850 verabschiedet der Kongress den Fugitive Slave Act, wonach auch diejenigen Staaten, welche die Sklaverei für ungesetzlich erklärt hatten, verpflichtet sind, bei der Ergreifung entflohener Sklaven zu helfen. Jeder, der einem Sklaven bei der Flucht hilft, hat mit schweren Strafen zu rechnen. Geflohene Sklaven, die sich in vormals sicheren Bundesstaaten niedergelassen haben, müssen damit rechnen, von der Polizei aufgegriffen und zu ihren ehemaligen Besitzern zurückgebracht zu werden. In den ersten drei Monaten nach Verabschiedung des Gesetzes fliehen jeden Monat 1000 ehemalige Sklaven nach Kanada, dem einzig wirklich sicheren Ort. Das Gesetz führt zu vielen dramatischen Ereignissen, wovon der Fall Margret Garner der aufsehenerregendste ist. Als Margret Garner 1856 in Ohio mit ihrer Familie von Sklavenhaltern aufgegriffen wird, schneidet sie ihrer jüngsten Tochter mit einem Fleischermesser die Kehle durch, um sie vor erneuter Sklaverei zu bewahren. Sie selbst gibt bei der Gerichtsverhandlung an, dass sie lieber singend zum Galgen gehen werde, bevor sie noch einmal ein Leben als Sklavin fristen würde. Ihr Schicksal wird 1987 von der US-amerikanischen Literaturnobelpreisträgerin Toni Morrison in dem Roman »Menschenkind« verarbeitet.

Als Harriet Tubman im Dezember 1850 erfährt, dass ihre Nichte Kessiah samt ihren beiden Kindern verkauft werden soll, entschließt sie sich zur Rückkehr nach Maryland, um Kessiah zu retten. Nie wieder soll ihre Familie auseinandergerissen werden. Dass sie dabei ihr eigenes Leben aufs Spiel setzt, kümmert sie nicht. Sie versteckt sich bei ihrem Schwager Tom Tubman in Baltimore und wartet dort auf Kessiah, deren Flucht mit Hilfe von Helfern haarklein geplant ist. Bei der Sklavenauktion, auf der Kessiah und ihre Kinder versteigert werden, gibt Kessiahs eigener Mann John Bowley, ein freier Schwarzer, das höchste Gebot ab, ohne die erforderliche Summe zu besitzen. Nachdem er den Zuschlag erhalten hat, verwickelt er den Auktionator in ein Gespräch, während dem es seiner Familie gelingt, sich in eines der *safe houses* der Underground Railroad zu flüchten, in dem sich entlaufene Sklaven verstecken können. Noch in derselben Nacht befördert John Bowley seine Familie in einem wackeligen Holzboot ins 100 Kilometer entfernte Baltimore. Von hier aus bringt Harriet Tubman alle vier sicher nach Philadelphia.

Wenige Monate später kehrt Harriet erneut nach Maryland zurück, um ihren Bruder Moses und zwei weitere Sklaven zu befreien. Es wird angenommen, dass sie dabei mit dem weißen Abolitionisten Thomas Garrett aus Delaware zusammenarbeitete, der Flüchtlinge in seinem Schuhgeschäft in Wilmington versteckte.

Harriets Mut wächst mit jeder Reise. Furchtlos und unerschrocken holt sie Frauen, Männer und Kinder aus dem Süden heraus. Der Respekt, den sie sich dabei erwirbt, spiegelt sich in dem Decknamen wider, den ihr die Sklaven geben: »Moses«. So wie Moses die Hebräer aus Ägypten herausführte, so führt Harriet Tubman die Sklaven aus dem Süden heraus. Wann immer Harriet in den Süden kommt, um eine neue Gruppe in die Freiheit zu führen, wird sie das Lied »Go down Moses« singen, um den Wartenden zu signalisieren: Moses ist da. Die Zeilen »Go down, Moses, way down in Egypt's land. Tell old Pharao, let my people go« werden so sehr als Anspruch auf die Freiheit verstanden, dass manche Sklavenhalter ihren Sklaven bei Strafe verbieten, diesen Gospel zu singen.

Im Herbst 1851 fährt Harriet nach Dorchester County, um ihren Ehemann nach Philadelphia zu holen. Hier erfährt sie, dass John mit einer anderen Frau zusammenlebt und es strikt ablehnt, mit ihr zu kommen. Zunächst wütend und verletzt angesichts des Zerplatzens all ihrer Träume ermahnt sie sich selbst, dass, wenn John ohne sie leben kann, auch sie ohne ihn leben könne und lässt ihn zurück. Wie sehr sie der Verrat trifft, lässt sie sich nicht anmerken. Statt seiner nimmt sie weitere Sklaven mit in die Freiheit. Insgesamt kehrt sie 13 Mal in den Süden zurück, um mehr als 70 Sklaven nach Pennsylvania zu begleiten. Dabei nutzt sie alle möglichen Verkleidungen, um nicht von einem der ehemaligen Plantagenbesitzer, für die sie gearbeitet hatte, erkannt zu werden. Mehrmals gelingt es ihr nur knapp, zu entwischen. Zumeist reist sie im Winter, nutzt die langen Nächte, um ihre Gruppen unentdeckt zu lotsen. Aufbruchstag ist immer Samstag, da Zeitungen mit Berichten über die Flucht nicht vor Montag erscheinen können. Dies verschafft der Gruppe einen beträchtlichen Vorsprung. Zur Verständigung nutzen die Flüchtenden bekannte Gospel, die ihnen Warnung und Information zugleich sind. Harriet ist als Anführerin nicht zimperlich. Stets trägt sie einen Revolver bei sich, um sich Respekt zu verschaffen. Und sie hat keinerlei Scheu diesen auch zu benutzen – nicht nur gegen Sklavenjäger, sondern auch gegen die Flüchtenden selbst. Sklaven, die umkehren wollen, stellen eine große Gefahr für die restliche Gruppe dar und werden deshalb von Harriet Tubman unmissverständlich zum Bleiben aufgefordert. Sie berichtet später, dass sie Umkehrwilligen die Pistole an die Schläfe gehalten habe mit den Worten »Move or Die«. Nur ein Toter ist nicht in der Lage den Verfolgern Auskunft zu geben. Während ihrer ganzen Zeit als Fluchthelferin bringt sie alle Menschen, die ihr anvertraut sind, lebend in die Freiheit.

Zeitgenossen und Historiker haben sich immer wieder die Frage gestellt, warum Harriet Tubman nie gefasst wurde. Sie selbst stellt sich diese Frage niemals. Im Gegenteil, sie ist von ihrer Mission überzeugt und sieht sich unter dem besonderen Schutze Gottes. Thomas Garrett wird später sagen: »Ich kenne keine andere Person, egal welcher Hautfarbe, die so viel Vertrauen in die Stimme Gottes hatte.«[7]

Als die Gefahr, aufgegriffen zu werden, in den Nordstaaten immer mehr zunimmt, schleust Harriet Tubman im Dezember 1851 zum ersten Mal Flüchtlinge direkt bis Kanada durch. Von nun an muss sie die Flüchtlinge oft erst einmal bei sich zu Hause verstecken, bis es sicher genug ist, sie weiterzubringen. Dabei stößt sie oftmals an die Grenzen des Möglichen: »Einmal beherbergte ich zeitgleich elf Flüchtlinge unter meinem Dach. Sie mussten bei mir bleiben, bis ich genügend Geld für die Weiterreise nach Kanada zusammenhatte. Es war die größte Gruppe, die ich jemals beherbergt hatte, und ich hatte Probleme, so viele Menschen mit Essen und Platz zu versorgen.«[8]

Einer ihrer Mitstreiter ist Frederick Douglass, eine der berühmtesten Persönlichkeiten der afroamerikanischen Geschichte. Jahre später wird er an Harriet Tubman schreiben: »Als Du mich um eine Empfehlung batest, hast Du mich um etwas gebeten, was Du nicht brauchst. Ich brauche Deine Empfehlung weitaus mehr als Du meine, besonders, weil Deine herausragende Arbeit und Deine Hingabe im Kampf für die Versklavten unseres Lands allen so gut bekannt ist wie mir. (...) Vieles von dem, was Du getan hast, erscheint denen, die Dich nicht so gut kennen wie ich, unmöglich. Es ist mir ein großes Vergnügen und ein großes Privileg, Zeugnis über Deinen Charakter und Deine Arbeit abzulegen und ich sage denen, die es betrifft, dass ich Dich in jeder Hinsicht für ehrlich und vertrauenswürdig erachte.«[9]

Mitte des Jahrhunderts erhält die Anti-Sklavereibewegung mächtigen Zulauf. Ursächlich dafür ist das Buch einer Frau aus Connecticut, das zum meistverkauften Buch der Vereinigten Staaten im 19. Jahrhundert wird: Harriet Beecher Stowes *Onkel Toms Hütte*. Bereits im Jahr seines Erscheinens 1852 werden mehr als 300 000 Exemplare verkauft. Das Buch, das die Geschichte des Sklaven Toms und seiner Familie schildert, erweist sich als stärkste Waffe der Abolitionisten im Kampf gegen die Sklaverei. Es tritt rund um die Welt einen enormen Siegeszug an und erlebt bis heute unzählige Neuauflagen. Innerhalb der Bewegung sowie innerhalb der schwarzen Gemeinschaft ist es jedoch aufgrund der Passivität, die Onkel Tom an den Tag legt, nicht unumstritten. Für viele ist Duldung nicht die richtige Antwort auf Tyrannei. Der Begriff »Onkel Tom« mutiert zum Schimpfwort für assimilierte Afroamerikaner. Harriet Beecher Stowe erhält jedoch auch Unterstützung von populären Schwarzenführern wie Frederick Douglass, der dem Buch in seiner Zeitung über Jahre hinweg großen Raum einräumt.

1854 erleidet die abolitionistische Bewegung einen herben Rückschlag. Im sogenannten Kansas-Nebraska Act wird die Frage der Sklaverei zur Angelegenheit der Einzelstaaten erklärt. Damit wird der 1820 verabschiedete Missouri Kompromiss, der die Sklavenhaltung in den westlichen Gebieten regelt und wonach nördlich von 36° 30' die Sklaverei verboten ist, ausgehebelt. Die Abschaffung der Sklaverei scheint damit erneut in weite Ferne zu rücken.

Aufgrund dieser Entwicklung erhält eine alte Idee neue Nahrung. Schon seit Langem werden verschiedene Möglichkeiten diskutiert, das Sklavenproblem zu lösen. Harriet Beecher Stowe gehört der American Colonization Society (ACS) an, einer 1817 gegründeten Gruppe, die ehemaligen Sklaven eine neue Heimat in Afrika geben will, da sie der Ansicht ist, dass freie Schwarze in den USA niemals in Frieden würden leben können. Zu diesem Zweck gründet die ACS 1822 in Afrika die Kolonie Liberia als Zufluchtsort für Afroamerikaner. Bis 1860 emigrieren 13 000 frei geborene Schwarze und ehemalige Sklaven nach Liberia. Die ACS finanziert zwischen 1817 und 1865 147 Schiffe, die insgesamt 18 959 Passagiere nach Liberia bringen. Auf jeden Passagier kommen in etwa zehn Anfragen für eine Übersiedlung nach Westafrika. Auch schwarze Organisationen wie die African Civilization Society plädieren für die Heimkehr ehemaliger Sklaven nach Afrika. Bei vielen scheitert die Emigration jedoch schlicht und einfach am Geld für die Überfahrt.

Es gibt jedoch auch viele Abolitionisten, die den Schwarzen in den USA ein menschenwürdiges Leben ermöglichen wollen und nichts von der Emigration nach Afrika halten. Einer der radikalsten Kämpfer für die Befreiung der Sklaven ist John Brown aus Connecticut. Brown sieht sich ähnlich wie Tubman als Werkzeug Gottes und will mit Gewalt der Sklaverei ein Ende bereiten. 1856 wird er für die Ermordung von fünf Siedlern in Kansas verantwortlich gemacht, die für die Sklaverei eingetreten waren. Bei den daraufhin ausbrechenden Unruhen werden mehr als 200 Menschen getötet, der Sachschaden wird auf nahezu 2 Millionen Dollar beziffert. Brown taucht unter, auf ihn wird ein Kopfgeld ausgesetzt. Sein Ruhm wächst, er wird bereits zu Lebzeiten zum Mythos.

1857 entscheidet der US Supreme Court im Fall »Dred Scott gegen Sandford«, dass ein Sklave, der mit seinem Besitzer in einen Staat zieht, dessen Gesetze die Sklaverei verbieten, nicht frei ist, sondern Sklave bleibt. Alles andere käme einer Enteignung des Sklavenhalters gleich. Damit ist ein Sklave weder Bürger eines Bundesstaates, noch Bürger der USA und hat keinerlei Bürgerrechte. Eine Entscheidung, die bei den Gegnern der Sklaverei auf einhellige Empörung stößt und das Land dem Bürgerkrieg ein Stück näher bringt.

1858 lernen sich John Brown und Harriet Tubman kennen. Brown ist entschlossen, durch einen bewaffneten Aufstand im

Süden einen Sklavenaufstand zu initiieren. Harriet, die er »General Tubman« nennt, ist aufgrund ihrer hervorragenden Geländekenntnisse als Schaffnerin der Underground Railroad dabei von größter Wichtigkeit. Beeindruckt von Harriets Tapferkeit schreibt Brown im April 1858 an seinen Sohn John: »Harriet Tubman ist einer der besten Männer, die ich jemals getroffen habe.«[10] Während viele Abolitionisten John Browns Methoden ablehnen, unterstützt Harriet Tubman Brown uneingeschränkt. Noch nie zuvor hat sie einen Weißen getroffen, der so entschlossen ist, die Sklaverei zu beenden. Für sie ist er der bedeutendste Mann, dem sie jemals begegnet ist. Mit öffentlichen Reden und Geschichten über ihre Zeit auf der Underground Railroad gelingt es ihr, Geld für John Brown zu sammeln. Sie ist unmittelbar an den Vorbereitungen Browns zum Überfall auf das Waffenlager Harpers Ferry in West Virginia beteiligt, das zum Fanal für den Sklavenaufstand im Süden werden soll. Bei der eigentlichen Ausführung des Plans ist sie jedoch nicht dabei. Wo sie sich zu diesem Zeitpunkt aufhält und warum sie nicht am Überfall teilnimmt, ist bis heute unklar und unter Historikern umstritten. Es heißt, Kommunikationsprobleme oder auch eine Krankheit hätten ihre Anwesenheit am 16. Oktober 1859 verhindert. Es ist jedoch auch möglich, dass sie in Maryland weilte, um Sklaven zu befreien. Wo auch immer sie war, sie hat großes Glück. Der Überfall auf das Munitionsdepot in Harpers Ferry, mit dem Brown seine Truppen bewaffnen will, ehe er in den Süden zieht, scheitert kläglich. John Brown wird am 2. November 1859 von einem Gericht zum Tode verurteilt und einen Monat später gehängt. Seine letzte Botschaft an seine Landsleute ist prophetisch: »Ich, John Brown, bin mir nun ziemlich sicher, dass die Verbrechen dieses schuldigen Landes niemals getilgt werden können, außer durch Blut. Ich hatte, wie ich jetzt erkenne, vergebens gehofft, dass es ohne viel Blutvergießen ablaufen wird.«[11] Bei seiner Hinrichtung sichern mehr als 1000 Soldaten den Weg zum Galgen. Durch seinen Tod wird Brown endgültig zum Märtyrer. Harriet Tubman bewundert ihn bis an ihr Lebensende. Der Marsch »John Browns Body« wird zum beliebtesten Lied der Unionstruppen und ist noch heute unter dem Namen »The Battle Hym of Republic« bekannt. Im selben Jahr veröffentlicht der schwarze Physiker und Publizist Martin R. Delany den Roman *Blake or the Huts of America*, den er als die schwarze Antwort auf *Onkel Toms Hütte* verstanden haben will. Sein Protagonist Blake wehrt sich mit Gewalt gegen die Unterdrückung. Obwohl das Buch niemals die Verbreitung von *Onkel Toms Hütte* erfährt, gilt der Roman als einer der ersten afroamerikanischen Romane überhaupt und wird einer der Grundsteine afroamerikanischer Literatur.

Bereits im Januar 1859 hat Harriet Tubman ein Stück Land in Fleming, nahe Auburn im Staate New York, erworben. Hier leben besonders viele Sklavereigegner. Ihr Haus wird zu einer Station auf der Strecke der Underground Railroad. Im November 1860 reist sie zum letzten Mal in den Süden, um Sklaven in die Freiheit zu bringen. In Schnee und Eis kämpft sie sich gemeinsam mit einer fünfköpfigen Familie vorwärts. Die verheerenden Wetterverhältnisse setzen der Gruppe, die ohne zusätzliche Nahrung und Kleidung auskommen muss, enorm zu. Als eine Patrouille von Sklavenfängern in der Nähe auftaucht, verabreicht Harriet dem Baby Opium, um es am Schreien zu hindern. Sie frieren und hungern, aber sie schaffen es alle gemeinsam unbeschadet in die Freiheit.

Bei den Präsidentschaftswahlen 1860 wird die Frage der Sklaverei zu der entscheidenden Frage, über die sich die Demokratische Partei spaltet. Die Norddemokraten nominieren mit Stephen A. Douglas einen Sklavereigegner, die Süddemokraten mit John Cabell Breckinridge einen Befürworter der Sklaverei. Abraham Lincoln tritt für die Republikaner an. Sieger der Wahl wird Abraham Lincoln. Obwohl Lincoln stets betont hatte, dass er die Rechte der Einzelstaaten bezüglich der Sklaverei akzeptieren wird, verlassen im November 1860 sechs Staaten die Union. Am 4. Februar 1861 gründen sie die Konföderierten Staaten von Amerika. Mit dem Überfall auf das Unions-Fort Sumter in South Carolina am 12. April 1861 beginnt der amerikanische Bürgerkrieg.

Harriet Tubman steht auf Seiten der Nordstaaten, von denen sie sich ein Ende der Sklaverei erhofft. Sie versorgt Flüchtlinge und arbeitet freiwillig und unentgeltlich in Port Royal/South Carolina als Krankenschwester. Vor allem kümmert sie sich um die Versorgung der schwarzen Soldaten, die auch bei den Truppen des Nordens schlechter versorgt werden als ihre weißen Kameraden. Dass sie sich dabei nicht mit den Pocken infiziert, wird später als Indiz dafür gewertet, dass sie unter dem besonderen Schutz Gottes steht. Zunächst ist sie keine Anhängerin Lincolns, kritisiert ihn offen dafür, dass er Krieg für die Erhaltung der Union führt und nicht zur Befreiung der Sklaven. »Gott wird Master Lincoln nicht über den Süden siegen lassen, bis er das Richtige tut. Master Lincoln ist ein bedeutender Mann und ich nur eine arme Schwarze; aber diese Schwarze kann Master Lincoln verraten, wie er Geld sparen und das Leben junger Männer retten kann. Er muss nur die Schwarzen befreien.«[12] Erst am 1. Januar 1863 erklärt Abraham Lincoln mit der Emanzipations-Proklamation die Sklaverei in den Staaten, die sich in Rebellion gegen die Vereinigten Staaten befinden, für beendet. Mit dieser Formulierung sollen die Sklavenhalterstaaten, die auf Seiten der Union stehen, bei der Stange gehalten werden. De facto aber ist von diesem Moment an die Abschaffung der Sklaverei erklärtes Kriegsziel.

Jetzt entschließt sich Harriet Tubman die Truppen des Nordens aktiv zu unterstützen. Sie meldet sich als freiwillige Kundschafterin und erkundet ab März 1863 die von den Konföderierten Truppen besetzte Umgebung von Port Royal. Später ist sie als Spionin für Colonel James Montgomery tätig und liefert wertvolle Informationen für die Eroberung von Jacksonville in Florida. Bei der Befreiung von 738 Sklaven und der Zerstörung mehrerer Plantagen durch die Unionstruppen entlang des Combahee River in South Carolina im Juni 1863 spielt Harriet Tubman die entscheidende Rolle. Als erste Frau ist sie offiziell an der Planung und Durchführung einer militärischen Operation des Sezessionskrieges beteiligt. Sie ist es, die die drei Dampfschiffe mit Soldaten an Bord durch den verminten Flusslauf führt. Während die Soldaten die Plantagen stürmen, fliehen die dortigen Sklaven auf die Schiffe. Ihre Besitzer versuchen vergebens mit Waffengewalt die Flüchtenden aufzuhalten. Ehe die Truppen der Konföderierten eintreffen, sind die Schiffe mit den Flüchtlingen an Bord bereits auf dem Weg in die Freiheit. Die Zeitungen feiern Harriet Tubman frenetisch, sie erlangt nationale Berühmtheit. Doch sie ist auch in den schweren Stunden bei den Truppen. So erlebt sie die verlustreiche Schlacht um Fort Wagner am 18. Juli 1863 hautnah mit und muss dem Sterben von über 1500 Männern hilflos zusehen. Bis zum Ende des Bürgerkriegs bleibt sie als Freiwillige, ohne Bezahlung, bei den Truppen. Erst 1899 wird sie für ihre Verdienste während des Sezessionskriegs eine kleine Pension erhalten.

Bei Ende des Bürgerkriegs kehrt sie nach Aubern zurück. Hier widmet sie sich in den nächsten Jahren vorwiegend der Wohltätigkeitsarbeit. Am 18. März 1869 heiratet sie den 22 Jahre jüngeren Bürgerkriegsveteran Nelson Davis. Zwei Jahre zuvor war ihr erster Mann in Maryland ums Leben gekommen. Fünf Jahre später adoptieren die beiden ein kleines Mädchen namens Gertie. Bereits im Jahr ihrer Eheschließung erscheint die erste Harriet-Tubman-Biografie Scenes in the *Life of Harriet Tubman*, verfasst von Sarah Bradford. Die mit dem Verkauf erzielten Einnahmen lindern die finanzielle Not der Familie etwas. Der Vorschlag des Kongressabgeordneten Gerry W. Hazelton, Harriet Tubman für ihre Leistungen während des Sezessionskriegs eine einmalige Sonderzahlung von 2000 Dollar zukommen zulassen, scheitert am Unwillen der Abgeordneten.

In ihren letzten Lebensjahren wendet sich Harriet Tubman der Frauenbewegung zu. Bereits während der Sklaverei hatte es enge Kontakte zwischen Frauenbewegung und Abolitionisten gegeben. Die Gemeinsamkeiten hinsichtlich der Verweigerung elementarer Menschen- und Bürgerrechte waren unübersehbar gewesen. Und eine größere Diskriminierung, als zugleich schwarz und eine Frau zu sein, konnte es nicht geben. Tubman arbeitet eng mit Lucretia Mott und Susan B. Anthony, den führenden Frauenrechtlerinnen der USA, zusammen und spricht auf diversen Veranstaltungen der Bewegung. Indem sie ihre Aktivitäten während der Sklavenbefreiung und im Bürgerkrieg schildert, versucht sie die Menschen davon zu überzeugen, dass Frauen durchaus den Männern ebenbürtige Leistungen vollbringen können. Deshalb sei es richtig und wichtig, den Frauen endlich auch dieselben Rechte wie den Männern zu gewähren, allen voran sei die Einführung des Frauenstimmrechts nun oberstes Gebot. Am 18. Oktober 1888 stirbt ihr Mann mit nur 45 Jahren. 1896 wird die National Federation of Afro-American Women gegründet. Harriet Tubman ist die Hauptrednerin der ersten Versammlung. Sie ist nun eine landesweit berühmte Persönlichkeit, wird gefeiert und geehrt. Als die Zeitschrift *The Women's Era* eine Artikelserie über einflussreiche Frauen veröffentlicht, gilt einer der ersten Artikel Harriet Tubman. Dass die so Hochgelobte allen Ehrungen zum Trotz am Hungertuch nagt, geht dabei völlig unter. Allein damit sie sich das Zugticket für eine Ehrung in Bosten leisten kann, muss sie ihre Kuh verkaufen.

Ende des Jahrhunderts wird sie in Boston in einer Klinik am Kopf operiert. Aufgrund ihrer schweren Kopfverletzung leidet sie seit Jahren unter chronischen Schmerzen und Schlafmangel. Die Operation, bei der die Schädeldecke etwas angehoben wird, verschafft ihr vorübergehende Erleichterung. Es wird berichtet, sie habe eine Betäubung bei der Operation abgelehnt und es vorgezogen, lieber auf eine Gewehrkugel zu beißen, genau so wie die Soldaten im Bürgerkrieg.

Mit Beginn des neuen Jahrhunderts tritt die Religion wieder stärker in den Fokus ihrer Aktivitäten. Sie engagiert sich für die African Methodist Episcopal Church in Aubern. 1903 schenkt sie dieser Kirche einen Teil ihres Grundstücks, mit der Bedingung, darauf ein Heim für alte und arme Afroamerikaner zu errichten. Gegen ihren ausdrücklichen Willen heben die kirchlichen Träger von den Bewohnern eine Aufnahmegebühr von 100 Dollar ein. Erst nach fünf Jahren ist das Heim, das den Namen »Harriet Tubman Home for Aged and Infirm Negroes«

erhält, bezugsfertig. Da sie zu jenem Zeitpunkt selbst körperlich bereits sehr schwach ist, wird sie eine der ersten Bewohnerinnen ihres Heims. Am 10. März 1913 stirbt Harriet Tubman mit 91 Jahren an einer Lungenentzündung. Sie, die als Sklavin geboren wurde, stirbt als freie Frau im Kreise von Familie und Freunden.

Harriet Tubman wird mit militärischen Ehren auf dem Fort Hill Cemetery in Aubern beigesetzt. In den Folgejahren werden im ganzen Land Dutzende von Schulen nach ihr benannt. 1944 wird ein Schiff der US-Marine auf ihren Namen getauft, und als die US-Post 1978 eine Briefmarkenserie mit afroamerikanischen Persönlichkeiten auflegt, schmückt Harriet Tubmans Konterfei die erste Marke der Reihe. Im Laufe der Jahre erscheinen mehrere Biografien, Dutzende von Kinderbüchern sowie eine zweiteilige Fernsehserie über ihr Leben. Die Episkopalkirche der USA verehrt die tiefreligiöse Frau heute als Heilige und am Gerichtsgebäude der Stadt Aubern ist eine Plakette angebracht, die an die große Streiterin für Menschen- und Frauenrechte erinnert:

Zur Erinnerung an Harriet Tubman
Geboren als Sklavin in Maryland um 1822
Gestorben in Aubern, N.Y., am 10. März 1913
Genannt der Moses ihres Volkes, während des Bürgerkriegs.
Mit seltenem Mut führte sie über 300 Neger aus der Sklaverei
in die Freiheit
und leistete unschätzbare Dienste als Krankenschwester
und Spionin.
Mit unerschütterlichem Vertrauen auf Gott trotzte sie
jeder Gefahr
und überwand jedes Hindernis;
sie besaß außergewöhnliche Weitsicht und Urteilsvermögen,
sodass sie wahrheitsgemäß sagen konnte:
»Ich habe während meiner Zeit auf der Underground Railroad
niemals meinen Zug entgleisen lassen
und niemals einen Passagier verloren.«[13]

IV
Die Waffen nieder!

Bertha von Suttner (1843–1914), die Streiterin für den Weltfrieden

»Auch die Idee besitzt eine Macht.«[1]

»Walhalla«, so nannten die Germanen den Ruheort für in der Schlacht gefallene Helden. Etwas in dieser Art schwebte Ludwig I. wohl vor, als er seinem Baumeister Leo von Klenze den Auftrag erteilte, den Heroen »teutscher Zunge« hoch über der Donau bei Regensburg einen Tempel gleichen Namens zu errichten. Zahlreiche Büsten und Gedenktafeln haben seit jener Zeit dort Einzug gefunden. Über die Auswahl derer, die drin sind, lässt sich ebenso streiten wie über Sinn und Unsinn eines teutonischen Heldentempels. Nicht zu bestreiten ist allerdings, dass auf diesem grünen Hügel ein ziemlicher Frauenmangel herrscht. Ganze sechs Frauen waren es den bayerischen »Herrschern« bis heute wert, in der Walhalla mit einer Büste verewigt zu werden: Katharina die Große, Maria Theresia, Amalia Landgräfin von Hessen Kassel, Karolina Gerhardinger und Sophie Scholl. Im Sommer 2009 wurde mit Edith Stein ein weiteres Opfer des Nationalsozialismus geehrt.

Ein Name, der immer wieder ins Spiel gebracht wird, wenn es darum geht, einer Frau den Platz im »Heldenhimmel« der Walhalla zu sichern, ist Bertha von Suttner, die vor mehr als 100 Jahren als erste und einzige Frau »teutscher Zunge« den Friedensnobelpreis erhielt.

Die emanzipierte Adelige und engagierte Vorkämpferin für den Frieden wird am 9. Juni 1843 als Bertha Sophia Felicita Gräfin Kinsky von Chinic und Tettau in Prag geboren. Ihr 75-jähriger Vater, k. k. Feldmarschallleutnant und Kämmerer, ist Mitglied des böhmischen Hochadels. Er stirbt noch vor ihrer Geburt und hinterlässt eine nahezu 50 Jahre jüngere Witwe, die als nicht standesgemäß gilt, und zwei kleine Kinder. Berthas Mutter, Sophie von Körner, eine ehemalige Sängerin, entstammt einem unbedeutenden Adelsgeschlecht und den Makel, keine 16 hochadeligen Ahnen vorweisen zu können, die ihr einen Platz in der Wiener Hofburg sichern, wird Bertha zeit ihres Lebens mit sich herumtragen. Nach dem Tod ihres Mannes übersiedelt Gräfin Sophie nach Brünn zu Berthas Vormund Landgraf Friedrich Fürstenberg, der der jungen Witwe in tiefer Zuneigung verbunden ist. Hier wächst Komtess Bertha wohlbehütet auf. Oberstes Ziel ihrer Erziehung ist es, eine gute Partie zu machen und der Mutter den ersehnten Weg in die Wiener Society zu ebnen. Mutter und Tochter sind einander innig zugetan: »Die selbstverständliche große Liebe dieser Mutter für mich und meine Liebe zu ihr, die so groß war, dass, wenn sie auf zwei oder drei Tage nach Wien fuhr, ich stundenlang schluchzte, als wäre mir das Herz gebrochen.«[2]

1855 übersiedeln die Frauen zusammen mit der verwitweten Schwester der Mutter und deren Tochter nach Wien. Die gleichaltrige Cousine Elvira wird zur geliebten und verehrten Spielkameradin. Es ist eine schöne Zeit in der Hauptstadt. Doch nachdem die beiden lebenslustigen Frauen beim Glücksspiel im Casino von Wiesbaden nahezu das gesamte Familienvermögen verloren haben, muss die Familie in ein bescheidenes Landhaus nach Klosterneuburg umziehen. Mit 18 Jahren wird Bertha in die Wiener Gesellschaft eingeführt. Wochenlang wird über die richtige Garderobe beraten. Später erinnert sich Bertha von Suttner voll Abscheu: »Welche Schätze von Zeit, von geistiger Kraft damals von den Frauen vergeudet wurden, um ihr lohnendstes Ehrenziel: schön zu sein oder mindestens zu erscheinen, zu erreichen, das ist unberechenbar. ›Toilette‹ war der Name jenes ganzen Kultus, dessen stets zu befolgende und stets wechselnde Liturgie ›die Mode‹ hieß und welchem zu dienen ein Heer von Sklavinnen und Priesterinnen und Hohepriesterinnen angestellt war. Ein Kultus, der, gleich dem einstigen opferverschlingenden Moloch, auf seinen Altären unzählige Vermögen in Rauch aufgehen machte, dem Gesundheit und Ehre hingeschlachtet wurden.«[3]

Doch als junge Frau ist sie noch voller Erwartungen – Erwartungen, die schon auf ihrem ersten Ball bitter enttäuscht werden. Es findet sich kein Tänzer, die Mutter sitzt isoliert von den anderen Damen, allein. Bertha wird rasch klar, dass die Gesellschaft »einem vermögenslosen und aus einer ›Mesalliance‹ entsprossenen Mädchen keine besonders freundliche Aufnahme gewähren würde«.[4]

Aus Wut und Enttäuschung nimmt sie den Heiratsantrag des 52-jährigen Bruders Heinrich Heines, Baron Gustav von Heine-Geldern, an, der zwar kein Adeliger ist, ihr aber ein Leben in Luxus und Reichtum bieten kann. Sie lässt sich verwöhnen, doch als er sie küssen will, nimmt sie Reißaus: »Mit einem unterdrückten Ekelschrei reiße ich mich los, und in mir steigt ein leidenschaftlicher Protest auf – Nein, niemals.«[5] Gegen den Ratschlag der Mutter löst sie die Verlobung. Den nächsten Antrag lehnt sie freiweg ab, nicht jedoch, ohne sich vorher vom Antragsteller, einem italienischen Prinzen, nach Rom einladen zu lassen.

Die junge Bertha ist eine Abenteuerin, aber viel zu klug, um sich unter ihrem Wert zu verkaufen. Sie ist äußerst belesen, kennt Descartes, Kant, Schiller und Humboldt. Sie spricht fließend Französisch, Italienisch und Englisch, ließt die Klassiker im Original und hält sich schlichtweg für unwiderstehlich: »Man feierte mich wegen meines Geistes – man feierte mich überhaupt in dieser Saison (…), sodass ich mich als eine ihrer Königinnen fühlte. Immerhin ein angenehmes Gefühl; es stieg mir stark zu Kopfe, und ich benutzte diesen angenehmen Übermut dazu, einige herzhafte Körbe auszuteilen.«[6] Dabei übersieht sie, dass die gebildete Frau nicht dem Ideal ihrer Zeit entspricht und ihre Klugheit ihre Heiratschancen keineswegs verbessert. Als 64-Jährige wird sie in ihr Tagebuch notieren: »Die jugendliche Bertha war doch eine rechte Null.«[7]

Sie geht auf Reisen, Baden-Baden, Venedig, ist immer dort, wo man gesehen werden sollte. Und sie verliebt sich häufig

– Heiratsanträge aber folgen keine mehr. Mit 21 beschließt sie es ihrer Mutter gleichzutun und eine Karriere als Sängerin anzustreben, schlicht »die größte Sängerin des Jahrhunderts zu werden«.[8] Einige Jahre nimmt sie ausdauernd Gesangsunterricht, bis sie schließlich einsehen muss, dass ihr Talent einfach nicht ausreicht. Als sie 23 ist, stirbt ihr Vormund und hinterlässt Bertha ein stattliches Vermögen, das die beiden Frauen umgehend unters Volk bringen. Es folgen ein Winter in Paris und ein Sommer in Baden-Baden. Das Weltgeschehen ist ihr völlig gleichgültig: »Politik interessierte mich nicht im mindesten, Tagesblätter las ich nicht. (...) Ich kann es heute nicht begreifen, dass ich so stumpfsinnig sein konnte«,[9] wird sie später schreiben.

Im Winter 1868 weilt sie erneut in Paris. Hier kommt es endlich zur lang ersehnten Verlobung. Leider ist der Auserwählte ein Heiratsschwindler, der sich rasch aus dem Staub macht, als er erkennt, dass bei Bertha nicht viel zu holen ist. Vier Jahre gehen ins Land, ehe sie sich zum letzten Mal auf das Wagnis einer Verlobung einlässt. Diesmal heißt der Glückliche Adolf Prinz zu Sayn-Wittgenstein-Hohenstein und ist genau wie Bertha Sänger. Das Glück kommt beim Singen von Liebesduetten und Bertha wähnt sich dem Ziel ihrer Träume, Mitglied des Hochadels zu werden, nun ganz nahe. Dass der Prinz von seiner Familie aufgrund seiner Verschwendungssucht unter Vormundschaft gestellt wurde und sich genötigt sieht das Land zu verlassen, ahnt sie nicht. Auf der Überfahrt in die USA stirbt der Prinz plötzlich und mit ihm muss sie erneut all ihre Hoffnungen begraben. Alle weiteren Versuche der hübschen, aber höchst eigenwilligen Bertha, eine gute Partie zu machen, scheitern. Mit vielen Reisen, allerlei Vergnügungen und diversen gescheiterten Verlobungen ist Berta schließlich 30 Jahre alt geworden und noch immer unverheiratet. Die finanziellen Mittel, die ihr ein angenehmes Leben ermöglicht haben, sind längst aufgebraucht. An einen potenten Heiratskandidaten ist angesichts ihres Alters kaum mehr zu denken. Sie ist auf dem besten Wege als alte Jungfer irgendwo in der Provinz zu versauern.

Da beschließt sie ihrem Leben eine neue Wendung zu geben: »Unser Vermögen war endgültig eingebüßt, ich musste in die Welt hinaus. (...) Untätig, in dürftigen Verhältnissen zu Hause bleiben und da versauern, das wollte ich auch nicht.«[10] Sie beschließt für ihren Lebensunterhalt zu arbeiten – eine in ihren Kreisen unerhörte Idee. Damit zieht sie einen Schlussstrich unter ihre Jahre als vergnügungssüchtige Komtess und beginnt ein neues Leben. In der Nachbetrachtung wird sie über ihre Jugend schreiben: »So eine schale, flitterige kleine Jugend hatte ich. So unschöne Dinge wie die Spielbadreisen, die wegen-Geldes-Verlobungen kamen drin vor. Ich hätt' es ja nicht erzählen müssen – doch fand ich mich unter einem gewissen Bann beim Schreiben: wahr sein, ganz wahr! – Nur daraus fließen Lehren.«[11]

1873 tritt sie als Gouvernante in den Dienst von Freiherr Carl von Suttner in Wien ein und verliebt sich prompt in den jüngsten Sohn des Hauses, den 23-jährigen Arthur Gundaccar von Suttner: »Ich habe keinen Menschen gekannt, keinen, der nicht von Arthur Gundaccar von Suttner entzückt gewesen wäre. Selten wie weiße Raben sind solche Geschöpfe, die einen so unwiderstehlichen ›Charme‹ ausströmen, dass dadurch alle, jung und alt, hoch und gering, gefangen werden; Arthur Gundaccar war ein solcher. (...) Im Zimmer ward es gleich noch einmal so hell und warm, wenn er eintrat.«[12]

Drei Jahre dauert die heimliche Liaison, erst 1876 fliegt sie auf. Bertha muss das Haus unter Tränen verlassen. Auf eine Annonce hin geht sie nach Paris und wird die Sekretärin des schwedischen Industriellen Alfred Nobel. Dieser, durch die Entwicklung des Dynamits reich geworden, beschäftigt sich seit Langem mit der Frage der Friedenssicherung, deren Lösung er in der Abschreckung sieht: »Ich möchte einen Stoff oder eine Maschine schaffen können von so fürchterlicher, massenhaft verheerender Wirkung, dass dadurch Kriege überhaupt unmöglich würden.«[13] Er verliebt sich sofort in die zehn Jahre jüngere Bertha, die von seinem Idealismus zwar tief beeindruckt ist, ihn aber, aus Liebe zu Arthur, zurückweist. Es entsteht jedoch eine lebenslange enge Freundschaft, die letztlich zur Stiftung der Nobelpreise führt. Da Bertha vor Sehnsucht nach Arthur schier vergeht, kehrt sie bereits nach acht Tagen wieder nach Wien zurück und heiratet am 12. Juni 1876 heimlich Arthur von Suttner. Weil Arthur gegen den Willen der Eltern heiratet, verliert er jegliche monetäre Unterstützung. Finanziell ganz auf sich gestellt, siedelt das Ehepaar in den Kaukasus um, wo die abenteuerlustige und freigeistige Bertha noch aus Jugendtagen einflussreiche Freunde, wie die Fürstin von Mingrelien, hat. Sie sind sich sicher: »Im Triumph würden wir einst heimkehren; aber nach der Heimkehr würden wir noch lange nicht begehren, vorläufig hinaus in die weite, schöne, reiche, merkwürdige Welt – wir holen uns das Goldene Vlies.«[14]

Doch statt des großen Abenteuers warten entbehrungsreiche Jahre auf das Paar, das sich mit schriftstellerischer und journalistischer Tätigkeit mehr schlecht als recht über Wasser hält. Dennoch werden es glückliche Jahre: »Es hat Tage gegeben – nicht viele, aber einige – wo wir nichts zum Mittagessen hatten; aber Tage, wo wir miteinander nicht gescherzt, gekost und gelacht hätten, die sind nicht vorgekommen«,[15] schreibt Bertha später über ihre Zeit im Kaukasus. Hier verfasst sie ihren ersten Roman *Hanna*, der als Fortsetzungsroman in der *Gartenlaube* erscheint. In den nächsten Jahren wird aus ihr, im Gegensatz zu ihrem Mann, eine erfolgreiche Schriftstellerin.

Kurz nach ihrer Ankunft geraten die Suttners 1877 in die Wirren des russisch-türkischen Krieges und Bertha beginnt, angeregt durch die Freundschaft mit Nobel, zum ersten Mal über die Friedensfrage nachzudenken. Sie wendet sich in jenen Jahren auch von der Kirche ab und entwickelt eine zutiefst liberale Weltanschauung, die sie zeitlebens beibehalten wird: »Unser Losungswort in allen Sachen des Gedankens und überallhin ist: Freiheit. Aller Chauvinismus ist uns verhasst – Liebe, Fortschritt und Glück sind unsere Dogmen.«[16]

Bertha von Suttner ist von einem unbedingten Fortschrittsglauben ergriffen. Dies spiegelt sich in vielen ihrer Texte wider: »Das ewige Werden ist zugleich ein ewiges Veredeln: das Streben nach Verbreitung, nach Verschönerung, nach Vervollkommnung ist in allen Dingen innewohnende Lebenskraft.«[17] Ihre Zuversicht in den Forschritt geht Hand in Hand mit der Ablehnung des Krieges als Mittel der Auseinandersetzung. Für sie liegt der Krieg nicht in der Natur des Menschen begründet, sondern ist ein Zeichen archaischer Barbarei. Je weiter sich die Menschheit entwickle, desto unwahrscheinlicher würden kriegerische Auseinandersetzungen: »In Technik, Kunst, Wissenschaft, Wohltätigkeit, überall winken dem Ehrgeiz schönere Ziele als auf den Schlachtfeldern. Ich wollte lieber Edison heißen als Hannibal, lieber Peabody als Radetzky, lieber Newton als Wellington.«[18] Sie überträgt Darwins Evolutionslehre auf die Gesellschaft und ist sich sicher, dass sich der Friede notwendigerweise aus dem kulturellen Fortschritt ergeben werde und die Menschheit zu einer höheren Entwicklungsstufe gelangen werde, in der Kriege überflüssig sind.

1884 stirbt ihre Mutter und hinterlässt ihr einen Schuldenberg, den sie über Jahrzehnte abtragen wird. Mit dem Tod der Mutter wächst die Sehnsucht nach der alten Heimat. Aufgrund dynastischer Auseinandersetzungen auf dem Balkan droht zudem ein Krieg zwischen Russland und der Donaumonarchie. Die österreichfeindliche Stimmung in Georgien wächst. 1885 kehren die Suttners nach Österreich zurück. Sie lassen sich auf Schloss Harmannsdorf in Niederösterreich, dem neuen Wohnsitz der Familie von Suttner, die sich mittlerweile mit der ungeliebten Schwiegertochter arrangiert hat, nieder. Das Zusammenleben mit den konservativen, klerikalen Schwiegereltern wird zu einer Belastungsprobe für die freigeistige Bertha. In ihren Romanen rechnet sie schonungslos mit der für sie überkommenen Welt des österreichischen Adels ab, stellt diesem eine neue, moderne Welt entgegen.

Mit Mitte 40 ist Bertha von Suttner eine erfolgreiche Schriftstellerin, deren Verdienst den Suttners schöne Reisen ermöglicht, auf denen sie mehr und mehr zu den von Bertha so geschätzten Weltbürgern werden: »Leute, die viel gereist sind, mehrere Sprachen kennen und in diesen Sprachen viel gelesen, und auf diese Weise sich das Beste von dem Geiste und dem

Wesen der verschiedenen Nationen angeeignet haben, streifen ihre nationalen Fehler auch in den äußeren Merkmalen ab und sind als Engländer nicht steif, als Deutsche nicht schwerfällig, als Franzosen nicht oberflächlich und eitel, als Italiener nicht komödiantisch und als Amerikaner nicht vulgär. Sie bieten den nach allen Seiten hin veredelten Typus einer neu erstehenden Nation, die sich einst die Welt erobern muss: die Nation der Weltbürger.«[19]

Mit dem Erscheinen der Schrift *Das Maschinenzeitalter. Zukunftsvorlesungen über unsere Zeit* beginnt 1889 Bertha von Suttners öffentliches politisches Engagement. Ihre klugen Überlegungen zu Nation, Erziehung, Sexualmoral und Frauenfrage strafen all die Kritiker, die ihr später zu viel Moralismus und zu wenig Reflexion vorwerfen, Lüge. Wie schon ihr eigenes Leben beispielhaft zeigt, ist Bertha von der Gleichwertigkeit der Geschlechter überzeugt und arbeitet in späteren Jahren eng mit der Frauenbewegung zusammen. In diesem Text beschäftigt sie sich intensiv mit dem Thema Krieg und Frieden, jenem Thema, das zum zentralen Punkt ihres Lebens und Schreibens wird. Später wird sie sagen: »Nicht ich bin auf die Idee, sondern die Idee ist über mich gekommen.«[20] Und sie kommt nicht von ungefähr. Die politische Lage ist angespannt. Der junge Wilhelm II. droht dem Erzfeind, Frankreich ruft seinerseits nach Revanche und auf dem Balkan rivalisieren Russland und die Donaumonarchie. Der Europa beherrschende Militarismus macht vielen Menschen Angst, Bertha von Suttner macht er aktiv. Bei einem Aufenthalt in Paris erfährt sie zum ersten Mal von der Existenz einer organisierten Friedensbewegung und ist begeistert: »Wie? Eine solche Verbindung existierte – die Idee der Völkerjustiz, das Streben zur Abschaffung des Krieges hatte Gestalt und Leben angenommen? Die Nachricht elektrisierte mich.«[21] Voller Enthusiasmus beginnt sie sich für eine internationale Friedensbewegung zu engagieren. Jeder Einzelne sei gefragt, das Schlachten der Völker zu beenden. Im Gegensatz zu Nobel setzt sie jedoch nicht auf Frieden durch Abschreckung, sondern auf internationale Vereinbarungen und Schiedsgerichte, den Abbau von Feindbildern und die enge Zusammenarbeit zwischen den Nationen. 1889 entsteht ihr berühmtestes Werk *Die Waffen nieder! Eine Lebensgeschichte*, das in einer Zeit fortschreitenden Nationalismus und offener Kriegsbegeisterung zunächst niemand veröffentlichen will: »Mit Bedauern sehen wir uns veranlasst, Ihnen das (...) Manuskript zurückzuschicken. Große Kreise unserer Leser würden sich durch den Inhalt verletzt fühlen.«[22] Als der Antikriegsroman endlich erscheint, wird er zu einem der größten Verkaufserfolge des 19. Jahrhunderts und macht Bertha von Suttner mit einem Schlag weltberühmt. *Die Waffen nieder!* ist ihr Versuch, einer breiten Masse die Schrecken des Krieges vor Augen zu führen: »In Abhandlungen kann man nur abstrakte Verstandesgründe legen, kann philosophieren, argumentieren und disserticren; aber ich wollte anderes: ich wollte nicht nur, was ich dachte, sondern was ich fühlte – leidenschaftlich fühlte –, in mein Buch legen können, dem Schmerz wollte ich Ausdruck geben, den die Vorstellung des Krieges in meine Seele brannte.«[23] Sie erzählt in ihrem Buch die Geschichte der jungen Adeligen Martha, deren Leben durch diverse Kriege eine tragische Wendung nimmt. Dabei schildert sie die Gräuel des Krieges in seltener Eindringlichkeit, erzählt schonungslos und offen vom unsäglichen Leid auf den Schlachtfeldern: »In immer dichteren Scharen wanken Verwundete heran, sich selber oder einander mühsam fortschleppend. Das sind solche, die doch noch gehen können. Unter sie wird der Inhalt der Feldflaschen verteilt, man legt ihnen eine Binde auf quellende Wunden und weist ihnen den Weg nach der Ambulanz. Und wieder geht es weiter. An Toten vorüber – an Hügeln von Leichen ... Viele dieser Toten zeigen Spuren entsetzlichster Agonie. Unnatürlich weit aufgerissene Augen – die Hände in die Erde gebohrt – die Haare des Bartes aufgerichtet – zusammengepresste Zähne unter krampfhaft geöffneten Lippen – die Beine starr ausgestreckt, so liegen sie da.«[24] Hart geht sie mit denjenigen ins Gericht, die Verantwortung für dieses Sterben tragen: die Mächtigen, die ihr Volk als Kanonenfutter missbrauchen, und die Kirchen, die Kanonen segnen und zum gerechten Krieg aufrufen. Ihr ganzes Mitgefühl gilt den Soldaten und deren Angehörigen.

Die Waffen nieder! wird in 20 Sprachen übersetzt und weniger seiner literarischen Qualität als seiner friedenspolitischen Intention wegen hoch gelobt. Leo Tolstoi schreibt ihr: »Ich schätze Ihr Werk sehr und halte die Veröffentlichung Ihres Romans für ein glückliches Anzeichen. Der Abschaffung der Sklaverei ging das berühmte Buch einer Frau voraus, der Mrs. Beecher-Stowe; Gott gebe, dass die Abschaffung des Kriegs durch das Ihre geschehe.«[25] Von Berthas schriftstellerischen Fähigkeiten ist er weniger überzeugt, notiert in sein Tagebuch: »Man spürt die tiefe Überzeugung, aber unbegabt.«[26] Dennoch unterstützt die weltweite Verbreitung des Friedensgedankens nichts so sehr wie Bertha von Suttners Buch, das den Krieg in all seiner Grausamkeit abbildet. Es erscheint in den USA und in Russland, beeinflusst Friedensfreunde in aller Welt. 1892 erscheint der Roman auf Veranlassung Wilhelm Liebknechts als Fortsetzung im *Vorwärts*. Zu verdanken hat sie diese Unterstützung durch die Sozialdemokratie vor allem ihrer gedanklichen Verbindung von sozialer Frage und Friedensfrage, die für sie in einem Kausalnexus stehen. Führende Sozialdemokraten werden die Gräfin von nun an in ihrer Arbeit unterstützen. Mit 46 Jahren hat Bertha von Suttner endlich ihre Bestimmung gefunden: den unbedingten Einsatz für den Weltfrieden!

Dass die Wiener Literaten ihr Werk ebenso wenig schätzen wie die konservativen Österreicher ihr Engagement, kümmert sie nicht. Nur dass die adelige Verwandtschaft sie ignoriert, schmerzt sie. Böse Karikaturen von der »Friedensbertha« werden verbreitet. Karl Kraus verspottet sie öffentlich, der 16-jährige Rainer Maria Rilke glaubt sie zurechtweisen zu müssen. Man versucht sie und ihr Anliegen ins Lächerliche zu ziehen. Eine Frau, die sich derart exponiert und sich an die Spitze der ohnehin verhassten Friedensbewegung stellt, ist nicht nur in den Augen der Wiener Gesellschaft ein Ding der Unmöglichkeit.

Der publizistische Erfolg des Buches ist auch ein finanzieller. Für einen kurzen Augenblick aller Geldsorgen ledig, genießt das Ehepaar Suttner seinen neuen Wohlstand und geht auf Reisen. Bertha stürzt sich nun mit Feuereifer in die organisierte Friedensbewegung. Ihr charmantes, selbstbewusstes Auftreten öffnet viele Türen, ihr Enthusiasmus reißt mit. Sie ist sich ganz sicher: »Das zwanzigste Jahrhundert wird nicht zu Ende gehen, ohne dass die menschliche Gesellschaft die größte Geißel – den Krieg – als legale Institution abgeschüttelt haben wird.«[27] 1891 gründet Bertha die »Österreichische Gesellschaft der Friedensfreunde«, deren Präsidentin sie bis zu ihrem Tod 1914 bleibt. Sie arbeitet unermüdlich, schreibt Artikel und Aufrufe und gewinnt neue, prominente Mitstreiter wie den Dichter Peter Rosegger, der ihr im September 1891 schreibt: »Sie sind eine herrliche Frau! Meine größte Bewunderung! Rosegger!«[28] Im November 1891 hält sie auf dem III. Internationalen Friedenskongress in Rom ihre erste große öffentliche Rede: »Lampenfieber ... das war der Zustand, an dem ich ja im Leben krampfhaft gelitten hatte (...) Und jetzt sollte ich – zum erstenmal im Leben – auf einem Weltkongress in Anwesenheit von Staatsmännern, in so feierlicher Versammlung, an solchem Orte – das Kapitol! – eine öffentliche Rede halten, deren Wortlaut von den Zeitungskorrespondenten aller Länder stenographiert und hinaustelegraphiert würde.«[29] Sie meistert ihre Aufgabe mit Bravour. Finanziert wird ihre Reise dorthin von Alfred Nobel, der über Jahre hinweg großzügiger Finanzier der gemeinsamen Sache ist.

An der Gründung der »Deutschen Friedensgesellschaft« 1892 ist sie unmittelbar beteiligt. Noch im selben Jahr wird sie zur Vizepräsidentin des neu gegründeten Zentralbüros der Friedensgesellschaften in Bern gewählt. Von diesem Zeitpunkt an gibt sie die von ihrem engsten Mitarbeiter, dem späteren Friedensnobelpreisträger Alfred Hermann Fried, initiierte Zeitschrift *Die Waffen nieder! Monatsschrift zur Förderung der Friedensidee* heraus, in der sie sich kritisch mit dem aktuellen Zeitgeschehen auseinandersetzt. Sie ist voller Tatendrang, mutig und optimistisch. Zu ihrem 50. Geburtstag schreibt sie an Alfred Nobel: »Unsereiner lebt mehr oder minder lang, aber alt wird er nicht. Ich bin nun bald fünfzig – das ist so das Alter, in welchem die Frauen früherer Jahrhunderte Chancen hatten, als Hexen verbrannt zu werden – und jetzt: wahrlich, ich fühle mich so lebens- und tatenkräftig, so arbeitsfroh.«[30] Sie ist von einer überbordenden Energie. Wenn es um die Sache des Friedens geht, ist sie nicht nur aufopfernd, sondern auch aufdringlich, akzeptiert kein Nein, sondern insistiert so lange, bis auch der Widerwilligste kapituliert. Ihre Romane, die sie nun nur mehr um des Geldverdienens willens schreibt, werden zunehmend schlechter. Sie weiß das und nimmt es hin. Ihr Herz hängt nicht länger daran, eine gefeierte Schriftstellerin zu werden.

Neben ihrem Engagement für den Frieden gibt es noch ein zweites Schlachtfeld, auf dem sie kämpft. In dem von ihrem Mann gegründeten »Verein zur Abwehr des Antisemitismus« ficht sie mutig gegen den immer stärker um sich greifenden Antisemitismus in Europa. Bis zu seinem Tod 1904 steht sie in engem Kontakt mit dem Gründer der zionistischen Bewegung Theodor Herzl und unterstützt nach anfänglicher Skepsis auch den Zionismus. Große Erfolge sind ihrem Wirken dabei jedoch nicht beschieden. In Wien wird der bekennende Antisemit Karl Lueger Bürgermeister, in Paris wird Emile Zola wegen seiner Aussagen in der Dreyfus-Affäre zu einer Haftstrafe verurteilt, in Russland nehmen die Pogrome gegen Juden zu. Der Antisemitismus wird salonfähig.

In jener Zeit entwickelt sie gemeinsam mit Alfred Nobel die Idee eines Friedenspreises zur Förderung des Weltfriedens. Drei Jahre später wird Nobel in seinem Testament verfügen, dass sein Vermögen in eine Stiftung einfließen soll, die neben diesem Friedenspreis auch Preise für besondere Verdienste in Literatur und Wissenschaft verleihen soll. Dass er als erste Friedenspreisträgerin Bertha von Suttner im Visier hat, kann als gesichert gelten. Diese könnte nicht nur den Preis, sondern auch das damit verbundene Geld gut gebrauchen. Denn, obwohl mittlerweile weltberühmt, ist ihre finanzielle Situation wieder einmal so angespannt, dass sie sich gezwungen sieht, Bücher zu »liefern«, die sich zwar gut verkaufen, aber erneut von eher mäßiger literarischer Qualität sind. Die meiste Zeit ihres Lebens ist die nach außen so elegant und wohlhabend auftretende Bertha bettelarm. Am 10. Dezember 1896 stirbt Alfred Nobel mit 63 Jahren in San Remo. In seinem letzten Brief an Bertha von Suttner, zwei Wochen vor seinem Tod, schreibt er: »Ich bin entzückt zu sehen, dass die Friedensbewegung an Boden gewinnt, dank der Bildung der Massen und dank besonders der Kämpfer gegen Vorurteil und Finsternis, unter denen Sie einen hohen Rang einnehmen. Das sind Ihre Adelstitel.«[31]

Neben dem großen Verlust ihres engen Freundes durchlebt Bertha von Suttner in dieser Zeit auch privat eine schwere Krise. In Harmannsdorf werden die Mittel knapp. Berthas Romane verkaufen sich nur mehr schlecht, erstes Mobiliar muss veräußert werden. Die finanzielle Situation erschwert auch die Friedensarbeit, das Geld für Reisen fehlt. Dazu steht es mit der Ehe der Suttners nicht zum Besten. Arthur kommt mit dem Ruhm seiner Frau nicht zurecht, der Altersunterschied macht sich bemerkbar. Bertha nimmt den Kampf gegen das Alter auf, lernt mit über 50 Jahren noch Fahrrad fahren. Als sich ihr geliebter Arthur jedoch seiner Nichte Baroness Marie Louise Suttner zuwendet, die 31 Jahre jünger ist als Bertha, bricht für diese eine Welt zusammen. Marie Louise veröffentlicht ein Buch, in dem sie offen ihre Liebe zu einem verheirateten Mann schildert, der an eine ungeliebte Frau gebunden ist. Bertha ist schockiert, wütend und enttäuscht. Sie kann ihre Eifersucht kaum beherrschen, es kommt zu heftigen Szenen. Doch die 57-Jährige kämpft einen aussichtslosen Kampf gegen ihre 26-jährige Konkurrentin. Als ihr dies klar wird, tritt sie mit großer Würde zurück. »Dass ich ihm nicht alles bin, weiß ich nur zu gut ... Heute nach langer Zeit hab' ich wieder einmal den Mut gefasst, in der Nähe in den Spiegel zu schauen. Weiß, alt, ganz alt. Das ist auch ein Grund mehr, um abzuschließen mit vielem und andere Richtung zu nehmen für die paar übrigen Jahre.«[32] Bis zu Arthurs Tod 1902 stellt sie sich selbst zurück ins zweite Glied.

Die Arbeit für den Frieden gewinnt durch die persönliche Tragödie noch mehr an Bedeutung. Als Zar Nikolaus II. im Mai 1898 durch seinen Außenminister ein Friedensmanifest verbreiten lässt, wird Bertha von Suttner eine glühende Anhängerin des neuen Zaren, was sie in Gegnerschaft zu ihren sozialdemokratischen Mitstreitern, die den schönen Worten des Autokraten nicht trauen, bringt. Doch sie ist unbeirrbar: »Zar's Manifest einfach herrlich! Die Zweifler sind nur kleingeistig.«[33]

1899 ist sie als einzige Frau Gast bei der Eröffnung der durch den Zaren angeregten Ersten Haager Friedenskonferenz in Den Haag: »Stets werde ich für diese Ausnahmegunst dankbar sein, denn der Eindruck, den ich hier empfunden, war wie die Krönung eines langjährigen, heißen Mühens, die Erfüllung [eines] hochfliegenden Traumes.«[34] Zur Konferenz selbst, auf der das Verbot von Dumdum-Geschossen und Kampfgasen sowie die Errichtung eines Schiedsgerichts bei internationalen Konflikten, das sogenannte »Haager Tribunal«, beschlossen wird, hat sie keinen Zutritt. Trotzdem ist ihr die mediale Aufmerksamkeit sicher, gibt sie mehr Interviews als so mancher Konferenzteilnehmer. Über die relative Ergebnislosigkeit der Konferenz, deren Abrüstungskommission scheitert, zeigt sie sich enttäuscht. Schuld daran trägt in ihren Augen vor allem der säbelrasselnde deutsche Kaiser Wilhelm II. Nur wenige Monate nach der Konferenz bricht wie zum Hohn der Burenkrieg aus.

Für die Friedensbewegung jedoch bringt die Konferenz eine bedeutende Neuerung. Nach Den Haag setzt sich international die Bezeichnung »Pazifismus« für den Friedensgedanken durch. Bertha ist begeistert und schreibt an Alfred Hermann Fried: »Pazifist – merken Sie den Ausdruck und adoptieren Sie ihn! Genug mit den Friedensfreunden und mit der Friedensbewegung. Pazifismus heißt es fortan – ebenbürtig den übrigen ›ismen‹. Sozialismus, Feminismus etc. Die Idee stammt von E. Arnaud, wurde in der Indépendance Belge lanciert und ich finde sie so vortrefflich, dass ich fortan nur mehr Pazifistin bin.«[35]

Ihre öffentlichen Auftritte machen sie bei ihren zahlreichen Gegnern noch verhasster, als sie es ohnehin schon ist. Die Zeitungen überschlagen sich mit Schmähartikeln und bösen Karikaturen. Doch das tut ihrem unermüdlichen Einsatz für den Frieden keinen Abbruch. Noch auf dem Sterbebett mahnt sie ihr geliebter Arthur: »Du weißt, dass wir in uns die Pflicht fühlten, unser Scherflein zum Besserwerden der Welt beizutragen, für das Gute, für das unvergängliche Licht der Wahrheit zu arbeiten, zu ringen. Mit meinem Heimgang ist für Dich diese Pflicht nicht erloschen. (...) Mut also! Kein Verzagen!«[36]

Die Witwe macht weiter, auch im Namen ihre geliebten Mannes. Der lange schwarze Witwenschleier wird von nun an ihr Markenzeichen. Nach Arthurs Tod muss sie Schloss Harmannsdorf verlassen. Der Schuldenberg ist riesig, es kommt zur Versteigerung. Bertha von Suttner bezieht eine kleine Wohnung in Wien. Zum ersten Mal im Leben steht sie ohne Personal da. An ihrem 60. Geburtstag veröffentlicht das *Berliner Tagblatt* eine Umfrage, in der sie zur bedeutendsten Frau der Gegenwart gekürt wird. Die Friedensgesellschaften starten eine Sammelaktion, um Bertha aus der finanziellen Misere zu helfen. Alte Freunde und neue Gönner spenden zahlreich und großzügig: »Erwarte von dem Resultat zwar weiter nichts als mögliche Tilgung der Schulden – aber auch das ist ja viel wert. (...) Alle Blätter selbst in Frankreich und England wiederholen das Enqueteresultat von der berühmtesten Frau (...).«[37] Sie sollte sich täuschen. 20 000 Kronen kommen zusammen, sie kann in eine komfortablere Wohnung umziehen, die sie bis zum ihrem Lebensende bewohnen wird. Ans Sparen wird sie sich jedoch zeitlebens nicht mehr gewöhnen. 1904 reist sie zum Weltfriedenskongress in die USA, wo sie nach einer Vortragsreise vom amerikanischen Präsidenten Theodore Roosevelt empfangen wird. Dass sie in jenen Jahren über die Grausamkeiten des russischen »Friedenszaren« großzügig hinwegsieht, den deutschen Kaiser Wilhelm II. aber für alle Gräuel dieser Welt verantwortlich macht, kostet ihr allerdings viele Sympathien.

Ihr Witwenalltag in Wien ist geprägt von Arbeit. Sie verfasst

Artikel, hält viele Vorträge. Nach dem Tode ihres Mannes konzentriert sie sich voll und ganz auf die Zusammenarbeit mit Alfred Hermann Fried, in dem sie einen würdigen Nachfolger für ihre Arbeit sieht.

1905 erhält sie als erste Frau »für ihren kompromisslosen Pazifismus« den Friedensnobelpreis. Schon 1901 hatte sie mit dieser Auszeichnung gerechnet. Dass ausgerechnet Henri Dunant, der Gründer des Roten Kreuzes, als Erster mit dem Friedensnobelpreis bedacht worden war, hatte sie sehr verärgert, betrachtet sie doch dessen humanitäre Arbeit als Kriegserleichterung, die der Friedenssache abträglich ist. Insgesamt viermal ist sie nominiert, viermal hatte es als sicher gegolten, dass sie ihn erhalten würde, viermal hatte sie ihn nicht bekommen. Doch mit jedem Male waren die öffentlichen Proteste gegen die Jury in Christiana (Oslo) lauter geworden. Jetzt endlich ist es so weit. Nach der Entgegennahme des Preises im Frühjahr 1906 hält sie Friedensvorträge in ganz Skandinavien. Sie gestalten sich zu einem Triumphzug. Bertha von Suttner gilt nun als die berühmteste Frau der Welt, wird von Königen und Präsidenten empfangen. Der österreichische Kaiser Franz Joseph I. gewährt seiner berühmtesten Untertanin allerdings in 65 Regierungsjahren keine einzige seiner 250 000 Audienzen.

Obwohl sich das Friedenslager weiter vergrößert, scheitert zu ihrer großen Enttäuschung die Zweite Haager Konferenz 1907 an der Abrüstungsfrage. Neben ihren Agitationsreisen ist sie weiterhin publizistisch tätig, verfasst Essays, Artikel und Romane, die sich mit Krieg und Frieden auseinandersetzen. Kritiker, auch aus den eigenen Reihen, werfen ihr vor, zu sehr Tendenzschriftstellerin statt pazifistische Theoretikerin zu sein, zu sehr auf die moralische Verwerflichkeit des Krieges zu verweisen, anstatt auf rationale Argumentation zu setzen. Doch damit wird man ihr nicht gerecht. Ihr Engagement entspringt nicht allein ihrer Empörung, sondern ist vor allem eine Antwort auf die zunehmende Militarisierung der Welt, auf die immer größer werdende Bedrohung der Menschheit durch immer gefährlichere Waffentechnologien. Der Krieg als Fortsetzung der Politik mit anderen Mitteln darf in ihren Augen zu Beginn des 20. Jahrhunderts keine Option mehr sein. In dem 1911 erscheinenden Roman *Der Menschheit Hochgedanken* warnt sie zum ersten Mal in der Literatur vor der Atomwaffe: »Der Radiumkondensator ist erfunden. Mit von Wolkenhöhen herabgesandten Radiumstrahlenbündeln in ein paar Minuten feindliche Flotten und Heere zu vernichten, feindliche Städte zu zertrümmern, ist Kinderspiel. Gegenseitig. Achtundvierzig Stunden nach der sogenannten ›Eröffnung der Feindseligkeiten‹ könnten beide kriegsführenden Parteien einander besiegt und im feindlichen Land kein Gebäude und kein Lebewesen zurückgelassen haben.«[38]

Zeit ihres Lebens ist sie niemandes Parteigängerin. Obwohl sie sich auch mit der sozialen Frage als Ursache kriegerischer Auseinandersetzungen beschäftigt, bleibt sie für die Sozialisten die »Baronin«, während sie für bürgerliche Kreise »die rote Bertha« ist. Weil für sie die Gleichwertigkeit der Geschlechter außer Frage steht, engagiert sie sich in der Frauenbewegung, ohne Feministin zu sein. Den Glauben an die weibliche Friedensliebe und die männliche Kriegsbegeisterung teilt sie nicht. Der Einsatz für den Frieden ist unabhängig vom Geschlecht zu führen und die Überzeugungsarbeit bei Frauen oftmals genauso schwierig wie bei Männern. Von Juni bis Dezember 1912 ist die 69-Jährige erneut auf Vortragsreise quer durch die USA und Europa, warnt angesichts der Entwicklung auf dem Balkan, der Entstehung der Luftflotte und der kaum mehr verhaltenen Begeisterung für den Krieg vergeblich vor einem drohenden kriegerischen Konflikt: »Ich weiß, Ihr haltet mich alle für eine lächerliche Närrin. Gebe Gott, dass Ihr Recht behalten möget.«[39] Einer der größten Förderer ihrer Sache wird der amerikanische Industrielle Andrew Carnegie, der der Friedensbewegung im Laufe der Jahre große Summen zukommen lässt.

Bertha von Suttner ist nun beinahe 70 Jahre alt, doch ihr Erscheinen ist noch immer ein Ereignis, wie Alfred Hermann Fried schildert: »Langsam und schwerfällig schreitet sie auf das Podium hinauf, von hilfreich herbeieilenden Freunden unterstützt. Dann steht sie da, eine hochgewachsene Erscheinung, deren Embonpoint durch den langen, vom graugelockten Haupte herabwallenden Witwenschleier wirksam retouchiert wird, sodass sie fast schlank erscheint. Das Haupt stolz zurückgeworfen (...). Es dauert lange, bis sie zu sprechen anfängt. Sie scheint nach Worten zu suchen. Und dann spricht sie, leise, ganz leise, und langsam, die einzelnen Wörter durch Pausen voneinander trennend. Niemals bewegt sie eine Hand; niemals eine Geste. Wo sie die Rede unterstreichen will, tut sie es durch den Ton, durch ein scharfes Zurückwerfen des Kopfes. Das Ganze erweckt den Eindruck von Hoheit. Wenn ein Thronsessel dahinter stünde, würde man keinen Augenblick zweifeln, eine Königin vor sich zu haben.«[40]

Bereits von schwerer Krankheit gezeichnet, bereitet sie den Wiener Friedenskongress für September 1914 vor. Im Gegensatz zu vielen anderen ist für die Baronin die Kriegsgefahr sehr real. Wie real, muss sie nicht mehr erleben. Bertha von Suttner stirbt am 21. Juni 1914 in Wien an Magenkrebs – sieben Tage vor den Schüssen in Sarajewo, die den Untergang einer Welt einleiten, deren Ideale vor einer kriegerischen Wirklichkeit kapitulieren. Schon im Delirium spricht sie ihre letzten Worte. »Die Waffen nieder! Sag's vielen – vielen!«[41] Der internationale Friedenskongress von Wien findet nicht mehr statt.

Bertha von Suttner wurde wegen ihres Friedensengagements zu Lebzeiten kritisiert und diffamiert. Und doch behielt sie recht. Gegen Ende des Ersten Weltkrieges schrieb der Schriftsteller Stefan Zweig über sie: »Aber ebendiese Frau, von der man meinte, sie habe nichts als ihre drei Worte der Welt zu sagen, hatte das tiefe Instinktgefühl Kassandras und zugleich die Wachsamkeit Lynkeus' des Türmers. (...) Sie schrak nicht zurück, das scheinbar Unerreichbare zu fordern. Sie wusste ja selbst besser als jeder andere um die tiefe Tragik der Idee, die sie vertrat, um die fast vernichtende Tragik des Pazifismus, dass er nie zeitgemäß erscheint, im Frieden überflüssig, im Kriege wahnwitzig, im Frieden kraftlos und in der Kriegszeit hilflos. Dennoch hat sie es auf sich genommen, zeitlebens den

Törichten als ein Don Quichotte geltend, der gegen Windmühlen ficht, aber heute wissen wir es schaudernd, was sie immer wusste, dass diese Windmühlen nicht Wind, sondern die Knochen der europäischen Jugend zerreiben.«[42]

Dass auch im 21. Jahrhundert politische Konflikte noch immer mit Waffengewalt ausgetragen werden, ist nicht eine Bankrotterklärung der Ideale Bertha von Suttners, sondern eine Aufgabe für die Zukunft.

V
Volkswohl und Volkswille
Vera Figner (1852–1942), die Gefangene des Zaren

»Hätte mir gleichviel welches Organ der Gesellschaft
einen anderen Weg außer dem der Gewaltanwendung
gewiesen – möglich, daß ich ihn gewählt,
sicher aber, daß ich versucht hätte, ihn zu gehen.«[1]

Als Vera Nikolajewna Figner am 24. Juni 1852 in Kasan geboren wird, herrscht in Russland noch die Leibeigenschaft. Ein Jahr nach ihrer Geburt beginnt mit dem Krimkrieg (1853–1856) der erste moderne Stellungskrieg. Russlands Versuch, seinen Machtbereich in Europa zu erweitern, scheitert nicht zuletzt an seiner technologischen und strukturellen Rückständigkeit. Der Industrialisierung des Landes sind durch die Leibeigenschaft und den daraus resultierenden Arbeitskräftemangel enge Grenzen gesetzt. Beim Tod Nikolaus' I. 1855 liegt das Land völlig danieder.[2] Die Wirtschaft ist rückständig, das Land außenpolitisch isoliert. Die ausufernde Bürokratie ist korrupt, die Menschen sind unfrei, ungebildet und hungrig. Nach 30 Jahren Autokratie wird deshalb die Thronbesteigung Alexanders II. enthusiastisch begrüßt. Erste Reformmaßnahmen betreffend Verwaltung, Bildung und Militär werden eingeleitet. Die Zensur wird gelockert, politische Gefangene werden amnestiert. Darunter auch die letzten Überlebenden des Dekabristenaufstandes von 1825, jener ersten gegen das zaristische Regime gerichteten revolutionären Bewegung. Fjodor Dostojewski kehrt aus der Verbannung zurück. Die größte Veränderung aber steht dem Land noch bevor: 1861 wird nach über 250 Jahren, gegen den erbitterten Widerstand des Adels, die Leibeigenschaft in Russland abgeschafft.

Vera Figner wird in ein Land hineingeboren, das sich im Umbruch zur Moderne befindet und in dem neue politische Ideen sich Bahn brechen und Tausende begeistern werden. So auch Vera und ihre drei Schwestern, die sich der Revolution anschließen und ihren Einsatz mit Gefängnis und Verbannung nach Sibirien bitter bezahlen werden.

Vera ist die älteste von sechs Geschwistern. Ihr Vater, Nikolai Figner, ist ein höherer Forstbeamter und Friedensrichter, dessen Autorität die Mutter nichts entgegenzusetzen vermag: »Der Vater war heftig, hart und despotisch, die Mutter gut, sanft, aber machtlos. Sie wagte es nie, uns zu liebkosen, geschweige denn, uns je vor dem Vater in Schutz zu nehmen. Meines Vaters Richtschnur in der Erziehung war: eiserne Disziplin und absolute Unterwerfung«,[3] schreibt Vera Figner in ihren Memoiren. Zu Hause habe eine »tödliche seelenlose Kasernenatmosphäre«[4] geherrscht, in der einzig die Kinderfrau ein Lichtblick gewesen sei.

Als Tochter eines Adeligen ist Vera Mitglied der russischen Oberschicht und wird vorwiegend von Hauslehrern unterrichtet. Noch träumt das hübsche Mädchen davon, in Gold und Geschmeide den Zaren zu heiraten. Später, als sie schon die berühmteste Gefangene des Zaren ist, wird sie schreiben: »Übrigens hat das spätere Leben auf ganz eigenartige Weise die kindlichen Träume erfüllt. Ich erhielt, wenn auch kein Zarentum, so doch einen ›Königsthron‹. In Schlüsselburg, wo wir unter all den Männern nur zwei Frauen waren (...), nannten uns die Kameraden, um die Armut unseres Lebens etwas zu verschönern, ›Königinnen‹. Ich trug aber nicht den Purpurmantel mit weißem Hermelin, sondern den grauen Sträflingskittel mit dem gelben Fleck auf dem Rücken.«[5]

Mit elf Jahren tritt sie ins staatliche Mädchenpensionat von Kasan ein, wo sie die deutsche Sprache erlernt und aufgrund ihrer Wildheit fortwährend schlechte Noten in »Betragen« erhält. Sechs Jahre wird sie dort bleiben und während der ganzen Zeit nur viermal, während der Sommerferien, für sechs Wochen zu den Eltern fahren. 1869 verlässt sie das Institut mit einer Medaille als beste Schülerin. Sie ist 17 Jahre alt und noch unschlüssig, was sie mit ihrem Leben anfangen will. Zu Hause empfängt sie ein eintöniges Landleben. Da entdeckt sie in einer

Zeitschrift einen Bericht über Nadeschda Suslowa, die soeben an der Universität in Zürich zum Doktor der Medizin ernannt worden war. Sie setzt nun alle Hebel in Bewegung, ebenfalls diesen Weg gehen zu dürfen: »Ich begann, um die Einwilligung der Eltern zu kämpfen. Es war mir gleichgültig, wo es geschehen sollte, ob in Kasan, Petersburg oder im Ausland; nur studieren wollte ich, Arzt werden und dann mein Wissen dem Volke geben, gegen Krankheit und Unwissenheit ankämpfen. Ich flehte meinen Vater an, mich ins Auslande fahren zu lassen – vergeblich.«[6] Die Eltern setzen darauf, dass Gesellschaften und Bälle Vera vom Studium abbringen werden. 1870 lernt sie bei einem Ball den jungen Untersuchungsrichter Alexej Viktorowitsch Filippow kennen, den sie am 16. Oktober 1870 heiratet. Nur wenige Wochen später stirbt der Vater. Zur Überraschung der Familie, die auf ein Ende der leidigen Diskussion gehofft hatte, teilt Filippow Veras Ansichten bezüglich des Frauenstudiums. In den nächsten Jahren legen sie alles Geld für die Finanzierung des Studiums beiseite. Um sich auf ihr Studium vorzubereiten, besucht Vera gemeinsam mit ihrer Schwester Lydia als Gasthörerin Vorlesungen in Kasan. Doch sie merken bald, dass aufgrund der dort herrschenden Frauenfeindlichkeit an eine ordentliche Ausbildung nicht zu denken ist. Als sie ihren Mann davon überzeugen kann, selbst ein Medizinstudium zu beginnen, übersiedelt das Paar im Frühjahr 1872 in die Schweiz, Lydia Figner begleitet sie. Vera und Lydia Figner sind unter den ersten Frauen Russlands, die ein Studium absolvieren werden. Obwohl zunächst voll und ganz aufs Studium konzentriert, kommt Vera durch ihre Schwester in Kontakt zu anderen russischen Studentinnen, die sie in eine für sie fremde Welt einführen: den Sozialismus. Sie liest Lassalle und die französischen Sozialisten Fourier, Saint-Simon, Blanc und Proudhon, beschäftigt sich mit der Arbeiterbewegung, der Internationale und der Revolution: »Dieses alles, wovon ich bislang nichts gewusst hatte, erweiterte meinen geistigen Horizont, nahm mich ganz gefangen, und so wurde ich Sozialistin und Revolutionärin.«[7] Vera Figner gehört nun zu den »Fritschen«, einer Gruppe russischer Studentinnen, von denen die meisten in der Pension von Fräulein »Fritsch« wohnen und ihr karges Auskommen für allerlei politische Zwecke spenden.[8]

Veras neu erwachtes politisches Interesse entzweit die Eheleute zusehends, 1876 werden sie sich scheiden lassen, doch Vera ist entschlossen: »Die Menschen nun, die die Interessen der Arbeiterklasse als die Interessen der ganzen Menschheit erkannt haben, müssen alle ihre Kräfte einsetzen, um die sozialistischen Ideen ins Volk zu tragen und es zum aktiven Kampf für diese Ideen zu organisieren. Das war das Fazit des Züricher Lebens.«[9] Im Sommer 1873 gründen zwölf Studentinnen einen revolutionären Geheimbund, dessen Satzung auf den Statuten der Internationalen Arbeiterassoziation beruht und, wie Vera Figner später kritisiert, die speziellen russischen Verhältnisse in keiner Weise berücksichtigt. Dennoch schließt sie sich ebenso wie ihre Schwester Lydia der Gruppe an. Noch im selben Jahr ergeht ein Erlass der russischen Regierung an die Studentinnen der Universität Zürich, die Universität aufgrund der dort herrschenden sozialistischen Tendenzen unverzüglich zu verlassen, ansonsten drohe ihnen in Russland die Nichtzulassung zu den Staatsprüfungen. Die Kolonie wird gesprengt. Vera übersiedelt an die Universität nach Bern, Lydia geht an die Sorbonne nach Paris, Fillipow kehrt als Bezirksgerichtssekretär nach Russland zurück.

Kurze Zeit später beschließt der Großteil der Gruppe, darunter auch Lydia, nach Russland zurückzukehren und dort im Volk für die Revolution zu agitieren. Nach langen inneren Kämpfen beschließt auch Vera, ihr Studium ein halbes Jahr vor dem Abschluss abzubrechen und sich ganz in den Dienst der Revolution zu stellen: »Die Hoffnungen der Mutter, die Erwartungen der Bekannten und Verwandten, Eigenliebe, Ehrgeiz, das alles galt es jetzt mit eigenen Händen zu zerstören in dem Augenblick, als das Ziel schon so nahe wirkte. Andererseits musste ich jener gedenken, die denselben Kampf durchgekämpft, das gleiche aufgegeben und sich mit größter Selbstverleugnung der Sache hingegeben hatten. (...) Ich beschloss zu fahren, damit meine Taten nicht meinen Worten widersprächen. Mein Entschluss war durchdacht und unumstößlich; ich habe ihn später nie bereut.«[10] Als sie im Dezember 1875 die Schweiz verlässt, ist Lydia bereits verhaftet.

Vera schließt sich in St. Petersburg den Narodniki (Volkstümlern) an und wird später auch Mitglied in deren wichtigster Organisation Semlja i Wolja (Land und Freiheit). Wichtigstes Anliegen dieser revolutionären Intellektuellen ist die Politisierung und Revolutionierung der Landbevölkerung, der größten Bevölkerungsgruppe Russlands. Mit der Aufhebung der Leibeigenschaft hatte sich keine wirkliche Freiheit für die Bauern ergeben. Diese hatten erwartet, dass ihnen nach der Befreiung das Land, das sie bearbeitet hatten, gehören würde. Gegen eine entschädigungslose Enteignung, wie sie die radikale Opposition gefordert hatte, waren die adeligen Großgrundbesitzer Sturm gelaufen. Da jedoch eine Bauernbefreiung ohne Landverteilung unmöglich war, war beschlossen worden, dass die Bauern den Gutsbesitzern das Land abzukaufen hatten. Damit verschuldeten sich die Bauern auf Generationen und gerieten in ökonomische Abhängigkeit, welche die Abschaffung der Leibeigenschaft ad absurdum führte. Für Vera und ihre Genossen ist die Bauernbefreiung erst dann verwirklicht, wenn die Bauern neben ihrer persönlichen Freiheit auch tatsächlich ihr Land besitzen: »Von jeher waren die Volksmassen davon überzeugt gewesen, dass das Land niemandem gehöre, dass es ›Gottes Land‹ sei und dass der natürliche Besitzer dieses Landes nur der sein könne, der es auch bearbeitete. Diese Auffassung geht wie ein roter Faden durch die ganze Geschichte des russischen Volkes, und seit der Bauernbefreiung gehörte die Losung ›Das Land – dem Volke‹ in jedes revolutionäre Programm.«[11]

Die Narodniki übersiedeln aufs Land, um die Menschen dort über die herrschenden sozialen Missstände aufzuklären und ihnen einen politischen Lösungsweg aufzuzeigen. Sie suchen die Erneuerung Russlands auf einem für das Land adäquaten Weg: durch eine Bauernbewegung zum Sozialismus. Ihr Ausgangspunkt ist die Dorfkommune, in der ihrer Ansicht nach bereits wichtige Elemente der sozialistischen Gesellschaft verwirklicht sind. Durch sie sei es möglich, direkt zum Sozialismus zu gelangen, ohne den Umweg über die kapitalistische Entwicklungsstufe zu nehmen. Anstatt den durch den historischen Materialismus vorgegebenen langwierigen Prozess zu durchlaufen, sollen die spezifisch russischen Bedingungen der kapitalistischen Rückständigkeit positiv verwertet werden. Die Narodniki setzen darauf, dass die fehlenden objektiven Gegebenheiten durch das revolutionäre Subjekt, durch Einsatzbereitschaft und Opfermut aufgehoben werden können.[12]

Auch Vera Figner zieht aufs Land. Sie nimmt eine Stelle als Feldscherin in einem Krankenhaus in Samara an. Hier trifft sie auf die Menschen, die sie zu befreien sucht: »Zum ersten Male in meinem Leben trat ich hier dem Dorfleben von Angesicht zu Angesicht gegenüber. (...) Bis jetzt hatte ich noch niemals das armselige Bauerndasein in der Nähe gesehen, ich kannte die Bettelarmut des Volkes eher aus der Theorie, aus Büchern, Zeitschriften, statistischem Material. (...) Aber wo war in dieser ganzen Zeit das wirkliche Volk? Jetzt, mit 25 Jahren stand ich vor ihm wie ein Kind, dem man ein ungeheuerliches, nie gesehenes Etwas in die Hand gedrückt hatte.«[13] Ihre Arbeit konfrontiert sie hautnah mit der abgrundtiefen Not, die in Russland herrscht. Sie trifft auf ausgemergelte Menschen, krank und hungrig. Syphilis, Magen- und Darmkatarrh, Geschwüre und Eiterbeulen sind nun ihr täglicher Umgang. Alles ist voller Schmutz, die hygienischen Zustände sind unvorstellbar und oftmals fragt sie sich: »Ist das das Leben von Tieren oder Menschen«?[14] Die große Not macht es ihr unmöglich, politisch zu agitieren: »Ist unter diesen Umständen auch nur der Gedanke an Protest möglich? Ist es nicht Ironie, diesem Volk, das von seiner physischen Not ganz zu Boden gedrückt ist, von Widerstand und Kampf zu sprechen? Befindet sich dieses Volk nicht schon im Stadium seiner völligen Entartung?«[15]

Als eine Genossin verhaftet und bei ihr belastendes Material gegen sie gefunden wird, muss Vera Samara verlassen. Sie kehrt nach St. Petersburg zurück, wo soeben im sogenannten »Prozess der 193« zahlreiche Genossen freigesprochen wurden. Die Stimmung unter den Revolutionären ist glänzend. Man schöpft neuen Mut, neue Hoffnung, trifft sich und diskutiert bis spät in die Morgenstunden. Doch als der Zar die Freilassungen nicht bestätigt, beginnt die Verfolgung erneut.

Im März 1878 übersiedelt Vera mit ihrer Schwester Jewgenia als Ärztin nach Saratow. Hier eröffnen die beiden Frauen die einzige Schule innerhalb von drei Landdistrikten. Aus bis zu 20 Kilometer Entfernung kommen die Kinder zum Unterricht. Während die einfachen Leute zu den beiden Frauen bald Vertrauen fassen und sie in mancherlei Angelegenheit um Rat fragen, bringen die beiden ungewollt die lokalen Autoritäten gegen sich auf. Der Pope, bestechliche Verwalter und korrupte Beamte versuchen nach Kräften, die Frauen loszuwerden. Sie erschweren die politische Agitation der Schwestern und verwickeln sie in einen zermürbenden Kleinkrieg.

Im Frühjahr 1879 erhalten sie Besuch von Alexander Solowjow, einem jungen Adeligen und Genossen von »Land und Freiheit«. Er plant ein Attentat auf Zar Alexander II.[16] Bisher waren stets nur hohe Staatsbeamte und Militärs Zielscheibe von Attentaten gewesen, jetzt rückt der Zar selbst ins Blickfeld der Narodniki. War Alexander II. dereinst angetreten mit dem ehrgeizigen Vorhaben, das Land zu reformieren und auf den Weg in die Moderne zu bringen, so waren die großen Hoffnungen, welche die Bevölkerung mit der Machtübernahme des neuen Zaren verbunden hatte, bitter enttäuscht worden. So wie die Bauerbefreiung an der Landverteilung gescheitert war, so waren die Reformen, boykottiert von ihren zahlreichen Gegnern, auf halber Strecke liegen geblieben. Der als Befreier gefeierte Zar verlor an Ansehen, vor allem innerhalb der Jugend und der Intelligenz, die sich zunehmend radikalisierte. Bereits in den 60er-Jahren war es zu Studentenunruhen und ersten Attentatsversuchen gekommen. Die Kluft zwischen der Regierung und dem Volk wuchs täglich. Statt demokratischer Freiheiten gab es längst erneut ein umfassendes polizeiliches Überwachungssystem, mit dem jegliche Opposition unterdrückt wurde. Revolutionäre wie Nikolai Tschernyschewski oder Sergej Netschajew waren nach Sibirien verbannt oder verschimmelten in den zaristischen Kerkern. Hinrichtungen waren an der Tagesordnung und machten aus jungen Idealisten Märtyrer, deren Beispiel Hunderte zu folgen bereit waren. Die Erfahrungen mit dem zaristischen Staatsapparat hatten die Revolutionäre gelehrt: »Haben alle Mittel der Überzeugung sich als fruchtlos erwiesen, dann bleibt nur die nackte Gewalt: Dolch, Revolver und Dynamit.«[17] Dieser Ansicht ist auch Vera Figner, selbst wenn sie Solowjow vor den Repressalien warnt, die mit dem Scheitern des Anschlags unwillkürlich verbunden sind. Doch angesichts der Tatsache, dass die revolutionäre Bewegung durch die staatliche Repression nahezu zum Erliegen gekommen ist und alle bisherigen Versuche, das Volk zum Aufstand anzustacheln, vergebens gewesen waren, sieht auch sie darin die letzte Möglichkeit zum Fanal. Vielleicht würde eine derartige Tat das in Lethargie erstarrte Volk endlich wachrütteln.

Am 2. April 1879 feuert Alexander Solowjow vor dem Winterpalais in St. Petersburg fünf Schüsse auf Alexander II. und verfehlt ihn. Der Attentäter wird überwältigt. Als die Behörden herausfinden, dass sich Solowjow kurz vor dem Anschlag bei den Schwestern Figner aufgehalten hat, müssen diese fliehen. Solowjow selbst wird am 10. Juni 1879 gehängt. Vera Figner aber beschließt, von nun an alles dafür zu tun, um das Werk Solowjows zu vollenden.

Innerhalb der Bewegung »Land und Freiheit« kommt es zu einer heftigen Auseinandersetzung, die sich geografisch zwischen Stadt und Land festmachen lässt. Während sich das Zentrum in St. Petersburg vor allem auf Gewaltakte gegen Regierungsbeamte konzentriert und dazu alle Geldmittel und Kräfte aufwendet, plädieren die »Volkstümler« in den Gemeinden für die Agitation der Bauernschaft, zur Schaffung einer Massenbasis. Sie sehen in der Tötung von Generälen und Polizeichefs nur eine Ablenkung von der wirklich wichtigen Arbeit. Die Strategie der Tötung hoher Funktionäre wird mit der Zeit auch innerhalb der St. Petersburger Gruppe in Frage gestellt. Die Attentate der letzten Monate hatten den Schwerpunkt der politischen Arbeit verlagert. Ihre Befürworter argumentieren, dass nur durch sie die Desorganisierung und Verwirrung innerhalb der Regierung entstehen könnte, die letztlich die lebendigen Volkskräfte entfesseln werde. Sie halten die Arbeit auf dem Land für überflüssig und plädieren dafür, sie einzustellen. Ihre Gegner verweisen auf die Verschärfung der Repressionen nach jedem Attentat, die jegliche politische Betätigung erschweren. Die besten Leute säßen in den Gefängnissen oder würden hingerichtet, die Bewegung blute aus. Männer wie der Gründervater der russischen Sozialdemokratie Georgi Plechanow kritisieren, dass der moralische Einfluss, den der Terror auf die Jugend ausübt, den Interessen des Volkes zuwiderläuft. Nach dem misslungenen Attentat auf den Zaren spaltet sich die »Land und Freiheit« schließlich in zwei Gruppierungen: Tschorny Peredel (Schwarze Umteilung), der sich Plechanow anschließt, und Narodnaja Wolja (Volkswille), zu der sich Vera Figner bekennt. Die Schwarze Umteilung bleibt stets im Schatten der Narodnaja Wolja. Mit der Emigration ihrer führenden Mitglieder Plechanow sowie der berühmten Attentäterin Vera Sassulitsch in die Schweiz kommt ihre Agitation schon nach wenigen Monaten zum Erliegen. Plechanow und seine Genossen gründen 1883 in der Schweiz die Gruppe »Befreiung der Arbeit« und legen damit den Grundstein für die Partei der russischen Sozialdemokratie.

Die Narodnaja Wolja setzt sich jetzt an die Spitze der russischen Revolution. Ihre Mitglieder geloben, gleich Netschajews »Revolutionärem Katechismus«, allen Familien-, Freundschafts- und Liebesbanden zu entsagen und wenn nötig das eigene Leben für die Sache zu opfern. Sie sind entschlossen zu kämpfen – bis zum Sieg oder bis zum Tod: »In unseren Grundanschauungen sind wir Sozialisten und Volkstümler. Wir sind überzeugt, dass die Menschheit nur auf sozialistischer Basis Freiheit, Gleichheit, Brüderlichkeit in ihrem Leben verwirklichen, den allgemeinen materiellen Wohlstand und die volle allseitige Entwicklung der Persönlichkeit und also auch den

Fortschritt gewährleisten kann. Wir sind überzeugt, dass nur der Volkswille die Gesellschaftsformen sanktionieren kann, dass die Entwicklung des Volkes nur dann gesichert ist, wenn jede Idee, die in die Praxis umgesetzt werden soll, vorher das Bewusstsein und den Willen des Volkes durchläuft. Volkswohl und Volkswille sind unsere beiden heiligsten und untrennbar miteinander verbundenen Prinzipien.«[18]

Am 26. August 1879 verurteilt das Vollzugskomitee der Partei, dem auch Vera Figner angehört, Zar Alexander II. zum Tode. Drei verschiedene Gruppen treffen auf den Bahnstrecken nach Odessa, Moskau und Charkow Vorkehrungen, um den Sonderzug des Zaren, der sich aus Angst vor weiteren Attentaten auf die Krim zurückgezogen hat, zu sprengen. Vera bringt eigenhändig einen Koffer mit Sprengstoff nach Odessa. Sie ist so begierig darauf zur Attentäterin zu werden, dass sie sich eine Rüge vom Vollzugskomitee einhandelt, das sie darauf hinweist, dass sie den Weisungen der Organisation Folge zu leisten habe und sich nicht in irgendwelche Abenteuer stürzen solle. Beim Attentat vom 19. November 1879 auf der Bahnstrecke nach Moskau schaffen es die Revolutionäre erst beim zweiten Zug, die Elektroden miteinander zu verbinden. Der Zug, der entgleist, ist mit Hofbeamten besetzt, der Zar fährt im ersten Zug und erreicht unbehelligt sein Ziel.

Es folgt eine erste Verhaftungswelle, während der die Planungen für den Anschlag auf den Winterpalast in St. Petersburg weitergehen. Am 5. Februar 1880 wird im Keller des Palastes eine Ladung Dynamit angebracht, die den darüber liegenden Speisesaal zum Einsturz bringen und die Mitglieder der Zarenfamilie unter den Trümmern begraben soll. Seine pedantische Pünktlichkeit soll dem Zaren, nach dem Willen der Revolutionäre, zum Verhängnis werden. Als der Zar um exakt 18 Uhr den Speisesaal betritt, zündet die Bombe. 50 Soldaten sterben bei dem Anschlag, der Zar bleibt unverletzt. Die Sprengladung hatte nicht ausgereicht, um den Speisesaal zum Einsturz zu bringen. Wenig später schießt ein Mitglied der Narodnaja Wolja auf den vom Zaren an die Spitze einer obersten

Kommission berufenen Graf Loris-Melikow. Die Volkstümler sind damit in aller Munde, die Autorität der russischen Führung gerät zunehmend ins Wanken: »Je träger, gedrückter die Öffentlichkeit war, desto bewundernswerter schien die Energie, Erfindungskraft und Entschlossenheit der Revolutionäre. Während wir selbst unter unseren Misserfolgen litten, wuchs der Ruhm des Komitees, der Effekt seiner Taten blendete alle, berauschte besonders die Jugend. Es hieß allgemein: Dem Komitee ist nichts unmöglich«,[19] schreibt Vera Figner.

In den nächsten Monaten laufen die konspirativen Tätigkeiten auf Hochtouren. Es gelingt den Verschwörern, Soldaten der Kronstädter Matrosen und der Petersburger Armee auf ihre Seite zu ziehen. Es wird eine militärische Geheimorganisation gebildet, die ihre Befehle nur vom Vollzugskomitee entgegennimmt. Alle weiteren Attentatsversuche scheitern jedoch oder müssen vorher abgebrochen werden. Im August 1880 misslingt die Sprengung einer Eisenbahnbrücke in St. Petersburg, weil der zuständige Sprengmeister verschläft. Er besitzt keine Uhr und die Genossen können nur fassungslos dem Zug des Zaren nachschauen. Die Verhaftungen nehmen zu, die Organisation gerät allmählich in finanzielle Bedrängnis. Zudem nimmt Graf Loris-Melikow mit seinem politischen Reformkurs den Revolutionären den Wind aus den Segeln. Die Zeit drängt die Narodniki zum Handeln. Am 1. März 1881 gelingt endlich das, was die Revolutionäre seit Jahren ersehnen. Zar Alexander II. wird auf dem Weg in den Winterpalast am Katharinenkanal in St. Petersburg getötet. Als der Zar an diesem Tag nach Abnahme der Truppenparade in der Michail-Manege nach Hause fährt, wird die Gruppe von einer Bombe getroffen, die mehrere Kosaken der Leibgarde schwer verwundet. Als der Zar daraufhin seine Kutsche verlässt, um sich ein Bild der Lage zu machen, wirft ein zweiter Attentäter aus kürzester Distanz eine Handgranate auf ihn. Nur wenige Stunden später erliegt Alexander II. seinen schweren Verletzungen. Wie ein Lauffeuer verbreitet sich die Nachricht vom Tod des Herrschers. Vera Figner weint vor Glück: »Der Alp, der jahrzehntelang auf dem jungen Russland gelastet hatte, war beseitigt. Dieser Moment, das Blut des Zaren, rächte die Gräuel der Gefängnisse und die Verbannung, die Grausamkeiten und Gewalttaten, die an Hunderten und Tausenden unserer Gesinnungsgenossen verübt worden waren. (...) In diesem feierlichen Moment waren alle unsere Gedanken dem künftigen Wohl unseres Vaterlandes gewidmet.«[20]

Doch der erhoffte Volksaufstand bleibt aus, auch die Militärs erheben sich nicht. Auf Alexander II. folgt Alexander III. und die vom Zaren am Tage seines Todes auf Drängen von Loris-Melikow unterzeichneten politischen Reformvorschläge, die quasi die Einführung einer konstitutionellen Ordnung bedeutet hätten, verschwinden für Jahrzehnte in den Schubladen. Auch die Hoffnung, der neue Zar sei durch die Vorgänge so erschüttert, dass er den Revolutionären politische Zugeständnisse machen werde, erfüllt sich nicht. Zehn Tage nach dem Attentat veröffentlicht die Narodnaja Wolja einen offenen Brief an den Zaren, in dem sie ihre Unterstützung bei der Demokratisierung des Landes anbietet. Sie fordert Rede-, Presse- und Versammlungsfreiheit, die Zulassung politischer Parteien und die Einberufung der Nationalversammlung. Sobald dies auf den Weg gebracht sei, würde sich das Vollzugskomitee unverzüglich auflösen: »Aus dieser Lage gibt es zwei Auswege: entweder die Revolution, die ganz unvermeidlich ist und durch keine Hinrichtungen verhütet werden kann, oder die freiwillige Hinwendung der obersten Macht zum Volk. (...) Somit, Majestät, entscheiden Sie. Zwei Wege liegen vor Ihnen. Von Ihnen hängt die Wahl ab, wir aber können nur noch das Schicksal bitten, dass Ihre Vernunft und Ihr Gewissen Ihnen eine Entscheidung diktieren, die einzig dem Wohl Russlands, Ihrer eigenen Würde und Ihren Verpflichtungen gegenüber dem Vaterland gemäß ist.«[21] Der Text wird selbst im Ausland mit großem Interesse zur Kenntnis genommen und führt dazu, dass die russischen Revolutionäre manchem gar als »Liberale mit Bomben« gelten.

Doch die russische Regierung denkt nicht daran, den Revolutionären die Hand zu reichen. Nachdem einer der gefassten Attentäter unter der Folter der Polizei auspackt, werden die Wohnungen der Verschwörer gestürmt. Nikolai Sablin erschießt sich noch bei seiner Verhaftung. Das von Sofia Perowskaja, der Tochter des Gouverneurs von St. Petersburg, und Vera Figner geplante Attentat auf Alexander III. lässt sich in der kurzen Zeit nicht realisieren. Innerhalb weniger Tage sind sechs der Verschwörer verhaftet, darunter zwei Frauen. Der Prozess gegen die Gruppe dauert ganze vier Tage, dann wird das Urteil verkündet: Tod durch Erhängen. Einzig die schwangere Hesja Helfman wird nach internationalen Protesten verschont. Ihr Kind stirbt wenige Tage nach der Geburt in einem russischen Waisenhaus, sie selbst ein Jahr später im Gefängnis.

Sofia Perowskaja verzichtet auf das ihr als Angehörige des russischen Hochadels zustehende besondere Gnadenrecht. Sie ist die erste Frau, die in Russland als politische Verbrecherin hingerichtet wird. Am 3. April 1881 werden die fünf Verurteilten gehängt. Vera Figner erlebt die Hinrichtung aus dem Untergrund: »Im schwarzen Gewand, mit gefesselten Händen, ein Brett mit der Inschrift ›Zarenmörder‹ auf der Brust, so brachte man sie alle zum Hinrichtungsplatz. (...) Auf dem Schafott umarmte Perowskaja Sheljabow, Kibaltschitsch, Michailow, wandte sich aber von Ryssakow ab, der die Adresse der Wohnung in der Teleshnaja Straße verraten und dadurch Hesja Helfman, Sablin und Michailow den Händen der Henker ausgeliefert hatte, im Wahn, sich dadurch selbst retten zu können. Perowskaja starb, im Leben wie im Sterben sich selbst getreu.«[22]

Die Partei verlagert ihr Zentrum nach Moskau. Auch Vera Figner begibt sich dorthin. Von den ehemaligen Mitgliedern des Vollzugskomitees befinden sich noch acht in Freiheit. Im Februar werden in einem großen Prozess noch einmal viele Revolutionäre zum Tod oder zu lebenslanger Freiheitsstrafe verurteilt. Darunter auch Nikolai Suchanow, der als neuer Führer der Narodnaja Wolja gehandelt worden war. Damit ruht nun alle Hoffnung auf Vera Figner.

Im März 1882 organisiert diese den letzten großen Anschlag der Narodnaja Wolja. Sein Opfer wird der gefürchtete Militärstaatsanwalt von Odessa, Strelnikow, der für die Verhaftung unzähliger Menschen verantwortlich zeichnet. Das Vollzugskomitee verurteilt ihn auf Veras Antrag hin zum Tode. Sie übernimmt es persönlich, nach Odessa zu fahren, um Strelnikow auszuspähen. Als alles klar ist, organisiert sie für die Flucht einen Pferdewagen und unterweist die Attentäter. Am 18. März 1882 wird Strelnikow auf offener Straße erstochen. Die Flucht aber scheitert, die Täter werden gefasst und hingerichtet.

Vera flieht nach Charkow. Kurz darauf werden weitere Komiteemitglieder verhaftet. Nun ist Vera das letzte in Freiheit verbliebene Mitglied des Vollzugskomitees. Verzweifelt versucht sie Geld aufzutreiben, um die Organisation am Laufen zu halten. Eine alte Freundin aus Schweizer Tagen, verbannt nach Sibirien, stellt ihr einen Großteil ihres Vermögens zur Verfügung. Vera versucht in Odessa eine illegale Druckerei aufzubauen, die am 20. Dezember 1882 von der Polizei ausgehoben wird. Es kommt zu weiteren Verhaftungen: »Ich sah deutlich, dass all meine Bemühungen, die Arbeit wieder aufzubauen, zu nichts führten und dass meine ganze Tätigkeit ergebnislos verlief. Was immer ich auch ausdachte, alles brach zusammen und riss jene, die ich zur Arbeit herangezogen, in den Abgrund. (...) Alles um mich her wankte, brach zusammen«,[23] schreibt sie später in ihren Erinnerungen. Dennoch macht sie weiter, bleibt auf ihrem Posten, der ihr immer aussichtsloser erscheint. Am 10. Februar 1883 geht auch sie der Polizei ins Netz. Zar Alexander III. soll bei ihrer Verhaftung ausgerufen haben: »Gott sei Dank, endlich ist diese schreckliche Frau arretiert.«[24]

Damit ist nun das gesamte Vollzugskomitee der Narodnaja Wolja inhaftiert oder tot. Vera Figner wird nach St. Petersburg gebracht. 20 Monate bleibt sie in Untersuchungshaft in der Peter-und-Paul-Festung. Sie sitzt in Einzelhaft, alle zwei Wochen darf sie für 20 Minuten ihre Mutter oder ihre Schwester sprechen. Der Rest ist Schweigen: »Meine Stimmbänder wurden immer schwächer, die Stimme brach und schwand dann ganz; meine tiefe Altstimme wurde dünn vibrierend, wie nach einer langen Krankheit, die Worte lösten sich schwer und stockend von der Zunge.«[25]

Im Frühling 1884 legt man ihr die Geständnisse verschiedener ehemaliger Mitstreiter vor, die der Haft nicht standgehalten hatten und detaillierte Aussagen über die Partei, Personen und Aktionen gemacht hatten. Vera ist entsetzt: »Alle diese Verschwörer, die geschworen hatten, auf das erste Signal hin sich mit der Waffe in der Hand zu erheben und ihr Leben dem Volke zu weihen, sie alle sagten sich jetzt kleinmütig los von der Sache, für welche sie hatten kämpfen wollen, der sie ihr Wort verpfändet hatten. Sie hätten sich ›verirrt‹ – sie, die jahrelang über Revolution und Barrikadenkämpfe diskutiert hatten. (...) Von den Höhen meiner Ideale fühlte ich mich in den tiefsten Erdensumpf hinabgezerrt. (...) Ich wollte sterben.«²⁶

Am 22. September beginnt der Prozess gegen Vera und 13 weitere Mitangeklagte. Ungeduldig wartet sie auf den letzten Prozesstag, an dem die Angeklagten das Wort erhalten. Als sie an der Reihe ist, nutzt sie ihren Auftritt, um noch ein letztes Mal für die Sache der Narodnaja Wolja zu werben: »In dem Programm, an das ich mich bei meinem Wirken hielt, war die wesentlichste Seite, die für mich die größte Bedeutung hatte, die Vernichtung des absolutistischen Regimes. Ob unser Programm eine Republik oder eine konstitutionelle Monarchie vorsieht, dem messe ich eigentlich keine praktische Bedeutung bei. (...) Für die Hauptsache, für das Allerwesentlichste halte ich, dass bei uns solche Verhältnisse geschaffen werden, in denen die Persönlichkeit die Möglichkeit hat, ihre Kräfte allseitig zu entwickeln und sie ganz und gar in den Dienst der Gesellschaft zu stellen. Und mir scheint, so wie die Dinge bei uns liegen, sind diese Verhältnisse nicht gegeben.«²⁷

Damit hat sie ihre letzte Pflicht gegenüber der Revolution erfüllt. Ruhig und innerlich gelassen, wartet sie auf die Urteilsverkündung: »Alle moralischen und physischen Kräfte waren verbraucht, nichts blieb übrig, sogar der Wille zum Leben war verschwunden. Und während mich das Gefühl, meine Pflicht vor der Heimat, der Gesellschaft, der Partei erfüllt zu haben, beruhigte, wurde ich erst ganz Mensch.«²⁸ Sieben der Angeklagten werden zum Tod durch den Strang verurteilt, darunter auch

Vera Figner. An dem Gnadengesuch, das ihre sechs Mitstreiter an den Zaren richten, beteiligt sie sich nicht.

Sie wird in die Peter-und-Paul-Festung zurückgebracht. Hier nimmt man ihr das elegante blaue Tuchkleid, das sie zur Verhandlung getragen hat, ab und steckt sie in neue Kleider: Lumpen, die vor Dreck starren, ein altes Kopftuch und Schuhe, die ihr viel zu groß sind. Die Matratze, auf der sie während der Untersuchungshaft geschlafen hat, wird durch einen alten Strohsack ersetzt und auch die warme Decke verschwindet. Aus dem weißen Porzellankrug wird ein scharfkantiger Blechkrug und statt Tee erhält sie morgens nur mehr heißes Wasser. Doch sie nimmt alles klaglos hin, wartet geduldig auf den Tag ihrer Hinrichtung.

Acht Tage darauf wird sie vom Zar begnadigt. Die Todesstrafe wird in lebenslange Haftstrafe umgewandelt. Sofia Perowskaja rettet ihr das Leben. Deren Hinrichtung hatte allgemeine Empörung ausgelöst und der Zar will eine weitere Zuspitzung der Lage vermeiden.

Am 12. Oktober 1884 wird Vera Figner in Ketten nach Schlüsselburg gebracht.[29] Hier, in dieser Inselfestung, auf deren hohem weißen Turm ein vergoldeter Schlüssel glänzt, wird sie die nächsten 20 Jahre verbringen. Als sie Zelle 26 bezieht, ist sie 32 Jahre alt: »Ein neues Leben begann. Ein Leben inmitten tödlicher Stille. (...) Man hatte uns alles geraubt; die Heimat und die Menschheit, Freunde, Kameraden und die Familie, man hatte uns abgeschnitten von allem Lebendigen. (...) Das Leben ging hin ohne Eindrücke; Tage, Wochen, Monate unterschieden sich in nichts voneinander. (...) Die ursprünglich weiß getünchte Zelle verwandelte sich in einen düsteren Kasten; der Asphaltfußboden wurde mit schwarzer Ölfarbe gestrichen, die Wände oben grau, unten bleifarben, fast schwarz. Niemand konnte sich beim Anblick dieser Zelle des Gedankens erwehren: Das ist ein Sarg. (...) Gleich Lichtern in Friedhofskapellen brannten vierzig Lampen neben vierzig fest verschlossenen Türen, hinter denen vierzig Gefangene, lebendig begraben, ihrem Ende entgegensahen.«[30]

Schlüsselburg ist das Gefängnis der Narodniki. Niemand weiß, wer genau sich auf dieser sogenannten »Insel der Toten« befindet – nicht einmal die Gefangenen selbst, deren Namen ausradiert werden und die nun zu Nummern mutieren. Aus Vera Figner wird Strafgefangene Nr. 11: »Wir durften niemand von den Unsrigen sehen, noch mit Verwandten im Briefwechsel stehen. Kein Lebenszeichen durfte von ihnen zu uns noch von uns zu ihnen dringen. Wir durften von niemand und von nichts wissen, niemand sollte wissen, wo wir uns befanden ... ›Sie werden von Ihrer Tochter erst wieder etwas hören, wenn sie im Grab liegen wird‹, hatte der stellvertretende Minister des Inneren Orshewski zu meiner Mutter gesagt.«[31]

Erst nach zwei Jahren wird Vera erlaubt, mit der einzigen Frau auf der Insel außer ihr, Ljudmila Wolkenstein, jeden zweiten Tag spazieren zu gehen. Als sich die Zellentüren öffnen, erkennen sich die beiden Frauen zunächst nicht wieder. Obwohl die Freundschaft der beiden Frauen ihre einzige Freude ist, verzichten sie bald in einer politischen Demonstration für eineinhalb Jahre auf diese Vergünstigung.

Die Haftumstände zermürben Psyche und Physis der Gefangenen. Anfang 1886 sterben zwei Häftlinge an Tuberkulose, das Sterben des einen erleben die Inhaftierten durch ihre Kerkermauern: »Issajews Todesqualen waren furchtbar (...) Etwas Opium oder Morphium hätte ihm wahrscheinlich den Todeskampf erleichtert und uns diese Erschütterung erspart. Aber nichts geschah. Grabesstille herrschte im Gefängnis (...), bis plötzlich in diesem gespannten Zustand ein anhaltendes Stöhnen laut wurde, das eher einem Schrei glich. Es ist immer schwer, den Tod eines Menschen mitzuerleben, aber noch unendlich schwerer und furchtbarer ist es, eingemauert im steinernen Loch ohnmächtig Zeuge eines solchen Sterbens zu sein.«[32] Als sie sich mit einem Zellengenossen verbotenerweise durch Klopfzeichen verständigt, wird dieser in den Karzer geführt. Umgehend fordert Vera, ebenfalls dorthin gebracht zu werden, und erlebt sieben Tage in absoluter Kälte und Dunkelheit.

Im März 1886 liegen erneut zwei Sterbende in der Schlüsselburg. Michail Gratschewski, ein ehemaliges Mitglied des Vollzugskomitees, versucht jetzt alles, um durch Provokation ein erneutes Gerichtsverfahren gegen sich zu erzwingen, in dem er die menschenunwürdigen Zustände in der Schlüsselburg schildern will. Da ihm dies nicht gelingt, überschüttet er sich mit Petroleum und verbrennt sich als Fanal bei lebendigem Leibe. Der zuständige Kommandant wird daraufhin entlassen, die Gefangenen erhalten nun endlich alle dieselben Vergünstigungen.

Durch zwei Neuzugänge erfahren die Inhaftierten von einem misslungenen Attentatsversuch einer neuen Narodnaja Wolja auf Alexander III. Sieben Studenten wollten den Zaren am Todestag seines Vaters 1887 beim Verlassen jener Kirche, die er an der Stelle errichten ließ, an der Alexander II. zu Tode gekommen war, töten. Doch noch bevor die Verschwörer ihren Plan in die Tat umsetzen konnten, wurden sie gefasst. Fünf Studenten werden gehängt, einer davon heißt Alexander Uljanow. Sein jüngerer Bruder Wladimir Iljitsch wird 30 Jahre später unter dem Decknamen Lenin die Oktoberrevolution anführen.

Im Dezember 1891 wird Sofia Ginsburg, Angehörige dieser neuen Generation der Narodnaja Wolja, in die Schlüsselburg gebracht. Sie erträgt die Einzelhaft nur ganze 37 Tage, dann bringt sie sich um. Von ihrem Tod erfahren die anderen Häftlinge erst viele Jahre später.

Zahlreiche Häftlinge verlieren aufgrund der unmenschlichen Haftbedingungen den Verstand, so auch Nikolai Pochitonow, der 1896 in ein Irrenhaus gebracht wird: »Vor 12 Jahren hatte man Pochitonow nach Schlüsselburg gebracht als jungen, lebenssprühenden Mann mit lebhaftem Temperament. Man brachte ihn fort als lebendigen Leichnam mit erloschenem Verstand, geschwundener Logik; weder menschliche Gedanken noch Gefühle regten sich in ihm«,[33] schreibt Vera Figner.

Als Nikolaus II. 1894 den Thron besteigt, hoffen die Gefangenen auf eine politische Amnestie. Der Zar erlässt in der Folge des Krönungsmanifests tatsächlich eine Teilamnestie, die zwar

Ljudmila Wolkenstein, aber nicht Vera Figner betrifft. Am 24. November verlassen fünf Inhaftierte Schlüsselburg. Vera verliert damit ihre einzige Freundin und Bezugsperson.

Nun werden die Haftbedingungen ein wenig gelockert. Nach 13 Jahren wird den Häftlingen der Briefkontakt mit Freunden und Verwandten gestattet: zweimal im Jahr. Doch die Bindungen sind zerstört, man hat sich nicht viel zu sagen. In den nächsten Jahren werden verschiedene Werkstätten eingerichtet, die den Häftlingen die Möglichkeit zur Arbeit geben. Es entstehen eine Schlosserei, eine Tischlerei und eine Gärtnerei. Auch die Gefängnisbibliothek wird nun aufgefüllt, wächst von 160 auf über 2000 Bücher, viele davon wissenschaftliche Werke.

Nach 18 Jahren Haft ist ein Großteil der Häftlinge Skorbut oder Tuberkulose zum Opfer gefallen, einige sind entlassen oder in Irrenhäuser überstellt worden. Neun Männer sind hingerichtet worden. Von den ehemals 40 Gefangenen sind ganze 13 übrig geblieben. Der Staat lässt sich die Gefangenen der Schlüsselburg einiges kosten. Auf jeden Gefangenen kommen 20 bis 25 Wärter, der Unterhalt jedes einzelnen kostet den Staat die stattliche Summe von 7000 Rubel pro Jahr. Nach all den Jahren hat sich die Situation der Gefangenen jedoch weithin verbessert, vormalige Vergünstigungen sind nun die Tagesordnung. Auch die Verpflegung ist besser geworden und verhindert weiteres Sterben an Unterernährung. Das Leben hatte seinen Tritt gefunden: »Der Schleier des Vergessens senkte sich über uns. Die lange, schwierige Periode der Anpassung war vorbei, wer nicht gestorben, nicht durch Selbstmord zugrunde gegangen, nicht wahnsinnig geworden war, hatte sein Gleichgewicht wiedergefunden. Das Leid, der Schmerz war überwunden.«[34]

Am 13. Januar 1903 eröffnet der Kommandant Vera, dass der Zar dem Gnadengesuch ihrer Mutter stattgegeben und ihre Haftstrafe auf 20 Jahre ermäßigt hat. Vera ist empört: »Die Mutter hatte gegen meinen Willen gehandelt: Ich wollte unter keinen Umständen Gnade; gemeinsam mit meinen Kameraden wollte ich mein und ihr Schicksal bis zu Ende tragen. Jetzt hatte die Mutter, ohne mich zu fragen, gegen mein Wissen und ohne meine Einwilligung in mein Leben eingegriffen. Konnte man einen Menschen stärker verletzen?«[35] Was sie nicht ahnt: Die Mutter liegt im Sterben, hat Vera mit letzter Kraft aus dem Kerker befreit. Am 29. September 1904 wird aus Gefangener Nr. 11 wieder Vera Nikolajewna Figner.

Es wird ein Neubeginn mit Schrecken. Das Leben außerhalb der Gefängnismauern ist ihr fremd geworden. Russland hatte sich in den letzten 20 Jahren verändert, während ihr Leben eingefroren war. Vera wird nach Archangelsk in die Verbannung geschickt, wo sie am 17. Oktober eintrifft. Die Geschwister stehen ihr bei, bleiben abwechselnd bei ihr, während sie versucht sich wieder zurechtzufinden. Sie fühlt sich einsam, das Klima bekommt ihr nicht, die Kälte setzt ihr zu. Zum Jahreswechsel 1905 erfährt sie, dass sich drei ihrer ehemaligen Mitgefangenen in Freiheit erschossen haben. Unterdessen spitzt sich die politische Situation zu. Nikolaus II. hält an den autokratischen Prinzipien seines Vaters fest, während die Stimmen nach Reformen immer lauter werden. Die wachsenden Missstände, wirtschaftliche Krisen und nicht zuletzt der Krieg gegen Japan führen zum Autoritätsverlust des Zaren. Die Bevölkerung hungert, immer mehr Arbeiter treten in Streik. Am 9. Januar 1905 marschieren 150 000 Arbeiter friedlich und unbewaffnet zum Winterpalast, um dem Zaren eine Bittschrift zu übergeben. Darin fordern sie bürgerliche Freiheiten, ein Parlament, wirtschaftliche Erleichterung und die Einführung des Achtstundentags. Der Zar lässt in die Menge schießen, Hunderte sterben, darunter viele Frauen und Kinder.

Der Petersburger Blutsonntag führt zur Radikalisierung und Mobilisierung der Bevölkerung. Es kommt zu landesweiten Streiks, die mit Gewalt nicht mehr unterdrückt werden können. Schließlich verspricht der Zar im Oktobermanifest bürgerliche Freiheitsrechte wie Religionsfreiheit, Meinungsfreiheit, Versammlungsfreiheit und Vereinigungsfreiheit sowie die Einführung einer gesetzgebenden Versammlung aus gewählten Volksvertretern (Duma). Das Manifest vom 17. Oktober befreit auch die letzten Gefangenen der Schlüsselburg. Seine große

Macht behält der Zar, der ein Veto in der Duma hat, jedoch bei.

Vera Figner kann all diese Ereignisse nur aus der Ferne betrachten. So gerne sie sich erneut in die politische Arbeit stürzen würde, ihr sind die Hände gebunden. Von der Zuschauertribüne aus verfolgt sie die erste Volkserhebung im neuen Jahrhundert. Doch nicht nur ihre Verbannung, auch ihre körperliche Konstitution hält sie zurück: »Die Kerkerhaft hatte mich zum Krüppel geschlagen, sie hatte mich der menschlichen Gesellschaft gegenüber zu einer sehr empfindlichen Mimose gemacht, deren Blätter und Zweige ohnmächtig nach jeder Berührung zusammensinken. Meine Seele strebte zu den Menschen, aber ich konnte sie gleichzeitig nicht ertragen.«[36] Sie zieht zunächst zu ihrem Bruder nach Nikiforowo, dann zu ihrer Schwester nach Nischni Nowgorod. Inzwischen ist sie so lärmempfindlich, dass sie laut aufschreit, sobald auch nur ein Löffel gegen eine Tasse klirrt. Als sie im Zuge des Oktobermanifests ihre Reisefreiheit zurückerhält, reist sie in die Schweiz, dann weiter nach Finnland. Hier schließt sie sich der Partei der Sozialrevolutionäre an, die ihrer Ansicht nach dem Programm der Narodnaja Wolja am nächsten kommen. Doch sie findet keinen wirklichen Zugang zur Partei, fühlt sich als Außenseiterin. 1908 reist sie nach Paris ab. Hier erfährt sie von der Enttarnung des Leiters der terroristischen Gruppe der Sozialrevolutionäre, Jewno Asef. Asef, der für unzählige Attentate auf Repräsentanten der zaristischen Herrschaft verantwortlich zeichnete, war ein Spitzel der zaristischen Geheimpolizei Ochrana und hatte seine Genossen verraten. Nun zieht sich Vera Figner endgültig aus der Partei zurück.

1910 gründet sie in Paris ein Komitee zur Unterstützung politischer Gefangener in Russland. Sie sammelt mehr als 35 000 Francs und hilft damit Häftlingen in 23 Gefängnissen. Trotz ihrer Menschenscheu reist sie durch Europa und hält Vorträge über die Situation der Gefangenen. Sie startet eine beispiellose Solidaritätsaktion, der sich führende Politiker, Wissenschaftler und Künstler anschließen, die jedoch durch die Maßnahmen der russischen Regierung, die alle Vorwürfe von sich weist, verunmöglicht wird. 1913 übersiedelt sie in die Schweiz, nach Clarens am Genfersee. Hier beginnt sie damit, ihre Memoiren und die Geschichte der Narodnaja Wolja aufzuschreiben. Acht Jahre wird sie damit beschäftigt sein. 1922 erscheint der erste, 1923 der zweite Teil in russischer Sprache.

Nach Ausbruch des Ersten Weltkrieges kehrt sie nach Russland zurück. Unter Polizeiaufsicht lebt sie zunächst in Nischni Nowgorod, ehe sie im Dezember 1916 nach St. Petersburg, das nun Petrograd heißt, zurückkehren darf. Hier erlebt sie im Februar 1917 die Revolution: »Wie viele Jahre hatten wir doch auf diese Revolution gewartet, aber wie seltsam, eine ungetrübte Freude spürte ich doch nicht; ein gemischtes Gefühl hatte sich meiner bemächtigt: Freude, Trauer (wegen des Vergangenen) und Aufregung. Alles war zu leicht, zu schnell gegangen.«[37]

Sie übernimmt den Vorsitz eines Komitees, das befreiten Sträflingen und Verbannten Hilfe leistet, und sammelt über 2 Millionen Rubel. Mehr als 4000 Menschen kann sie damit helfen. Ein besonderes Anliegen ist ihr die Politisierung der rückständigen Landbevölkerung. Deren Aufklärung über staatsbürgerliche Rechte und Pflichten nimmt sie zunehmend in Anspruch. Sie wird zweite Vorsitzende der Volksbildungsgemeinschaft »Kultur und Freiheit«. Erster Vorsitzender wird der Schriftsteller Maxim Gorki. Doch die Uneinigkeit der Revolutionäre, die letztlich in die Oktoberrevolution mündet, ist ein Schock für sie: »Alles, was darauf folgte, war für mich ein überaus qualvolles Erleben. Auf den Kampf der sozialistischen Parteien untereinander – dieser leiblichen Brüder – war ich völlig unvorbereitet.«[38]

Als Mitglied der konstituierenden Versammlung fühlt sie sich zutiefst erniedrigt, als Lenin diese im Januar 1918 durch Soldaten auflösen lässt. Sie gehört einer verzweifelten Minderheit an, die sich weigert, der Gewalt zu weichen: »Die Periode der parlamentarischen Freiheit schien mir für die politische und staatsbürgerliche Erziehung der Massen unerlässlich zu sein. Gleichzeitig erkannte ich aber auch, dass wir Revolutionäre der alten Generation die geistigen Ahnherren der heutigen Ereignisse waren (...).«[39]

Sie verlässt Petrograd und reist nach Orjol zu ihrer Schwester Olga, auch um sich dort wegen ihrer starken Blutarmut behandeln zu lassen. Innerhalb der nächsten sechs Monate verliert sie beide Schwestern. Olga stirbt an Flecktyphus, Lydia erliegt einem Schlaganfall. Ihre Brüder waren bereits 1916 und 1918 verstorben. Den russischen Bürgerkrieg erlebt Vera völlig isoliert in Orjol, bis es ihrer Schwester Jewgenia mitsamt ihrer Familie gelingt, aus Grosny auszureisen. Die Schwestern ziehen zusammen nach Moskau. 1921 wird Vera dort Vorsitzende des Komitees zur Ehrung Peter Kropotkins, das ein Museum in Kropotkins Geburtshaus in Moskau einrichtet. Auch in ihren letzten Lebensjahren zieht es sie immer wieder zu den Menschen hin, denen sie einst die Freiheit bringen wollte: den russischen Bauern. Sie reist mehrmals nach Kasan und beteiligt sich an verschiedenen Hilfsprojekten zur Milderung der schlimmsten Folgen des Bürgerkrieges. Vereinzelt hält sie noch Vorträge über die Revolution und ihr Leben als Gefangene des Zaren in Schlüsselburg: »Der grundlegende Faktor meines Lebens war Schlüsselburg; es hat mir zwanzig Jahre meines Lebens genommen und nachdem es mich auf eine so lange Zeit, ohne jede Unterbrechung, vom allgemeinen Strom des Geschehens getrennt hatte, warf es mich hinaus – in eine andere Generation, in ein Milieu, das durch den folgerichtigen Gang der wirtschaftlichen und gesellschaftlichen Entwicklung bereits umgeformt worden war. Den Schritt über die schon vollzogene Evolution hinüber zu machen, mit den veränderten Verhältnissen, mit allem neuen zu verschmelzen, erwies sich bereits als unmöglich. Und das eben war mein Unglück.«[40]

Am 15. Juni 1942 stirbt Vera Figner 90-jährig in Moskau.

VI
Für Sozialismus und Frauenrechte
Clara Zetkin (1857–1933), die Grande Dame der deutschen Arbeiterbewegung

»Und so habe ich der Revolution gedient,
weil ich aus innerer Notwendigkeit
der Revolution dienen musste.«[1]

Jedes Jahr am 8. März begeht die Welt den Internationalen Frauentag. Ein Tag, der daran mahnt, in wie vielen Bereichen Frauen bis heute benachteiligt sind. Ein Tag, der aber auch an die langen Kämpfe erinnern soll, die Frauen austragen mussten und noch immer müssen, um Bürger- und Menschenrechte zu erlangen. Die Einrichtung dieses Gedenktages geht auf die Initiative einer Deutschen zurück. Auf der II. Internationalen Sozialistischen Frauenkonferenz am 27. August 1910 in Kopenhagen initiierte Clara Zetkin gegen den Widerstand männlicher Genossen den Internationalen Frauentag. Am 19. März 1911 wurde er zum ersten Mal begangen. 1921 einigte man sich darauf, zum Gedenken an die Rolle der Frauen bei den Streiks vom 8. März 1917 (nach julianischem Kalender der 23. Februar) in St. Petersburg, welche die Februarrevolution auslösten, den Internationalen Frauentag zukünftig am 8. März zu begehen. Zwischen 1933 und 1945 in Deutschland verboten und durch den Muttertag ersetzt, ist der Internationale Frauentag heute in zahlreichen Ländern ein gesetzlicher Feiertag.

Seine Initiatorin Clara Zetkin gilt neben Rosa Luxemburg als die Grande Dame der deutschen Arbeiterbewegung und als die führende Theoretikerin der proletarischen Frauenbewegung. Zu Lebzeiten war sie umstritten wie keine zweite, galt dem französischen Dichter Louis Aragon als die »in hohem Grad vollendete Erscheinung der neuen Frau«[2] und Kaiser Wilhelm II. als die »gefährlichste Hexe des Deutschen Reiches«. In jedem Fall aber war sie eine der bekanntesten Frauen ihrer Zeit.

Clara Zetkin wird am 5. Juli 1857 im sächsischen Wiederau geboren. Sie ist die älteste Tochter Gottfried Eißners, der sich vom Sohn eines Tagelöhners zum Volksschullehrer hochgearbeitet hat. Ihre Mutter Josephine entstammt einer Familie, die stark durch die Französische Revolution geprägt wurde. Sie steht in engem Kontakt mit den Pionierinnen der bürgerlichen Frauenbewegung Louise Otto-Peters und Auguste Schmidt und gründet in Wiederau einen Verein für Frauengymnastik. Im Hause Eißner herrscht ein liberaler, freier Geist, der sich auch in der Erziehung widerspiegelt.

Während Clara zu einer intelligenten jungen Frau heranwächst, werden wichtige Organisationen ins Leben gerufen, die für ihr Leben von großer Bedeutung sein sollten. 1863 gründet Ferdinand Lassalle in Leipzig den Allgemeinen Deutschen Arbeiterverein (ADAV), die erste deutsche Arbeiterpartei. Karl Marx initiiert 1864 die Gründung der Internationalen Arbeiterassoziation in London (I. Internationale) und Louise Otto-Peters und Auguste Schmidt gründen 1865 mit dem Allgemeinen Deutschen Frauenverein in Leipzig den ersten deutschen Frauenverein.

1872 übersiedelt die Familie nach Leipzig, um den Kindern eine bessere Ausbildung zu ermöglichen. Clara wird am Lehrerinnenseminar von Auguste Schmidt angenommen. Hier wird sie von einer russischen Mitschülerin in einen Kreis emigrierter russischer Studenten eingeführt. Bei diesen Treffen erschließt sich ihr eine neue Welt, zum ersten Mal kommt sie in Kontakt mit der sozialistischen Idee. Dabei ist der Sozialismus in jenen Jahren kaum gesellschaftsfähig, obwohl er täglich mehr Zulauf erhält. Mit der zunehmenden Verelendung des Proletariats im Zuge der Industrialisierung gewinnen die Sozialisten an Boden. 1875 wird aus den beiden rivalisierenden Arbeiterorganisationen ADAV und SDAP beim Vereinigungsparteitag in Gotha die Sozialistische Arbeiterpartei Deutschlands (SAPD). Bei den Reichstagswahlen 1877 wird die SAPD auf Anhieb viertstärkste Partei – eine Entwicklung, welche die Regierung zum Handeln veranlasst. Mit den Sozialistengesetzen im Oktober 1878 wird die Sozialdemokratie quasi verboten.

Bei einem Treffen im russischen Zirkel lernt Clara den sieben Jahre älteren Tischler Ossip Zetkin kennen und lieben. Durch ihn kommt sie nun in direkten Kontakt mit der Sozialdemokratie, geht zu Versammlungen und lauscht den Reden der beiden unbestrittenen Führer der deutschen Sozialdemokratie, des sächsischen Reichstagsabgeordneten August Bebel und Wilhelm Liebknecht. Ihre Begeisterung für die Sozialdemokratie bringt sie in Gegensatz zu Auguste Schmidt, die zwar für Frauenrechte eintritt, aber dennoch in ihrer bürgerlichen Welt verhaftet bleibt. Clara wechselt deshalb aufs Königliche Lehrerinnenseminar nach Dresden, wo sie 1878 abschließt. In dem Jahr, in dem per Gesetz alle sozialdemokratischen Aktivitäten außerhalb des Land- und Reichstages verboten werden, tritt sie der SAPD bei. Nicht zuletzt deshalb kommt es zum Bruch mit der Mutter, die auch von der Beziehung zu Ossip keineswegs begeistert ist und um die Zukunft der Tochter fürchtet. Von nun an geht Clara ihre eigenen Wege.

Nach einigen Anstellungen als Hauslehrerin übersiedelt sie im Frühjahr 1882 in die Schweiz, wo sie Eduard Bernstein kennenlernt und erste Artikel für die Zeitschrift *Sozialdemokrat* verfasst. Kurz zuvor war Ossip Zetkin im Zuge der Sozialistengesetze aus Deutschland ausgewiesen worden. Im Oktober 1882 treffen einander beide in Paris wieder. Ein Jahr später kommt das erste gemeinsame Kind Maxim zur Welt. Kurz darauf folgt Konstantin, genannt Kostja. Hier in Paris wird aus Clara Eißner nun Clara Zetkin. Auch die Kinder erhalten bei der Registrierung den Namen Zetkin. Sie selbst nimmt den Namen Ossips an, ohne ihn zu heiraten. Ein Entschluss, der später immer wieder zu Problemen mit den Behörden führt. Doch sie will zum einen schon aus Prinzip nicht heiraten, zum anderen will sie nicht, dass die Kinder nach dem Vater russische Staatsangehörige werden. Die Familie lebt in ärmlichen Verhältnissen, oft reicht das Geld kaum aus, um Essen zu kaufen. Mit journalistischer Tätigkeit versuchen Clara und Ossip die Familie über Wasser zu halten. Einmal sind sie mit der Miete so im Rückstand, dass der Hauswirt sie aus der Wohnung werfen lässt und sie mit den Kindern durchs nächtliche Paris irren. Clara Zetkin kämpft an allen Fronten: »Ich bin Hofschneider, -koch, Wäscherin etc., kurz ›Mädchen für alles‹. Dazu kommen noch die beiden Pipitschlinge, die mir keine ruhige Minute lassen. Wollte ich mich in den Charakter Louise Michels vertiefen, so musste ich No I die Nase putzen, hatte ich mich zum Schreiben gesetzt, so hieß es No II abfüttern. Dazu noch die Misere eines Bohemelebens.«[3] In der wenigen Zeit, die ihr bleibt, widmet sie sich dem Lektürestudium und vertieft ihre Kenntnisse in marxistischer Theorie. Eine wichtige Erkenntnis, die sie daraus gewinnt, ist die Internationalität des Sozialismus: »Wenn die Ausbeutung international ist, dann muss auch die Solidarität der Arbeiter international sein.«[4] Ihr Leben lang wird sie Internationalistin bleiben.

Zu Beginn des Jahres 1888 erkrankt Ossip Zetkin schwer. Was als Rheumatismus diagnostiziert wird, erweist sich als unheilbare Erkrankung des Rückenmarks, die eine vollständige Lähmung der unteren Körperhälfte zur Folge hat. Clara muss nun nicht nur ihre Kinder versorgen, sondern auch ihren kranken Mann pflegen und den Lebensunterhalt für die Familie verdienen. Der französische Sozialist Charles Rappoport erzählt nach einem Besuch bei Familie Zetkin: »Das Elend der Familie war groß. Aber noch größer war Claras Mut, der sich zu einem Heldenmut steigerte, als der arme Ossip durch eine Lähmung ans Bett gefesselt war.«[5]

Doch aller Heldenmut ist vergebens. Im November 1888 geben die Ärzte den Kampf um Ossip Zetkins Leben verloren. Am 29. Januar 1889 tritt das für Clara Unvorstellbare ein: »Ich hatte die ganze Nacht durch gewacht, gearbeitet, Ossip gepflegt, seine Medizin gegeben. Gegen 5 früh empfand ich deutlich: der Tod griff nach dem Leben. Ich war allein mit dem Sterbenden u. den beiden kleinen Jungen. Ich weckte die Nachbarin auf dem gleichen Korridor u. bat sie, zum Arzt (…) zu gehen. Der Arzt erklärte, es sei das Letzte, Ossip sei schon ohne Bewusstsein. Er könne nur eins tun: ihn ins Bewusstsein zurückrufen, aber das würde mit großen physischen und psychischen Schmerzen verbunden sein. So hielt ich es für Pflicht u. Liebesbeweis, dass ich verzichtete, den Sterbenden ins Bewusstsein zurückrufen zu lassen. Es forderte viel Selbstüberwindung von mir ... Ich erlebte alles wie im Traum. Klar, bewusst war mir nur das Eine, Furchtbare, Unfassbare: Ossip stirbt. Abends nach 8 standen Herz u. Atem still. Es war mir, als müsse auch mein Leben still stehen.«[6]

Ossip Zetkin wird nur 39 Jahre alt. Obgleich vom Schmerz schier überwältigt, muss Clara weitermachen – die Kinder brauchen sie. Sie verfasst zahlreiche Artikel für französische, österreichische und deutsche Zeitungen, die das Interesse der Führer der deutschen Sozialdemokratie wecken. Bebel und Liebknecht übertragen ihr die Vertretung der deutschen Sozialdemokratie beim Vorbereitungskomitee des Internationalen Arbeiterkongresses 1889 in Paris, der zum Gründungskongress der II. Internationale wird. Am 19. Juli 1889 hält sie dort ihre erste große Rede. Sie spricht über die Frauenfrage und stellt die proletarische Frau in den Mittelpunkt. Als einen der wichtigsten Momente der Emanzipation sieht sie das Recht der Frau auf Erwerbsarbeit an. In ihrer Rede kritisiert sie die bürgerlichen Frauenrechtlerinnen, die Frauenwahlrecht, freie Berufswahl und Arbeitsschutzgesetze für Frauen innerhalb des herrschenden kapitalistischen Systems einfordern: »Wir erkennen gar keine besondere Frauenfrage an – wir erkennen keine besondere Arbeiterinnenfrage an! Wir erwarten unsere volle Emanzipation weder von der Zulassung der Frau zu dem, was man freie Gewerbe nennt, und von einem dem männlichen gleichen Unterricht – obgleich die Forderung dieser beiden Rechte nur natürlich und gerecht ist – noch von der Gewährung politischer Rechte. Die Länder, in denen das angeblich allgemeine, freie und direkte Wahlrecht existiert, zeigen uns, wie gering der wirkliche Wert desselben ist. Das Stimmrecht ohne ökonomische Freiheit ist nicht mehr und nicht weniger als ein Wechsel, der keinen Kurs hat. Wenn die soziale Emanzipation von den politischen Rechten abhinge, würde in den Ländern mit allgemeinem Stimmrecht keine soziale Frage existieren.

Die Emanzipation der Frau wie die des ganzen Menschengeschlechtes wird ausschließlich das Werk der Emanzipation der Arbeit vom Kapital sein. Nur in der sozialistischen Gesellschaft werden die Frauen wie die Arbeiter in den Vollbesitz ihrer Rechte gelangen.«[7] Erst später wird auch sie explizit für das Frauenstimmrecht eintreten, das 1891 ins SPD-Parteiprogramm aufgenommen wird.

Für Clara Zetkin ist die Frauenfrage ein Nebenwiderspruch im Klassenkampf. Die sozialen und ökonomischen Bedingungen, unter denen Frauen leben, sind dem Hauptwiderspruch zwischen Kapital und Arbeit untergeordnet. Die tatsächliche Emanzipation der Frau kann erst nach der Systemtransformation, sprich nach der Revolution, stattfinden. Erst der Sozialismus wird die tatsächliche Befreiung der Frau bringen. Dieser kann jedoch nur im Klassenkampf des gesamten Proletariats verwirklicht werden. Durch punktuelle Reformen für Frauen, besonders für Arbeiterinnen, würden diese vom Klassenkampf abgehalten und der Sozialismus letztlich verhindert. Diese Ansichten führen zu Auseinandersetzungen nicht nur mit der bürgerlichen Frauenbewegung, sondern auch mit den gemäßigten Vertreterinnen der sozialdemokratischen Frauenbewegung wie Lily Braun, die eine Vermittlung zwischen bürgerlicher und proletarischer Frauenbewegung versucht. Dies lehnt Clara Zetkin lange Zeit strikt ab. Erst als mit Anita Augspurg und Minna Cauer ein radikaler Flügel innerhalb der bürgerlichen Frauenbewegung entsteht, kommt es zu vorsichtigen Annäherungen. Dennoch bleibt für Clara Zetkin immer die Maxime: Von Fall zu Fall gemeinsam schlagen, aber dennoch getrennt marschieren. Die scharfen Auseinandersetzungen mit Lily Braun werden legendär und tragen dazu bei, dass Clara Zetkin bis heute auch im Ruf steht, eine unduldsame, autoritäre Dogmatikerin gewesen zu sein.

Durch ihre hervorragende Arbeit für den Kongress hat sie sich der deutschen Sozialdemokratie für größere Aufgaben empfohlen. Nach dem Ende der Sozialistengesetze 1890 kehrt Clara Zetkin nach Deutschland zurück. Noch im selben Jahr benennt sich die SAPD in SPD um. Clara lässt sich mit ihren Söhnen in Stuttgart nieder, misstrauisch beäugt von den Behörden. So schreibt der Stuttgarter Kriminalsekretär Roell am 4. Januar 1892 an die Königliche Stadtdirektion: »Am 24. Januar 1891 ist in hiesige Stadt angezogen: Eißner, Clara Josephine mit zwei unehelichen Kindern. Beide sind in Paris geboren und zwar das eine im Jahre 1883 und das andere im Jahre 1885. Beide Kinder besuchen die Hayersche Elementarschule Rotebühlstraße 33 ½ und sollen dieselben den Namen Zetkin führen, wozu die Eißner nicht berechtigt sein dürfte. Ich bringe hiermit die Eißner wegen unrichtiger Namensführung ihre Kinder zur Anzeige.«[8] Die Ermittlungen werden eingestellt.

Clara arbeitet für den Dietz Verlag, der auch das SPD-Theorieorgan *Die Neue Zeit* herausgibt, als Übersetzerin. 1892 überträgt man ihr die Herausgabe der sozialdemokratischen Frauenzeitung *Die Gleichheit – Zeitschrift für die Interessen der Arbeiterinnen*. Gleich in der ersten Ausgabe wendet sie sich gegen die formale juristische Gleichstellung von Frauen und Männern innerhalb des kapitalistischen Systems: »Die ›Gleichheit‹ (...) geht von der Überzeugung aus, dass der letzte Grund der jahrtausendealten niedrigen gesellschaftlichen Stellung des weiblichen Geschlechts nicht in der jeweils von Männern gemachten Gesetzgebung, sondern in den durch wirtschaftliche Zustände bedingten Eigentumsverhältnissen zu suchen ist. Mag man heute unsere gesamte Gesetzgebung dahin abändern, dass das weibliche Geschlecht rechtlich auf gleichen Fuß mit dem männlichen gestellt wird, so bleibt nichtsdestoweniger für die große Masse der Frauen (...) die gesellschaftliche Versklavung in härtester Form weiter bestehen: ihre wirtschaftliche Abhängigkeit von ihren Ausbeutern.«[9] *Die Gleichheit* wird zum Organ der proletarischen Frauenbewegung und kann ihre Auflage von anfänglich 2000 Exemplaren bis 1914 auf 125 000 Exemplare steigern. 1895 wird Clara Zetkin als erste Frau in die Kontrollkommission der SPD gewählt. 1896 stimmt die Partei auf dem Parteitag in Gotha ihrem Emanzipationsprogramm für die Arbeiterinnen zu. Sie reist nun in Sachen Frauenrecht durchs ganze Land, ist eine gefragte Rednerin und wird mit den Jahren eine der bekanntesten Sozialistinnen des Deutschen Reiches. 1896 dolmetscht sie auf dem Internationalen Sozialistischen Arbeiter- und Gewerkschaftskongress in London mit solcher Bravour, dass Alfred Kerr schreibt: »Man verliert keinen Augenblick das Bewusstsein, dass sie sehr ernst zu nehmen ist; dass man ein Menschenkind von ungewöhnlicher Leistungskraft vor sich hat. Sie steht in der Sache drin wie keine zweite.«[10] Und als sie auf einen Einspruch von französischer Seite charmant antwortet: »Bürger, wenn Ihr keine Rücksicht auf eine Mitkämpferin nehmt, nehmt Rücksicht auf eine Frau«[11], erhält sie Standing Ovations.

Clara Zetkin trägt eine dreifache Belastung mit Erwerbsarbeit, politischer Agitation und Kindererziehung. Doch das Verhältnis zwischen der Mutter und den Halbwaisen ist innig und liebevoll. Sie schafft es, dass beide Söhne das Gymnasium besuchen – und dass beide vom Religionsunterreicht befreit werden. »Die Gesellschaft ist nur verpflichtet, die Kinder tüchtig zu machen in dem, was sie für das diesseitige Leben gebrauchen. Für das Jenseits zu sorgen, soll Privatsache der Eltern sein«,[12] so ist ihre Ansicht. Sie hat ganz klar umrissene Vorstellungen von der Schule der Zukunft: Der Schulbesuch muss kostenfrei sein, ebenso wie Unterrichtsmaterial und Essen. Sie fordert die Abschaffung der Konfessionsschulen, ein Ende der Geschlechtertrennung, Einheitsschulen von der Vorschule bis zur Universität, die unabhängig von Geschlecht und sozialer Herkunft für alle offen sind, und sie tritt für ein nationales Schulsystem ein, für die Vereinheitlichung der Lehrpläne.

1896 tritt auch wieder ein Mann in ihr Leben. Sie lernt den 18 Jahre jüngeren Kunststudenten Friedrich Zundel kennen, mit dem sie zum Entsetzen der SPD-Parteiführung offen zusammenlebt. 1899 heiraten die beiden. Zundel macht sich alsbald als Kunstmaler einen Namen, sodass sich die Familie im nahen Sillenbuch den Traum eines großen Hauses am Waldrand verwirklichen kann. Obwohl von den Nachbarn zunächst beargwöhnt, schaffen es Clara und Friedrich, die Zuneigung der Sillenbucher zu gewinnen. Als nach dem Mord an Rosa Luxemburg 1919 Gefahr für Clara Zetkin besteht, sichern die Sillenbucher Tag und Nacht ihr Haus.

Um die Jahrhundertwende lernt Clara Rosa Luxemburg kennen. Dies ist der Beginn einer lebenslangen tiefen Freundschaft, die auch durch das Verhältnis Rosa Luxemburgs zu Kostja Zetkin nur eine vorübergehende Trübung erfährt. Die beiden Frauen werden zu den wichtigsten Theoretikerinnen der Linken in der SPD. In der später durch die reformorientierten Thesen Eduard Bernsteins ausgelösten Revisionismusdebatte werden beide entschieden für die Revolution eintreten. Rosa Luxemburg ist von da an ein häufiger Gast in Sillenbuch, ebenso wie Franz Mehring, Luise und Karl Kautsky, August Bebel und Alexandra Kollontai. 1907, anlässlich des Internationalen Sozialistenkongresses in Stuttgart, kommt auch Lenin. Clara Zetkin verlebt glückliche Jahre in Sillenbuch, auch wenn sie mit gesundheitlichen Problemen zu kämpfen hat. Mehrmals ist sie kurz davor, das Augenlicht zu verlieren. Sie wird operiert, doch die volle Sehkraft erlangt sie nicht wieder zurück. Zudem leidet sich zusehends an Kreislaufstörungen.

1907 übernimmt sie die Leitung des neu gegründeten Frauensekretariats der SPD. Noch im selben Jahr wird im Zuge der I. Internationalen Sozialistischen Frauenkonferenz in Stuttgart ein Internationales Frauensekretariat beschlossen, dessen Sekretärin Clara wird. Auf ihren Antrag hin wird dabei folgende Resolution verabschiedet: »Die sozialistischen Parteien aller Länder sind verpflichtet, für die Einführung des allgemeinen Frauenwahlrechts energisch zu kämpfen. Daher sind insbesondere auch ihre Kämpfe für Demokratisierung des Wahlrechts (...) zugunsten des Proletariats als Kämpfe für das Frauenwahlrecht zu führen, das energisch zu fordern und in der Agitation wie im Parlament mit Nachdruck zu vertreten ist. (...) Pflicht der sozialistischen Frauenbewegung in allen Ländern ist es, sich an allen Kämpfen, welche die sozialistischen Parteien für die Demokratisierung des Wahlrechts führen, mit höchster Kraftentfaltung zu beteiligen, aber auch mit der nämlichen Energie dafür zu wirken, dass in diesen Kämpfen die Forderung des allgemeinen Frauenwahlrechts nach ihrer grundsätzlichen Wichtigkeit und praktischen Tragweite ernstlich verfochten wird.«[13] Zwar sieht Clara Zetkin auch jetzt im Wahlrecht nicht die Lösung für die Unterdrückung der Frau, die auf dem kapitalistischen Wirtschaftssystem beruht, aber sie glaubt daran, dass das Frauenstimmrecht ein Mittel zur Überwindung dieses Systems sei.

Bei der II. Internationalen Sozialistischen Frauenkonferenz 1910 in Kopenhagen ist das Frauenstimmrecht der zentrale Beratungspunkt. Hier wird auf Clara Zetkins Vorschlag hin der Internationale Frauentag ins Leben gerufen: »Im Einvernehmen mit den klassenbewussten politischen und gewerkschaftlichen Organisationen des Proletariats in ihrem Lande veranstalten die sozialistischen Frauen aller Länder jedes Jahr einen Frauentag, der in erster Linie der Agitation für das Frauenwahlrecht dient. (...) Der Frauentag muss einen internationalen Charakter tragen und ist sorgfältig vorzubereiten.«[14] Am ersten Internationalen Frauentag am 19. März 1911 finden allein in Berlin 41 Versammlungen zum Frauenwahlrecht statt.

Clara Zetkins Einsatz für Frauenrechte ist innerhalb der Partei nicht unumstritten. Auch die Sozialdemokraten sind Kinder des wilhelminischen Zeitgeists und als solche stehen sie den Emanzipationsbestrebungen der Frauen mehr als skeptisch gegenüber. In den Führungsgremien der SPD sind Frauen kaum vertreten, bei Parteitagen spielen sie eine mehr als untergeordnete Rolle. Frauen wie Rosa Luxemburg und Clara Zetkin, die sich öffentlich zu Wort melden, sind eine absolute Ausnahme. Auch bei den Genossen herrscht Antifeminismus und Clara und Rosa, die sich selbst als die letzten verbliebenen Männer der Sozialdemokratie bezeichnen, sind vielen ein Dorn im Auge. Als Clara Zetkin für die proletarische Frauenbewegung größere Unabhängigkeit von der Partei fordert, werden die Auseinandersetzungen zwischen ihr und dem SPD-Parteivorstand heftiger: »Die Genossen (...) fassen die gemeinschaftliche Organisation vielfach ganz äußerlich und roh schematisch auf.

Hinter jeder notwendigen oder nützlichen selbständigen Lebensäußerung der Genossinnen wittern sie Quertreibereien und Sonderbündelei. (...) Doch ist meiner festen Überzeugung nach das oben erwähnte Maß von Selbständigkeit und Bewegungsfreiheit ein solches Lebensbedürfnis für die sozialistische Frauenbewegung, dass seine Verwirklichung sich unbedingt durchsetzen muss, welches auch immer die Form der Organisation sei«,[15] schreibt Clara Zetkin in einem Brief.

Bei Ausbruch des Ersten Weltkrieges bleibt Clara Zetkin im Gegensatz zu vielen ihrer Genossen sich und ihren Idealen treu. Sie hält an ihrem jahrelangen Einsatz für den Frieden fest. Dies schafft ihr viele Feinde. Am 2. August 1914 wird ihr Haus in Sillenbuch zum ersten Mal von der Polizei durchsucht. Als zwei Tage später ihre Partei im Reichstag den Kriegskrediten zustimmt, bricht für sie eine Welt zusammen: »Das Verhängnisvollste der gegenwärtigen Situation ist, dass der Imperialismus alle Kräfte des Proletariats, alle Einrichtungen und Waffen, die seine kämpfende Vorhut für den Befreiungskampf geschaffen hat, in den Dienst seiner Zwecke genommen hat. Dass er dies so restlos tun konnte, daran trägt die Sozialdemokratie die Hauptschuld und Hauptverantwortlichkeit vor der Internationale und der Geschichte.«[16] Clara und *Die Gleichheit* schließen sich der Burgfriedenspolitik der SPD nicht an. Dies hat die Beschlagnahmung einzelner Ausgaben sowie strengste Zensur zur Folge. Dennoch denkt Clara nicht daran, auf die offizielle Parteilinie einzuschwenken. Einer, der das ebenfalls nicht will, ist der Reichstagsabgeordnete Karl Liebknecht, der am 2. Dezember 1914 als erster Abgeordneter seiner Partei bei der zweiten Abstimmung seine Bewilligung zu den Kriegskrediten verweigert.

Der Erste Weltkrieg ist das Ende der II. Internationale. Eine Welle des Nationalismus macht alle internationalistischen Bekenntnisse obsolet. Nicht so für Clara Zetkin: »Es war mir klar, dass ich als Internationale Sekretärin sobald als möglich danach trachten musste, die Verbindungen wiederherzustellen, die Genossinnen zu sammeln und für eine gemeinsame Aufgabe wieder in Reih und Glied zu stellen. Ich war weiter nicht im Zweifel darüber, dass es zunächst nur eine solche gemeinsame Aufgabe geben könne: die Arbeit, den Kampf für den Frieden. (...) Meiner Ansicht nach ist es das stolze Vorrecht und die Ehrenpflicht der Sozialistischen Fraueninternationale, jetzt, in dem Kampf für den Frieden, den Frauen aller Klassen und Länder weckend und führend voranzugehen.«[17] Im März 1915 organisiert sie in Bern die Internationale Sozialistische Frauenkonferenz, an der Delegierte aus acht Ländern teilnehmen. Ihr dafür verfasster Appell an die Frauen der Welt wird hunderttausendfach in ganz Europa verbreitet: »Ihr Frauen, die ihr neben der nagenden Sorge um eure Lieben im Felde daheim Not und Elend ertragt, worauf wartet ihr noch, um euren Willen zum Frieden, euren Protest gegen den Krieg zu erheben? Was schreckt ihr zurück? Bisher habt ihr für eure Lieben geduldet, nun gilt es, für eure Männer, für eure Söhne zu handeln. (...) Die ganze Menschheit blickt auf euch, ihr Proletarierinnen der kriegsführenden Länder. Ihr sollt die Heldinnen, ihr sollt die Erlöserinnen werden!«[18] Sie weiß gut, wovon sie spricht – beide Söhne stehen inzwischen im Feld.

Clara Zetkin wird eine der führenden Propagandistinnen gegen den Krieg. Als Rosa Luxemburg 1915 die erste Ausgabe der *Internationale* herausgibt, ist Clara Zetkin mit von der Partie. Am 29. Juli 1915 wird sie wegen versuchten Hochverrats verhaftet. Erst nach drei Monaten wird sie aufgrund gesundheitlicher Schwierigkeiten wieder entlassen. Sie bleibt unter polizeilicher Überwachung. 1916 wird sie Mitglied der von Rosa Luxemburg und Franz Mehring gegründeten innerparteilichen Oppositionsgruppe der SPD, der Gruppe Internationale, die sich später nach ihrem Organ, den *Spartakusbriefen*, in Spartakusbund umbenennt. Während sie politisch an allen Fronten kämpft, erlebt sie ein persönliches Drama: Ihre Ehe mit Friedrich Zundel scheitert, auch an unterschiedlichen Weltanschauungen. Zundel wendet sich Paula Bosch, der Tochter des mit Clara befreundeten Stuttgarter Industriellen Robert Bosch, zu. 1928 wird die Ehe nach langer Trennung geschieden. Um Claras Gesundheit steht es erneut nicht zum Besten. Immer wieder muss sie Veranstaltungen absagen, da sie das Haus nicht verlassen kann.

1917 tritt sie der USPD bei. In dieser im April gegründeten Partei treffen sich die Kriegsgegner in der SPD. Auch der Spartakusbund schließt sich an. Nun finden sich Radikale wie Rosa Luxemburg plötzlich Seite an Seite mit Revisionisten wie Eduard Bernstein wieder. Die SPD reagiert prompt und entzieht Clara nach 27 Jahren die Herausgabe der *Gleichheit*. Dies ist der Anfang vom Ende der *Gleichheit*. Nur wenige Jahre später wird die Zeitung eingestellt.

Als im Oktober 1917 die Bolschewiki in Russland die Macht übernehmen, ist Clara Zetkin begeistert. Im Gegensatz zu Rosa Luxemburg unterstützt sie deren Aktionen zur Durchsetzung des Sozialismus vorbehaltlos. Voll tiefer Bewunderung schreibt sie an Lenin: »Mit leidenschaftlichem Interesse, mit angehaltenem Atem verfolge ich die Nachrichten aus Russland. Dort geht es um der Menschheit große Dinge, dort ist das Leben wert, gelebt zu werden. Möchtet Ihr Kommunisten so siegreich sein, wie Ihr kühn und opferfreudig seid, möchten die Proletarier aller Länder endlich Eurer, endlich der russischen Proletarier und Massen würdig werden.«[19]

Während der Novemberrevolution 1918 in Deutschland ist Clara Zetkin zu Hause. Zwar spricht sie verschiedentlich in Stuttgart, doch die dramatischen Ereignisse in Berlin verfolgt sie nur aus der Ferne. Nicht einmal zur Gründung der KPD zum Jahreswechsel kann sie aufgrund ihres schlechten Allgemeinzustandes anreisen. Dennoch tritt sie der Partei bei. Als im Januar 1919 in Berlin der Spartakusaufstand losbricht, fürchtet Clara zu Recht um das Leben ihrer Freundin Rosa Luxemburg. Am 13. Januar verfasst sie voller Sorge einen Brief: »Ach, Rosa, welche Tage! Vor meinem Geist steht die geschichtliche Größe und Bedeutung Deines Handelns. Aber das Wissen darum vermag die Stimme meines Herzens nicht zu übertäuben. Nicht zu übertäuben meine qualvollen Sorgen und Ängste um Dich, nicht zu übertäuben das Gefühl des Schmerzes, der Schmach, dass ich nicht bei Dir bin, Deinen Kampf nicht teile, Dein Los und vielleicht Deinen Tod. (...) Meine liebste, meine einzige Rosa, ich weiß, Du wirst stolz und glücklich sterben. Ich weiß, Du hast Dir nie einen besseren Tod gewünscht, als kämpfend für die Revolution zu fallen. Aber wir? Können wir Dich entbehren?«[20] Der Brief wird seine Empfängerin nicht mehr erreichen. Zwei Tage später werden Rosa Luxemburg und Karl Liebknecht von Soldaten brutal ermordet. Clara Zetkin ist am Boden zerstört über den grausamen und sinnlosen Tod der Freundin: »Ich begreife es nicht, dass das Leben ohne Karl und Rosa seinen Gang weitergehen kann, dass draußen die Sonne scheint. (...) Werden wir es tragen können, ohne die beiden, ohne Rosa zu leben? Der Versuch, es zu tun, hat für mich nur einen Sinn, dem Leben diesen Inhalt zu geben: im Geist der beiden unter den Massen und mit den Massen zu arbeiten und zu kämpfen, darüber zu wachen, dafür zu sorgen, dass der Geist der Gemeuchelten führend bleibt. Das ist Rosas Testament für mich.«[21]

Clara Zetkin macht weiter, stürzt sich mit aller Kraft ins politische Geschehen. Sie gründet eine neue Frauenzeitschrift unter dem Dach der KPD, *Die Kommunistin*. Von 1920 bis 1933 sitzt sie für die KPD im Reichstag. 1921 wird sie Präsidentin der Internationalen Arbeiterhilfe. In der KPD ist sie bis 1921 Angehörige der Zentrale. Zudem ist sie von 1921 bis 1933 Mitglied des Exekutivkomitees der Kommunistischen Internationale (EKKI) und ab 1924 Präsidentin der Roten Hilfe Deutschlands. Trotz ihrer vielen Posten sitzt sie in der KPD oft zwischen allen Stühlen. Galt sie vorher dem linken Flügel der SPD zugehörig, so vertritt sie in der KPD eher den rechten Flügel, der die ideologischen Vorgaben der Komintern und der Sowjetunion kritisch hinterfragt. So geißelt sie zum Beispiel nach der Märzaktion der Arbeiter in Sachsen 1921, bei der über 100 Menschen den Tod finden, die von der Komintern propagierte Offensivstrategie als reinen Putschismus: »Internationale Disziplin und Solidarität sind nicht gleichbedeutend mit dem kritiklosen Beifallsklatschen und dem blinden Parieren, das auf selbständiges Urteil verzichtet. Je stärker das Bewusstsein revolutionärer Pflicht ist, um so weniger wird sich der revolutionäre Kämpfer als Stipendiat fühlen, der über Nacht auf Befehl Einsicht und Charakter verliert. Diese Auffassung bedingt meine Haltung.«[22]

Trotzdem bleibt sie eine Anhängerin der Bolschewiki. Im September 1920 besucht sie zum ersten Mal die Sowjetunion. Obwohl sie die bittere Armut der Menschen sieht, schwärmt sie vom Heldenmut der Proletarier. Sie trifft erneut mit Lenin zusammen, dessen bescheidener Lebensstil großen Eindruck auf sie macht. Es ist der Beginn einen engen Freundschaft, die bei vielen weiteren Besuchen vertieft werden wird. Ihr internationales Ansehen wächst mit den Jahren ins schier Unermessliche und vor allem in der UdSSR wird sie zu einer der angesehensten Persönlichkeiten des Sozialismus.

Dies ist umso erstaunlicher, als sie bei einer Tagung des Exekutivkomitees der Komintern in Moskau mit ihren Thesen zum Klassencharakter des Faschismus, der im Jahr zuvor in Italien an die Macht gekommen war, gegen die offizielle Linie verstößt. Für sie ist der Faschismus keineswegs die Angstreaktion des Kapitals auf die Bedrohung durch den Sozialismus. Für sie hat der Faschismus »eine andere Wurzel. Es ist das Stocken, der schleppende Gang der Weltrevolution infolge des Verrats der reformistischen Führer der Arbeiterbewegung. Ein großer Teil der proletarisierten und von der Proletarisierung bedrohten klein- und mittelbürgerlichen Schichten, der Beamten, bürgerlichen Intellektuellen hatte die Kriegspsychologie durch eine gewisse Sympathie für den reformistischen Sozialismus ersetzt. Sie erhofften vom reformistischen Sozialismus dank der ›Demokratie‹ eine Weltwende. Diese Erwartungen sind bitter enttäuscht worden. (...) So kam es, dass sie nicht bloß den Glauben an die reformistischen Führer verloren, sondern an den Sozialismus selbst.«[23]

Clara Zetkin lehnt die parlamentarische Demokratie der Weimarer Republik als Klassendiktatur der Bourgeoisie ab. Trotzdem widerspricht sie der stalinschen Sozialfaschismustheorie, welche die Sozialdemokratie zum linken Flügel des Faschismus abstempelt und so die notwenige Einheitsfront gegen den Nationalsozialismus verunmöglicht. Damit stellt sie sich offen gegen Stalin, den sie verachtet, ja hasst. Dass die KPD ihm blind folgt und alle interne Opposition mundtot macht, ist für sie eine der großen Tragödien ihres Lebens: »Die Entwicklung ist katastrophal. Die ›Linie‹ (Stalins) vernichtet alles, was Marxens Theorie gelehrt, was Lenins Praxis als geschichtlich richtig erwiesen hat.«[24]

Ihre letzten Lebensjahre verbringt sie schreibend und arbeitend vor allem in der UdSSR. Im August 1932 kehrt sie zu ihrem letzten großen Auftritt nach Deutschland zurück. Als Alterspräsidentin des Deutschen Reichstags führt sie den Vorsitz auf der konstituierenden Sitzung des Reichstags vom 30. August 1932. Geschwächt und fast blind, aber dennoch tapfer und entschlossen ruft die 75-Jährige umringt von Abgeordneten in SA- und SS-Uniformen in ihrer Eröffnungsrede zum Widerstand gegen die braune Brut auf: »Das Gebot der Stunde ist die Einheitsfront aller Werktätigen, um den Faschismus zurückzuwerfen, um damit den Versklavten und Ausgebeuteten die Kraft und die Macht ihrer Organisationen zu erhalten, ja sogar ihr physisches Leben. Vor dieser zwingenden geschichtlichen Notwendigkeit müssen alle fesselnden und trennenden politischen, gewerkschaftlichen, religiösen und weltanschaulichen Einstellungen zurücktreten. Alle Bedrohten, alle Leidenden, alle Befreiungssehnsüchtigen gehören in die Einheitsfront gegen den Faschismus und seine Beauftragten in der Regierung.«[25] Welchen Mut ihr diese Rede abverlangt, kann man nur schwer ermessen. Tage zuvor war sie bereits von NS-Kampfblättern bedroht und beschimpft worden. Goebbels Propagandablatt *Der Angriff* hatte die alte Dame gar als »Sau« bezeichnet.

Nach ihrer Rede kann sie den Reichstag nur mehr verkleidet durch den Hintereingang verlassen.

Sie geht ins Exil in die UdSSR nach Archangelskoje, wo sie am 20. Juni 1933 im Alter von fast 76 Jahren stirbt. 400 000 Menschen erweisen ihr die letzte Ehre. Stalin, den sie verabscheut hatte, ist einer der Sargträger. Clara Zetkins Urne wird an der Kremlmauer beigesetzt, dort, wo die Führer der Sowjetunion begraben sind. Mit ihr wird eine Frau zu Grabe getragen, die wie kaum eine andere die Arbeiterbewegung in Deutschland geprägt hat und über die Helene Stöcker, die als Mitglied der bürgerlichen Frauenbewegung gewiss nicht zu ihren Anhängerinnen gehört hatte, schrieb: »Wo man auch stehen mag, diese Tapferkeit, diese Leidenschaft in der Hingabe an die Sache, die absolute Integrität des Charakters, diese warme Menschlichkeit, muss jeden mit Verehrung erfüllen.«[26]

VII
Votes for Women!
Emmeline Pankhurst (1858–1928), die Queen der Suffragetten

»Männer und Frauen, die zur Zeit eines großen Kampfes
für die menschliche Freiheit geboren werden,
sind vom Glück begünstigt.«[1]

Emmeline Pankhurst ist die berühmteste der englischen Suffragetten. Gemeinsam mit ihren Töchtern Christabel und Sylvia prägte sie das Gesicht der militanten Frauenstimmrechtsbewegung, die um die Jahrhundertwende das Empire gehörig erschütterte. Vornehme Ladys in eleganten Garderoben erklärten der britischen Regierung den Krieg und führten diesen mit aller Härte und oftmals dramatischen Konsequenzen für Leib und Leben. An ihrer Spitze stand die Witwe Emmeline Pankhurst. Die begnadete Rednerin und mutige Kämpferin wurde zur Personifizierung der Bewegung schlechthin. Nicht zuletzt das Emmeline-Pankhurst-Denkmal vor den Houses of Parliament in London gibt Zeugnis davon, dass sie eine der außergewöhnlichsten Frauengestalten des letzten Jahrhunderts war.

Emmeline Pankhurst wird am 29. September 1858 in Manchester in eine wohlhabende Unternehmerfamilie hineingeboren. Sie wächst zusammen mit zehn Geschwistern in einer sehr politischen Familie auf. Ihre Eltern, Robert Goulden und Sophia Jane Crane, sind begeisterte Anhänger der Liberalen und stehen stets auf Seiten der Unterprivilegierten. Mit großem Einsatz treten sie für Freiheits- und Bürgerrechte ein. Sie engagieren sich in der abolitionistischen Bewegung für die Abschaffung der Sklaverei und kämpfen an der Seite Richard Cobdens in der Anti-Cornlaw-League gegen die Getreidezollgesetze, die in ihren Augen verantwortlich für die hohen Brotpreise sind, unter denen das Volk zu leiden hat. Aus der Idee, dass nur der Freihandel die Preise senken und das Elend beseitigen kann, entwickelt sich später die nationalökonomische Schule des Manchester Liberalismus, der im Freihandel den Schlüssel zum Wohlstand und im Protektionismus die Ursache des Massenelends sieht.

Die Kinder werden in einem liberalen und kritischen Geist erzogen. Die Gute-Nacht-Geschichten im Hause Goulden entstammen allesamt Harriet Beecher Stowes berühmtem Roman *Onkel Toms Hütte*. Emmeline Pankhurst erinnert sich später daran, dass sie bereits als Fünfjährige mit den Begriffen Sklaverei und Emanzipation umgehen konnte: »Ich bin sicher, dass diese Geschichten neben den Wohltätigkeitsbasaren, den Geldsammlungen und Unterschriftenlisten, von denen ich immer so viel hörte, einen bleibenden Eindruck auf meinen Verstand und meinen Charakter gemacht haben. Sie erweckten in mir die zwei Empfindungen, für die ich mein ganzes Leben besonders empfänglich war: erstens Bewunderung für jene kämpferische Gesinnung und heldenmütige Aufopferung, durch die allein unsere Zivilisation erhalten wird; und zweitens, gleich danach, Hochschätzung für die sanftere Haltung, die die Verwüstungen des Krieges mildern und heilen möchte.«[2]

Die kleine Emmeline wächst sorgenlos und mit allen Annehmlichkeiten ihrer Klasse auf. Am allerliebsten liest sie. Sie fühlt sich wohl in dem großen Haus mit den vielen Gästen. Nur wenn es um ihre Erziehung geht, auf die nicht dasselbe Augenmerk gelegt wird wie auf die ihrer Brüder, dann merkt sie, dass etwas anders ist: »Meine Eltern, besonders mein Vater, besprachen das Problem der Erziehung meines Bruders als eine Angelegenheit von wirklich großer Wichtigkeit. Meine Erziehung und die meiner Schwester wurden dagegen fast überhaupt nicht diskutiert. (...) Ich wunderte mich sehr, weshalb ich so besonders verpflichtet sein sollte, das Zuhause für meine Brüder gemütlich zu machen.«[3]

Die Frauenfrage ist in diesen Jahren vor allem eine Bildungsfrage. Frauenbildung ist in erster Linie darauf ausgerichtet, an welchem Platz die Frau sich zukünftig zu bewähren hat. Die Ausbildung zwischen den Gesellschaftsschichten ist sehr unterschiedlich. Bis 1870 werden Arbeiterinnen in Fabrikschulen erzogen. Die Kinder der Armen gehen im Arbeitshaus zur Schule. Angehörige der Mittelklasse werden in Privatinstituten auf ein Leben als Hausfrau und Mutter vorbereitet oder zu Hause unterrichtet. Die meisten Mädchen besuchen kirchliche Schulen, in denen ihnen kein kritisches Hinterfragen, sondern die stumme Hinnahme ihres Schicksals als Frau vermittelt wird. Erst im Education Act von 1870 übernimmt der Staat das diffuse Mädchenbildungssystem und vereinheitlicht es mit dem Ergebnis, dass gegen Ende des 19. Jahrhunderts 97 Prozent aller Kinder in England lesen und schreiben können.

Die Atmosphäre im Haus Goulden ist geprägt vom Einsatz der Eltern für das allgemeine Wahlrecht, sprich auch für die Einführung des Frauenstimmrechts. 1866 wird auf der Insel zum zweiten Mal in diesem Jahrhundert ein Wahlrechtsreformgesetz verabschiedet. Bereits 1832 war im First Reform Act das Wahlrecht ausgeweitet worden. Jetzt sollen alle Haushaltsvorstände, die zehn Pfund und mehr Jahresmiete bezahlen, sich ebenfalls an den Parlamentswahlen beteiligen dürfen. Noch während der Debatte im Unterhaus bringt der Abgeordnete und Philosoph John Stuart Mill einen Antrag ein, wonach auch weibliche Haushaltsvorstände in das Gesetz miteinbezogen werden sollen. Der Antrag scheitert mit 194 zu 73 Stimmen. Bei den nächsten Wahlen verliert Mill seinen Unterhaussitz, doch 1869 veröffentlicht er den Essay »Die Hörigkeit der Frau«, in dem er die »Natur der Frau« als etwas Künstliches anprangert, das einzig und allein der Aufrechterhaltung des patriarchalen Systems und der Unterdrückung der Frau dient: »Was man aber jetzt die Natur der Frauen nennt, ist etwas durch und durch künstlich Erzeugtes – das Resultat erzwungener Niederhaltung nach der einen, unnatürlicher Anreizung nach der anderen Richtung. Bei keiner anderen Klasse von Abhängigen, das darf man dreist behaupten, ist der Charakter der Unterdrückten durch die Beziehung zu ihren Gebietern so gänzlich seiner ursprünglichen Anlage entfremdet worden, wie dies bei den Frauen der Fall ist.«[4]

Mills Aufsatz wird einer der wichtigsten Texte der Frauenstimmrechtsbewegung, die sich in jenen Jahren zum ersten Mal als Bewegung organisiert. Eine der zentralen Persönlichkeiten der ersten Jahre ist Lydia Becker, die Emmeline als 14-Jährige bei einer Stimmrechtsveranstaltung erlebt. Frauen, die in der Öffentlichkeit sprechen, sind damals noch ein absolutes Novum und nicht gern gesehen. Der böse Spruch macht die Runde, es gebe jetzt drei Geschlechter: Frauen, Männer und Lydia Becker. Auf die junge Emmeline jedoch macht die mutige Frau großen Eindruck. Ihr Interesse am Frauenstimmrecht wächst. Doch bevor sie ihr Leben voll Begeisterung dem Kampf ums Frauenstimmrecht weiht, geht sie zunächst nach Paris an eine für ihre Reformpädagogik berühmte Erziehungsanstalt, auf der sie drei Jahre verbringt. Erst nach ihrer Rückkehr beginnt sie aktiv in der Frauenstimmrechtsbewegung mitzuarbeiten.

Hierbei lernt sie ihren späteren Mann, Dr. Richard Pankhurst kennen. Der 43-jährige Rechtsanwalt setzt sich seit vielen Jahren für das Frauenstimmrecht ein und hat unter anderem eine Gesetzesvorlage zur Verleihung des Wahlrechts für Frauen formuliert, die 1870 im Unterhaus eingebracht worden war. Trotz des enormen Altersunterschieds heiraten die beiden 1879. Es wird eine glückliche Ehe, die all diejenigen Lügen straft, die darüber spotten, dass die Frauenrechtlerinnen nichts als unzufriedene, zänkische Weiber seien, enttäuscht von einem Leben ohne Liebe: »Mein Leben und meine Beziehungen in Ehe und Familie waren so ideal, wie das in dieser unvollkommenen Welt nur möglich ist«,[5] schreibt Emmeline resümierend. Fünf Kinder, Christabel, Sylvia, Frank, Adela und Harry, gehen aus dieser Ehe hervor. Finanziell sieht es nicht immer rosig für die Familie aus. Zum einen kann Emmeline nicht mit Geld umgehen, zum anderen verscherzt es sich Richard durch sein politisches Engagement immer wieder bei Mandanten. Beide Pankhursts sind Mitglieder der Liberalen Partei, Richard bewirbt sich mehrfach erfolglos als Kandidat für das Unterhaus und ermutigt auch seine Frau zu politischer Aktivität: »Dr. Pankhurst wünschte nicht, dass ich mich in eine Haushaltsmaschine verwandelte. Es war seine feste Überzeugung, dass Gesellschaft und Familie ohne die Mitarbeit der Frauen nicht auskommen können.«[6]

Emmeline engagiert sich für das Frauenwahlrecht und wird Mitglied in einem Komitee, das die Eigentumsrechte der Frau verbessern will. Frauen haben im viktorianischen England kein Recht auf Eigentum. Für sie gilt nach dem Common Law, dass sie weder über ihr Eigentum, noch über geerbtes oder selbst verdientes Geld verfügen dürfen. Dies bleibt selbst dann so, wenn sich die Partner trennen. Eine Frau hat keinerlei Zugriff auf ihr Vermögen und steht im Falle einer Scheidung völlig mittellos da. Erst mit den Married Women's Property Acts (1870 und 1882) wird der Weg frei für eine Modifizierung des Eherechts. Damit erwerben Frauen das Recht auf sowohl vor als auch in der Ehe erworbenes Eigentum. Die Änderung des Eigentumsrechtes innerhalb der Ehe führt dazu, dass Frauen ein Stück Unabhängigkeit gewinnen.[7]

Ihrem Einsatz für das Frauenstimmrecht ist weniger Erfolg beschieden. 1884 kommt es zur dritten Wahlrechtsreform in Großbritannien. Weitere Männer erhalten das Stimmrecht, Frauen gehen erneut leer aus. Zahlreiche Besitzerinnen großer Ländereien erleben jetzt, wie ihre männlichen Vorarbeiter wählen dürfen, während sie auch weiterhin nur zusehen können. Die Frauenstimmrechtsbewegung kommt damit fürs Erste zum Erliegen.

1885 zieht die Familie nach London, wo ihr Haus bald zu einer Anlaufstelle für Menschen mit progressiven politischen Ideen wird. Keir Hardie, der Gründer der Independent Labour Party, geht hier ebenso ein und aus wie der Arts-and-Crafts-Künstler William Morris oder Eleanor Marx, die Tochter von Karl Marx. Die Pankhursts schließen sich der 1884 gegründeten Fabian Society an. Diese Intellektuellenbewegung, der unter anderen George Bernhard Shaw, H.G. Wells, Bertrand Russell, John Maynard Keynes sowie Sidney und Beatrice Webb angehören, will zum Sozialismus durch Reform, nicht durch Revolution. 1894 ruft die Gruppe die London School of

Economics and Political Science ins Leben und ist später aktiv an der Gründung der Labour Party beteiligt.

In jenen Jahren ist das Frauenstimmrecht nur eines von verschiedenen Reformvorhaben, für die sich Emmeline Pankhurst einsetzt. Im großen Streik der Streichholzfabrikarbeiterinnen von Bryant und May steht sie an vorderster Front, als es um die Verbesserung der lebensgefährlichen Arbeitsbedingungen geht. Weil es finanziell um die Familie in jenen Jahren schlecht bestellt ist, versucht sich Emmeline als Unternehmerin und eröffnet ein Modeartikelgeschäft namens »Emersons«. Doch sie erleidet finanziellen Schiffbruch.

1893 kehrt die Familie nach Manchester zurück. Hier werden die Eltern Mitglieder der neu gegründeten Independent Labour Party, auf deren Liste Richard Pankhurst 1895 erneut für einen Unterhaussitz kandiert. Auch dieses Mal verliert er die Wahl. Emmeline wendet sich fern vom Frauenstimmrechtszentrum London einer neuen Aufgabe zu. 1894 lässt sie sich in den Ausschuss für Armenrechtspflege wählen. In ihrer Zeit als Armenrechtspflegerin wird sie, die in relativ stabilen Verhältnissen lebt, nicht nur mit der unvorstellbaren Armut der Industriestadt Manchester konfrontiert, sondern sie macht auch die Entdeckung, dass es vor allem Frauen sind, die in den englischen Armenhäusern dahinvegetieren. Witwen, alleinerziehende Mütter, alte Frauen ohne Rente – sie alle werden benachteiligt in einem System, in dem Frauen als Staatsbürger zweiter Klasse betrachtet werden. Die Erfahrungen dieser Jahre bestärken sie in ihrem Kampf für das Frauenwahlrecht: »Ich hatte geglaubt, bevor ich eine Armenrechtspflegerin wurde, eine überzeugte Wahlrechtlerin zu sein, aber jetzt begann ich das Wahlrecht für Frauen nicht nur als unser Recht, sondern als eine verzweifelte Notwendigkeit zu betrachten. Diese armen, hilflosen Mütter und ihre Babies haben sicherlich eine wichtige Rolle bei meiner Entwicklung zur Kämpferin gespielt. (...) Ich bin überzeugt, dass die wahlberechtigten Frauen viele Wege finden werden, um den Fluch der Armut wenigstens zu verringern.«[8]

1898 stirbt Richard Pankhurst plötzlich an einem Geschwür. Für seine Frau ist sein Tod ein schmerzlicher Verlust, den sie niemals ganz überwinden wird. Sie gibt ihr Ehrenamt als Armenrechtspflegerin auf und übernimmt die bezahlte Stellung einer Standesbeamtin für Geburten und Todesfälle. Erneut wird sie mit dem Schicksal von Frauen konfrontiert: Kinder, die Mütter werden, Frauen mit unehelichen Kindern, die aus Missbrauch oftmals innerhalb der eigenen Familie stammen, Kindsmörderinnen. Sie ist entsetzt: »Ich brauchte danach nur noch eine weitere Erfahrung, nur noch einen weiteren Berührungspunkt mit dem Leben meiner Zeit und der Stellung der Frauen in ihm, um von folgendem überzeugt zu sein: Falls sich die Zivilisation in Zukunft überhaupt weiterentwickeln soll, dann kann das nur mit Hilfe von Frauen geschehen, von Frauen, die von ihren politischen Fesseln befreit sind, von Frauen mit dem vollen Recht, auch ihren Willen in der Gesellschaft durchzusetzen.«[9]

Dieses letzte, entscheidende Erlebnis beschert ihr die Rolle als Mitglied der städtischen Schulkommission in Manchester, zu dem sie 1900 gewählt wird. Denn auch hier erkennt sie rasch, dass Frauen in allen Bereichen benachteiligt sind. Nicht nur, dass Männer in allen Gremien die meisten Sitze haben und mehr verdienen als ihre Kolleginnen, bleibt die Schulausbildung für Mädchen noch immer weit gegenüber der von Knaben zurück. Ihr wird klar, nur durch die Mitbestimmung von Frauen wird sich die Lage der Frauen verbessern. Nur wenn Frauen an der Gesetzgebung beteiligt sind, würden auch Gesetze zum Wohle der Frauen erlassen werden.

Gegen Ende des 19. Jahrhunderts versuchen die Aktivistinnen die zersplitterte Frauenstimmrechtsbewegung zu reorganisieren und gründen 1897 die National Union of Women's Suffrage Societies (NUWSS), unter der sich 17 Frauenstimmrechtsverbände vereinigen. In Abgrenzung zu den militanten Suffragetten bekommen ihre Mitglieder den Namen Suffragisten.[10] Langjährige Präsidentin der Organisation wird Millicent Fawcett, deren politische Überzeugung, dass die NUWSS sich nicht allein mit dem Frauenstimmrecht beschäftigen, sondern sich generell für soziale Reformen einsetzen soll, den Verband prägen. Die Methoden, mit denen die Suffragisten das Frauenwahlrecht erringen wollen, sind legal und gewaltfrei und bestehen vor allem in parlamentarischer Lobbyarbeit. Die NUWSS wird die mitgliederstärkste Gruppierung der Frauenstimmrechtsbewegung. Zu Beginn des Ersten Weltkrieges hat sie 100 000 Mitglieder. Dies ist ein Vielfaches mehr, als der Verband hat, der das Bild der Frauenstimmrechtlerinnen in England dominieren wird.

Auch Emmeline Pankhurst schließt sich der NUWSS an und versucht zunächst auf legalem Wege ihr Ziel zu erreichen. Doch nachdem die Lobbyarbeit der NUWSS nicht zum Erfolg führt, wächst die Unzufriedenheit. Eine Gruppe um Emmeline setzt auf eine neue Strategie der bewussten Regelüberschreitung, die sie in einer neuen Organisation in die Tat umsetzen wollen. »Taten, nicht Worte« lautet ihr Motto. Am 10. Oktober 1903 gründet Emmeline Pankhurst mit ihren Töchtern Christabel und Sylvia in ihrem Haus in der Nelson Street 62 in Manchester die Women's Social and Political Union (WSPU), die zur Organisation der militanten Frauenstimmrechtlerinnen wird. Im Gegensatz zur NUWSS bleibt sie eine reine Frauenorganisation, Männern wird die Mitgliedschaft verwehrt. Gemeinsam mit ihren Töchtern entwickelt Emmeline eine neue Taktik. Es geht nicht mehr länger darum, einzelne Abgeordnete für das Frauenstimmrecht zu gewinnen, sondern die Massen zu mobilisieren. Auffallen um jeden Preis, lautet die Devise – egal, ob die Aktionen eher abschrecken oder gewinnen. Wichtig ist nur, die Aufmerksamkeit der Öffentlichkeit auf das Frauenstimmrecht zu lenken. Die WSPU will jede Regierung bekämpfen, die das Frauenwahlrecht nicht auf die politische Tagesordnung setzt. Es werde keine Zusammenarbeit mit einer solchen Regierung mehr geben, auch dann nicht, wenn einzelne Abgeordnete dem Stimmrecht positiv gegenüberstehen. Statt Kooperation heißt es nun Konfrontation: »Wir erklärten, dass wir Krieg führen würden nicht nur gegen alle Feinde des Frauenstimmrechts, sondern auch gegen alle neutralen und nicht aktiven Kräfte.

Jeder Mann mit Stimmrecht war in unseren Augen ein Gegner des Frauenwahlrechts, es sei denn, er war bereit, sich aktiv dafür einzusetzen.«[11]

Obwohl die WSPU in Manchester gegründet wird, wird London, spätestens mit dem Umzug der Familie Pankhurst 1907, ihr Hauptstützpunkt. Während die anderen Frauenstimmrechtsverbände landesweit agieren, beschränken sich die Aktionen der WSPU größtenteils auf die britische Hauptstadt. Auf dem Höhepunkt der Bewegung 1913 sind von den 88 Büros der WSPU 34 in London. Zu ihren Spitzenzeiten hat die WSPU zirka 2000 feste Mitglieder, zu denen Tausende Sympathisantinnen kommen.[12] Die Pankhursts werden von ihren Anhängerinnen geliebt und vergöttert, trotz ihres höchst autoritären Führungsstils. Emmeline und Christabel führen die Organisation wie eine Armee. Ihre unumstrittene Führungsrolle basiert auf Charme, Intelligenz und Charisma, nicht auf demokratischer Legitimation. Alle Entscheidungen werden von einem Zentralkomitee getroffen, das durch einen willkürlichen Akt Emmelines eingesetzt wird. Familiäre und freundschaftliche Bande ziehen sich durch das Zentralkomitee, dem nur enge Vertraute Emmelines angehören. Bald wird kolportiert, dass Emmeline Pankhurst zwar den Frauen das Wahlrecht geben will, aber keine eigene Meinung. Kritiker vergleichen die WSPU bis heute mit einer gut organisierten Terrorgruppe. Doch Emmeline Pankhurst und ihre Töchter sehen in dieser hierarchischen Struktur die einzige Möglichkeit, eine machtvolle Organisation zu schaffen. Demokratische Entscheidungsfindungsprozesse würden die Schlagkraft der WSPU einschränken und werden sofort unterbunden: »Falls einmal Mitglieder das Vertrauen in unsere Strategie verlieren und eine andere vorschlagen oder falls sie unser eigentliches Ziel dadurch gefährden, dass sie noch weitere politische Themen aufs Programm setzen wollen, verlieren sie sofort ihre Mitgliedschaft. Autoritär? Sicherlich!«,[13] schreibt Emmeline Pankhurst später in ihrer Autobiografie. Das Gesicht der stolzen und mutigen Frau wird zur Personifizierung der Frauenstimmrechtsbewegung. Seite an Seite mit ihren Töchtern, die ihr in Mut und Schönheit in nichts nachstehen, streitet sie von nun an mit allen Mitteln für die Rechte der Frauen.

Allerdings dauert es noch knapp zwei Jahre, bis die Suffragetten eine Methode finden, die sie tatsächlich mit einem Schlag ins Licht der Öffentlichkeit katapultiert. Am 13. Oktober 1905 erhebt sich zum allgemeinen Erstaunen der Anwesenden bei einer Versammlung der Liberalen in der Free Trade Hall in Manchester eine Frau und stellt mit lauter Stimme im Anschluss an eine Rede Sir Edward Greys die Frage: »Wird die liberale Regierung den Frauen das Wahlrecht geben?« Da sie vom völlig verblüfften Redner keine Antwort erhält, klettert sie auf einen Stuhl und wiederholt ihre Frage: »Wird die liberale Regierung den Frauen das Wahlrecht geben?« Daraufhin erhebt sich eine weitere Frau und auch diese ruft mit fester Stimme in den Saal: »Wird die liberale Regierung den Frauen das Wahlrecht geben?« Während alle Blicke auf die Ruferinnen gerichtet sind, entrollen die beiden ein Banner, auf dem in Großbuchstaben die Worte »Votes for Women« zu lesen sind. Damit ist nicht nur der Skandal perfekt, sondern auch der Slogan der Wahlrechtsbewegung geboren. Die beiden Zwischenruferinnen, von denen eine Christabel Pankhurst ist, werden verhaftet und zu einer geringen Geldstrafe verurteilt. Doch sie weigern sich, diese zu bezahlen, ziehen den Gang ins Gefängnis vor. »Wir werden entweder eine Antwort auf unsere Frage bekommen oder heute Nacht im Gefängnis schlafen«, mit diesen Worten hatte sich Christabel am Abend von ihrer Mutter verabschiedet. Am nächsten Tag ist sie landesweit auf den Titelseiten. Die militante Phase im Kampf ums Frauenstimmrecht hat begonnen. Wo immer nun Kandidaten der Liberalen für die Wahl 1906 auftauchen, sind die Suffragetten schon da und stellen ihre Frage. Kaum hat man eine aus dem Saal entfernen lassen, tauchen an anderer Stelle neue auf. Die militanten Suffragetten der WSPU sind in aller Munde. Der Zulauf zur Wahlrechtsbewegung ist enorm. Die WSPU lässt Unmengen von Propagandamaterial wie Buttons, Wimpel, Fahnen, Schärpen, Postkarten und Poster herstellen.

Ihre Mitglieder sind aus dem Londoner Stadtbild bald nicht mehr wegzudenken.

Am 19. Mai 1906 kommt es zu einem ersten Treffen zwischen einer Abordnung der WSPU und dem Premierminister. Emmeline Pankhurst macht dabei deutlich, dass die Frauen entschlossen sind, wenn nötig auch ihr Leben für die Sache zu geben. Niemand ahnt, wie prophetisch sie in diesem Moment ist.

Die WSPU beginnt nun damit, die Kandidaten der Regierungspartei bei Nachwahlen, bei denen durch Tod oder Rücktritt verwaiste Parlamentssitze neu besetzt werden, zu boykottieren. Es gelingt ihnen, eine so negative Stimmung gegen die liberalen Kandidaten zu erzeugen, dass manch einer die Wahl verliert. Die Frauen werden zum Problem für die Regierung.

Pünktlich zu Beginn jeder weiteren Sitzungsperiode des Parlaments wird in Zukunft eine Abordnung der WSPU mit Emmeline Pankhurst an der Spitze im Unterhaus erscheinen, um sich zu erkundigen, ob die Regierung im kommenden Jahr das Frauenwahlrecht einführen will. Jedes Mal gibt es Tumulte, Verletzte und Verhaftungen, das Ansehen der Regierung nimmt erheblichen Schaden.

1907 kehrt Emmeline Pankhurst ganz nach London zurück. Während sie sich in den ersten Jahren des Kampfes trotz allem Engagement noch immer wie eine ehrenwerte Witwe der Upperclass verhalten hat, ändert sie nun nicht nur ihr Verhalten, sondern auch ihr Leben. Sie gibt ihre Wohnung auf und entschließt sich zu einem Leben auf Achse, aus Koffern, in Hotelzimmern. Von nun an weiht sie ihr Leben voll und ganz dem Kampf ums Frauenstimmrecht. Sie nimmt Prügel, Demütigungen und Schikanen auf sich. Immer wieder kommt es zu schweren Übergriffen. Weihnachten 1907 werden Emmeline Pankhurst und eine ihrer Mitstreiterinnen in Mid-Devon nach einer Veranstaltung brutal zusammengeschlagen. Es dauert Monate, bis sie von ihren Verletzungen genesen. Von den Angreifern wird keiner zur Rechenschaft gezogen.

Im Februar 1908 wird sie zum ersten Mal verhaftet und ins Frauengefängnis Holloway gebracht. Als sie bei ihrer Entlassung vom Direktor gefragt wird, ob sie etwas zu beanstanden hat, antwortet sie: »Nicht an Ihnen und auch nicht an den Wärterinnen. Nur an diesem Gefängnis und an allen von Männern eingerichteten Gefängnissen. Wir werden sie alle dem Erdboden gleichmachen.«[14] Als sie kurz darauf wieder verhaftet wird, ordert der liberale Parlamentsabgeordnete James Murray beim Londoner Savoy Hotel Damasttischdecken, Porzellan, Silber, Kerzen sowie ein mehrgängiges Menü samt Bediensteten ins Gefängnis zu Emmeline Pankhurst. Der Leitung des Savoy ist es eine große Ehre, sämtliche Kosten zu übernehmen.

Die Maßnahmen der Suffragetten werden nun immer radikaler. Frauen ketten sich an die Geländer in Downing Street, andere klopfen und klingeln so lange an der Tür von Nr. 10, bis die Polizei kommt. Immer wieder versuchen sie dem neuen Premier Henry Herbert Asquith eine Petition zum Frauenstimmrecht zu übergeben. Doch Asquith ist ein ausgewiesener Gegner des Frauenstimmrechts und weigert sich beharrlich, die Frauen zu empfangen. Es kommt zu regelrechten Straßenschlachten zwischen der WSPU und der Polizei. Hunderte von Frauen werden zum Teil schwer verletzt, die Gefängnisse füllen sich.[15]

Am Sonntag, den 21. Juni 1908 findet die erste Massenveranstaltung der Suffragetten statt. Sonderzüge werden eingesetzt, um die Demonstrantinnen nach London zu bringen, deren Anzahl die *London Times* auf eine halbe Million schätzt. Es wird eine der größten Demonstrationen, die Großbritannien bis dato gesehen hat. Ganz London ist angefüllt mit den »weißen Kleidern der Unschuld«, der Tracht der Frauenstimmrechtsbewegung, die mit ihren grünen Bannern nun schon ein gewohntes Bild in den Straßen von London ist. An diesem Tag fügen die Suffragetten ihrer Tracht noch einen violetten Streifen in der Schärpe bei. Damit begründen sie ihre Trikolore und setzen sich von den anderen Stimmrechtsvereinen ab. Weiß steht nach Emmeline Pankhurst für die Ehrenhaftigkeit der Frauen, Grün für die Hoffnung und Violett als royale Farbe symbolisiert das königliche Blut, das in den Adern der Kämpferinnen des Frauenwahlrechts fließt.

Da sich die Regierung auch von dieser Machtdemonstration nicht beeindrucken lässt, werfen zwei Suffragetten die Fenster in Downing Street Nr. 10 ein: »Wenn englische Männer Fensterscheiben einwerfen, betrachtet man dies als achtbaren Ausdruck politischer Meinung. Wenn es englische Frauen tun, sieht man darin ein Verbrechen«, kommentiert Emmeline Pankhurst die Aktion.[16] Kurz darauf werden sie und Christabel wegen Landfriedensbruch verhaftet und vor Gericht gestellt. Christabel, die Jura studiert hat, nach englischem Recht aber nicht praktizieren darf, übernimmt die Verteidigung. Emmeline wird zu drei Monaten, Christabel zu zehn Monaten Gefängnis verurteilt. Nach dem Prozess ist Christabel so berühmt, dass bei Madame Tussauds eine Wachsfigur von ihr aufgestellt wird.

Mit der Einlieferung der Führungsmitglieder ins Frauengefängnis Holloway beginnt der Kampf der Suffragetten um bessere Haftbedingungen und ihre Anerkennung als politische Gefangene. Als Christabel schwer erkrankt, verweigert man der Mutter sie zu sehen. Jetzt zeigt sich die grenzenlose Solidarität der Suffragetten mit der Familie Pankhurst. Zu Tausenden ziehen sie nach Holloway und versperren die Zufahrtstraßen – mit Erfolg.

Der Kampf geht jetzt in eine neue Phase. Die ersten Inhaftierten treten in Hungerstreik und erzwingen dadurch ihre Entlassung. Die Öffentlichkeit stellt sich hinter die gesundheitlich schwer angeschlagenen Frauen, die bei ihrer Entlassung ein Bild des Jammers abgeben. Hungerstreik wird nun offizielle Politik der WSPU. Um die Frauen im Gefängnis zu halten und weitere Aktionen zu verhindern, beschließt die Regierung ihre Zwangsernährung. Damit beginnt ein unvorstellbares Leiden. In den nächsten Jahren werden mehr als 1000 Frauen fingerdicke Schläuche durch Nasen, Mund, Vagina oder Mastdarm geschoben. Viele erleiden irreparable gesundheitliche Schäden.

1910 lernt Emmeline Pankhurst die Komponistin Ethel Smyth kennen, die in den nächsten Jahren ihre ständige Begleiterin ist. Obwohl die bisexuelle Musikerin in Emmeline mehr als eine politische Kameradin sieht, bleibt aufgrund der

Prüderie, die Emmeline in Sachen Sexualität an den Tag legt, das Verhältnis ein platonisches. Dennoch ist die radikale Ethel, die sich nicht um Konventionen schert, für Emmeline die ideale Partnerin. Sie ist es, die mit der vornehmen Mrs. Pankhurst gezielte Steinwürfe trainiert, allerdings vergebens. Am Fenster in Downing Street trifft sie nicht nur knapp vorbei. Ethel Smyth komponiert in dieser Zeit die Hymne der WSPU »The March of the Women«.

Nachdem die Bemühungen wohlwollender Abgeordneter, einen Antrag zum Frauenstimmrecht durchzubringen, am Widerstand der Regierung gescheitert sind, erklärt die WSPU der Regierung den Krieg. Am 16. Februar 1912 wird die härtere Gangart bei einem Treffen im vom Volksmund »Guerilla-Tearoom« genannten Hauptquartier in London abgesegnet. Die Zerstörung von Eigentum ist nun offizielle Politik der WSPU: »Die Jahre unserer Arbeit, unseres Leidens und Opferns hatten uns gelehrt, dass die Regierung sich nicht dem fügen würde, was die Mehrheit des Unterhauses für Recht und Gerechtigkeit hielt. (...) Jetzt war es unsere Aufgabe zu zeigen, dass es im Interesse der Regierung lag, sich den gerechten Forderungen der Frauen zu fügen. Dazu mussten wir England und jeden Bereich englischen Lebens unsicher und gefährlich machen. Wir mussten erreichen, dass das englische Recht als Katastrophe und die Gerichte als Schmierenkomödien entlarvt wurden. Wir mussten Regierung und Parlament in den Augen der Welt diskreditieren. Wir mussten den Spaß am englischen Sport verderben, der Geschäftswelt Schaden zufügen, wertvolles Eigentum ruinieren, die Gesellschaft demoralisieren, über die Kirchen Schande bringen, den normalen Gang des Lebens durcheinander bringen. Das heißt, wir mussten diesen Guerillakrieg so lange führen, wie die Leute in England ihn ertragen würden. Wenn sie endlich der Regierung sagten: ›Macht ein Ende damit, auf die einzig mögliche Weise! Gebt den Frauen von England das Wahlrecht!‹ – dann würden wir unsere Fackel löschen.«[17]

Am 1. März 1912 werfen elegante Damen mit großen Hüten in einer gezielten Aktion in ganz London Schaufensterscheiben ein. Vier Tage später wiederholt sich die Aktion vor den Augen entgeisterter Geschäftsinhaber. Am 5. März stürmt die Polizei das Hauptquartier der Suffragetten in Clement's Inn in London und verhaftet die komplette Führungsriege. Einzig Christabel kann nach Paris entkommen, von wo aus sie von nun an die Aktionen der WSPU koordiniert. Am 14. März 1912 beginnt der Prozess gegen die Anführerinnen der WSPU. Die Anklage beschreibt die WSPU als paramilitärische Organisation, doch Emmeline Pankhurst lässt sich nicht einschüchtern: »Unsere Regel war immer, geduldig zu sein, Selbstbeherrschung zu üben, unserer sogenannten Obrigkeit zu zeigen, dass wir nicht hysterisch sind; keine Gewalt zu gebrauchen, sondern uns lieber der Gewalt anderer auszusetzen. (...) Wir sind hier, nicht weil wir Gesetzesbrecherinnen sind, wir sind hier, weil wir uns darum bemühen, Gesetzgeberinnen zu werden.«[18] Sie wird zu einer neunmonatigen Haftstrafe verurteilt. Nun tritt auch sie in den Hungerstreik. Als man versucht, sie zwangszuernähren, wirft sie mit einem Steinkrug nach den Wärtern. Daraufhin sieht man davon ab. Draußen demonstrieren derweil Tausende von Suffragetten für die Freilassung ihrer geliebten Anführerin. Nach ihrer Entlassung kündigt Emmeline eine Verschärfung des Kampfes an. Hunderte von Briefkästen werden in die Luft gesprengt, in Golfplätze werden mit Säure die Worte »Votes for Women« geätzt. In vornehmen Londoner Clubs gehen die Fensterscheiben zu Bruch. In Eisenbahnwaggons werden Sitze mit Messern aufgeschlitzt, in den Städten reihenweise Straßenlaternen zerstört. Die Worte »Votes for Women« werden auf Theatersitze und in Konzertsäle gepinselt, Schlüssellöcher von Bürotüren oder Haustüren führender Politiker werden mit Bleikugeln verstopft. In herrschaftlichen Landsitzen oder öffentlichen Parkanlagen werden Blumenrabatte zertreten, altehrwürdige englische Ladys beantragen Waffenscheine. Bootshäuser und Sportstätten werden ein Raub der Flammen, im Regent's Park wird ein Pavillon niedergebrannt. Die Mitglieder des Kabinetts werden Opfer einer Niespulverattacke, als sie Briefe öffnen, die mit rotem Pfeffer und Schnupftabak gefüllt sind. Leer stehende Sommerhäuser werden niedergebrannt, historische Gebäude unwiederbringlich vernichtet. Der Schaden geht in die Hunderttausende. Selbst vor Kirchen machen die Suffragetten nicht halt. In der Londoner U-Bahn brennt es ebenso wie im Wald von Walham Green. In der Nähe der Bank of England und in Wheatley Hall in Doncaster explodieren Bomben. In Birmingham wird der neue Bahnhof in die Luft gesprengt. All denjenigen, die die Zerstörungswut der WSPU kritisieren, hält Emmeline Pankhurst in einer Rede in der Royal Albert Hall entgegen: »Die Wahlrechtlerinnen sind allenfalls mit ihrem eigenen Leben leichtfertig umgegangen, nie mit dem Leben anderer. Und ich sage hier und jetzt, dass es nie die Politik der Sozialen und Politischen Frauenunion gewesen ist und sein wird, leichtfertig menschliches Leben aufs Spiel zu setzen. Das überlassen wir dem Gegner. Das überlassen wir den Männern in ihrer Kriegsführung. Das ist nicht die Methode der Frauen. Nein, auch wenn man die Wirkung auf die offizielle Politik im Auge hat, wäre eine Kampfstrategie, die das Leben von Menschen gefährdet, nicht sinnvoll. Denn es gibt etwas, was den Regierungen weit mehr am Herzen liegt als menschliches Leben: der Schutz des Eigentums. Deshalb werden wir dem Gegner über das Schädigen von Eigentum Schläge versetzen.«[19]

Am 19. Februar 1913 explodiert eine Bombe im Schlafzimmer des neu errichteten Landsitzes von Lloyd George. Jetzt reicht es der Regierung. Die Polizei verhaftet Emmeline Pankhurst, um an der bewunderten Anführerin der Suffragetten ein Exempel zu statuieren. Es kommt zu einer aufsehenerregenden Gerichtsverhandlung, bei der sich Emmeline Pankhurst beharrlich weigert, Reue zu zeigen: »Ich habe kein Schuldgefühl. Ich habe meine Pflicht getan. Ich sehe in mir eine Kriegsgefangene. Ich habe keine moralische Verpflichtung, die mir auferlegte Strafe zu akzeptieren. Ich werde zu dem verzweifelten Mittel Zuflucht nehmen, das auch andere Frauen angewandt haben. Es ist für Sie offensichtlich, dass es ein ungleicher Kampf sein wird, aber ich werde ihn durchkämpfen, solange ich noch einen Funken Kraft oder Leben in mir habe.«[20] Dann wird das Urteil verkündet. Es lautet: drei Jahre Zuchthaus! Unmittelbar nach ihrer Ankunft im Gefängnis tritt sie in Hungerstreik. Die Suffragetten legen daraufhin mit ihren Anschlägen das halbe Land in Schutt und Asche.

Aufgrund eines neuen Gesetzes, das im Volksmund »Cats and Mouse Act« genannt wird, wird Emmeline nicht zwangsernährt, sondern nach wenigen Tagen zur Erholung entlassen. Sobald sie sich jedoch erholt hat, muss sie ins Gefängnis zurückkehren. Die Strafe soll bis zum letzten Tag verbüßt werden. Am 26. Mai 1913 wird sie nach Holloway zurückgebracht. Doch sie ist noch immer so schwach, dass sie nach fünf Tagen Hungerstreik erneut entlassen werden muss. Die vielen Hungerstreiks zehren an den Kräften der 55-Jährigen, die sich immer schlechter von den gesundheitlichen Strapazen erholt. Die Regierung ist in größter Sorge um das Leben Emmeline Pankhursts. Ihr Tod würde der Bewegung eine Märtyrerin verschaffen, wie es keine zweite geben könnte.

Nachdem sich eine Suffragette in Epsom beim Pferderennen vor das Pferd des Königs geworfen hat und stirbt, treten die Inhaftierten in einen Durststreik, um eine noch schnellere Entlassung zu erzwingen. Emmeline Pankhurst verweigert bald nicht nur Nahrung und Wasser, sondern auch ärztliche Betreuung. Um ihre Entlassung zu erzwingen, beginnt sie, obwohl völlig geschwächt, in ihrer Zelle auf und ab zu gehen. Zum ersten Mal vollzieht sie hier, was all ihre weiteren Verhaftungen begleiten wird: einen Schlaf- und Ruhestreik. Erst als sie bewusstlos am Zellenboden liegt, wird sie entlassen. Kurze Zeit später wird sie auf einem Stuhl auf die Plattform des London Pavillon getragen, um zu den Frauen zu sprechen. In den Kirchen beten die Frauen: »Gott rette Emmeline Pankhurst!«

Die Situation nimmt in den nächsten Wochen bürgerkriegsartige Ausmaße an. Bei den Versammlungen der Suffragetten kommt es zu regelrechten Saalschlachten, bei denen nicht nur Mobiliar zu Bruch geht. Um Emmeline Pankhurst vor erneuter Verhaftung zu schützen, wird sie von einer in Jiu-Jiutsu unterwiesenen Frauenleibwache auf Schritt und Tritt begleitet.

Dennoch gelingt es der Polizei, sie nach einer Versammlung in Glasgow festzunehmen. Es folgen wieder Hunger- und Durststreik sowie die erneute Entlassung. Wie bei jeder Verhaftung antworten die Suffragetten mit neuen Bomben, neuen Bränden, neuer Gewalt. Der Handlungsspielraum für die Regierung wird zunehmend kleiner. Die Bevölkerung hat längst jegliches Verständnis für den Umgang mit den Frauen verloren. Die Erfüllung ihrer Forderungen erscheint immer unausweichlicher.

Doch noch bevor irgendeine Verlautbarung, in welche Richtung auch immer, gemacht werden kann, wird im 28. Juni 1914 der österreichische Erzherzog Franz Ferdinand in Sarajewo erschossen. Mit dem Ausbruch des Ersten Weltkrieges nimmt der Kampf um das Frauenstimmrecht eine überraschende Wendung. Der erste große Krieg des neuen Jahrhunderts ermöglicht nicht nur der Regierung einen Kurswechsel, sondern bietet auch der WSPU, deren Militanz nur mehr durch Attentate auf Menschen gesteigert werden könnte, den Ausweg aus dem Dilemma der an ihre Grenzen gestoßenen Strategie der Militanz. Denn als der Erste Weltkrieg beginnt, verfällt Emmeline Pankhurst wie so viele andere auch dem nationalistischen Taumel und stoppt die Auseinandersetzung mit der Regierung. Der Eintritt Großbritanniens in den Ersten Weltkrieg beendet den Krieg der Suffragetten.

Aus ehemaligen Feinden werden nun Verbündete. Emmeline und Christabel Pankhurst stehen jetzt auf der Seite der britischen Regierung. Der Krieg der Völker beendet den Krieg der Geschlechter. Alle inhaftierten Suffragetten werden aus den Gefängnissen entlassen.

Die WSPU ermuntert die Frauen, nun in den Rüstungsbetrieben zu arbeiten, um dem Vaterland an der Heimatfront zu dienen. Männer, die in Zivil auf den Straßen angetroffen werden, werden von WSPU-Mitgliedern als Feiglinge beschimpft. Viele Suffragetten tragen weiße Federn bei sich, um dieses Symbol für Feigheit an nicht-uniformierte Männer zu übergeben und sie damit als Feiglinge zu brandmarken. Am 24. Juni 1915 fordert Emmeline Pankhurst die Frauen in einer Rede im Londoner Institut für Polytechnik auf, sich dem Vaterland zur Verfügung zu stellen. Mit 2000 Pfund sponsert die Regierung die sogenannte Right-to-Serve-Demonstration vom 17. Juli 1915, bei der die Suffragetten das Recht der Frauen, dem Vaterland zu dienen, lautstark einfordern. Emmeline und Christabel agitieren weltweit für ihre neue Sache. Selbst in den USA und Kanada treten sie auf, um die Frauen für den Krieg zu gewinnen. Ehemalige Verbündete wie Sozialistenführer Keir Hardie, die den Krieg skeptisch beurteilen, werden als willfährige Werkzeuge des deutschen Kaisers verunglimpft. Viele führende Politiker gehen nach Ansicht von Emmeline und Christabel in ihrem Kriegseifer und Patriotismus längst nicht weit genug. Die Worte »Verräter« und »Feigling« werden zu den meist benutzten Vokabeln ihrer Reden. Als sich in Russland nach der Februarrevolution 1917 die Frage nach Friedensverhandlungen stellt, reist Emmeline Pankhurst im Auftrag der Regierung dorthin, um bei den Frauen für die Weiterführung des Krieges zu werben. 1917 gründet sie gemeinsam mit Tochter Christabel die Women's Party, in der sie ein Konglomerat diffuser Ideen von der Gleichberechtigung der Scheidungsrechte von Mann und Frau bis zur rassischen Reinheit propagiert. Um das Frauenstimmrecht kümmert sie sich kaum mehr.

Das wird auch ohne ihr Zutun eingeführt. Plötzlich haben die Frauen von den Gewerkschaften über die Presse bis hin zur Regierung viele Verbündete. Ihr unermüdlicher Einsatz während des Krieges ringt vielen ihrer früheren Gegner Respekt ab. Sie hatten damit auch in den Augen ihrer schärfsten Widersacher gezeigt, dass sie durchaus in der Lage waren, Verantwortung zu übernehmen. Was kein noch so stichhaltiges Argument geschafft hat, erreichen Nationalismus und Militarismus: Das Frauenstimmrecht kommt auf die Tagesordnung. Der Widerstand bricht zusammen. Am 6. Februar 1918 erhalten 13 Millionen Männer und 8,4 Millionen Frauen über dreißig im Vereinigten Königreich nach jahrzehntelangem Kampf das Wahlrecht. Im November werden sie als Kandidatinnnen zu den Parlamentswahlen zugelassen.

Die WSPU formiert sich nach dem Krieg nicht mehr neu. Mehrere Frauen, darunter auch Christabel, bewerben sich vergebens um ein Parlamentsmandat. Emmeline Pankhurst verlässt England und geht nach Kanada. Dort arbeitet sie an einer Kampagne des Nationalen Rates zur Bekämpfung von Geschlechtskrankheiten mit. 1925 kehrt sie zurück nach Europa und versucht sich erfolglos mit einem Teeladen im französischen Juan-les-Pins.

1928, kurz vor ihrem Tod, wird sie in London Mitglied der Konservativen Partei. Sie lässt sich als Kandidatin für die Parlamentswahlen aufstellen. Doch ihre Gesundheit ist dahin, ihre Kraft zu Ende. Sie verfällt in tiefe Depressionen, wird schließlich von Christabel in ein Pflegeheim gebracht. Hier stirbt sie am 14. Juni 1928 noch nicht ganz 70-jährig. Ehemalige Suffragetten halten Ehrenwache an ihrem Sarg in St. Johns, eine Ehrengarde begleitet den Sarg zum Friedhof. Zwei Jahre nach ihrem Tod wird ihr zu Ehren vor den Houses of Parliament eine Statue errichtet. Bei der Enthüllung erklingt die Frauenmarseillaise, dirigiert von ihrer alten Freundin Ethel Smyth.

VIII
Für die Republik Irland

Constance Markievicz (1868–1927),
die rebellische Gräfin

»Solange Irland nicht frei ist, bleibe ich eine Rebellin,
nicht bekehrt und nicht zu bekehren.«[1]

Im März 1919 betrat die erste gewählte Parlamentarierin das britische Unterhaus. Bei den ersten Wahlen, an denen Frauen sich beteiligen durften, gelang es einzig Countess Constance Markievicz, Mitglied der irischen Sinn-Féin-Partei, einen Sitz im Parlament zu erringen. Ironie der Geschichte war, dass damit unter all den Kandidatinnen diejenige gewählt worden war, deren Partei aufgrund des britisch-irischen Konflikts seit 1908 ihren Abgeordneten verbot, an Sitzungen in Westminster teilzunehmen. Somit blieb der einzige Stuhl, den nach Einführung des Frauenwahlrechts eine Frau besetzt hätte, auch in dieser Sitzungsperiode leer. Um trotzdem auf ihren Wahlsieg aufmerksam zu machen, ging Constance Markievicz an jenem denkwürdigen Morgen ins Parlamentsgebäude, um zumindest den mit ihrem Namensschild versehenen Garderobenhaken zu begutachten. An der Eröffnung der Sitzungsperiode hätte sie ohnehin nicht teilnehmen können – zu dieser Zeit saß die irische Revolutionärin gerade wieder einmal im Gefängnis. Bis zu jenem Tag, an dem sie einen Parlamentssitz für Dublin errang, war sie mehrmals inhaftiert gewesen und für ihre Teilnahme am Osteraufstand 1916 sogar zum Tode verurteilt worden.

Geboren wird die rebellische Gräfin als Constance Georgina Gore-Booth am 4. Februar 1868 in Buckingham Gate, London. Sie wächst in Irland auf Gut Lissadell in Sligo auf. Ihre Mutter ist eine englisch-irische Baronin, ihr Vater Sir Henry Gore-Booth ein Abenteurer, der die Arktis bereist. Constance und ihre vier

Geschwister wachsen frei und ungezwungen auf. Später wird sie stets liebevoll an ihr Leben in Lissadell zurückdenken.

Die Gore-Booths sind reich, auf ihren Ländereien leben unzählige Pächter. Obwohl Sir Henry ein verantwortungsbewusster Gutsherr ist, sind die Lebensumstände dieser Pächter schlecht. Das Gefälle zwischen Reich und Arm ist riesig und scheinbar unüberbrückbar. Dabei haben es die Pächter von Lissadell noch gut getroffen. Als nach dem Ausfall der Kartoffelernte 1879 eine Hungerkrise bevorsteht, übernimmt Sir Henry die Versorgung seiner Pächter. Das Beispiel des Vaters weckt in Constance schon in frühester Jugend ein tiefes Mitgefühl für die Armen.

Die Kinder werden ihrer Klasse entsprechend zu Hause unterrichtet. Neben dem allgemeinen Grundwissen stehen vor allem Kunst, Musik und Literatur auf dem Stundenplan. Politik und irische Geschichte kommen nicht vor, daran erinnert sich Constance genau: »Jeder akzeptierte den Status quo, ganz so, als ob es der Wille Gottes sei. Es gab ihn einfach, genauso wie es die Berge und das Meer gab, und es war absurd zu versuchen ihn zu ändern, denn das würde zu nichts führen und nur Ärger bringen. Es war traurig, dass die Gutsherren so böse gewesen waren, aber wenn sie immer ihre Pflicht getan hätten, dann wäre jetzt alles gut. Nichtsdestotrotz, man konnte die Uhr nicht zurückdrehen und alles würde besser werden. Irische Geschichte war auch ein Tabu, denn ›was nützte es, über vergangene Missstände zu brüten‹? Doch die Geschichte war an jeden Zaun und jede Grundstücksmauer geschrieben. Man sah die Gutsherren auf ihren großen Landsitzen, meist normanischer oder sächsischer Abstammung, von einer Mauer umgeben und Distanz wahrend – eine fremde Klasse, entsprungen aus einer fremden Rasse.«[2]

Als Constance 18 ist, wird sie in die vornehme Londoner Gesellschaft eingeführt. Am 17. März 1887 wird sie im Buckingham Palace Queen Victoria vorgestellt. Die nächsten Jahre verbringt sie mit den typischen Vergnügungen der oberen Zehntausend: Pferderennen in Ascot, Jagdgesellschaften, Bälle und Empfänge.

Die meiste Zeit des Jahres lebt sie nun in London und ist der strahlende Mittelpunkt jeder Gesellschaft: »Constance war ein wildes, hübsches Mädchen und alle jungen Männer wollten mit ihr tanzen. Sie war bezaubernd und fröhlich und sie war Herz und Seele jeder Party. Sie wurde ebenso geliebt wie bewundert.«[3] Constance bewegt sich sicher in der Society, ist immer auffällig und teuer gekleidet. Von Konventionen hält sie rein gar nichts – auf einem Jugendfoto sieht man sie rauchend und in Hosen.

In London stößt sie gemeinsam mit ihrer Schwester Eva zu den Frauenrechtlerinnen. 1896 hält sie in Irland bei einer ihrer Versammlungen ihre erste öffentliche Rede: »Nun, mit Hinblick auf jede politische Reform wissen Sie alle, dass der erste Schritt darin besteht, Vereinigungen zu gründen, die agitieren und die Regierung dazu zwingen, anzuerkennen, dass eine große Gruppe ein Anliegen hat und dass diese Gruppe nicht eher damit aufhören wird auf sich aufmerksam zu machen, bis diesem Anliegen stattgegeben wurde.«[4] Kurz darauf wird sie Vorsitzende der Sligo Women's Suffrage Association. Doch ihr Engagement für die Frauenstimmrechtsbewegung endet abrupt, als ihr die Eltern die Erlaubnis für ein Kunststudium in Paris geben. Ihre Schwester Eva allerdings wird eine der bekanntesten britischen Frauenstimmrechtlerinnen.

Auch in der französischen Hauptstadt ist die schöne junge Frau, die einen Ehering trägt, da sie sich als mit der Kunst verheiratet betrachtet, eine extravagante Erscheinung. 1899 lernt sie auf einem Studentenball den polnisch-russischen Adeligen Casimir Dunin-Markievicz kennen. Der sechs Jahre jüngere attraktive Mann ist Witwer, Vater eines kleinen Sohns, wie sie selbst Künstler und was für eine protestantische Irin weitaus schlimmer wiegt: römisch-katholisch. Doch Constance setzt sich durch. Im Juli 1900 geben die beiden ihre Verlobung bekannt. Obwohl die Familie nicht gerade begeistert ist, heiraten sie am 29. September 1900 in London. Ein Jahr später kommt in Lissadell Tochter Maeve Alys zur Welt, die von der Großmutter aufgezogen wird. 1902 und 1903 verbringt das Paar längere Zeit bei der Familie Casimirs in Polen. Gemeinsam mit Casimirs

Sohn aus erster Ehe, der Constance zärtlich liebt, lassen sie sich schließlich in Dublin nieder.

Erneut pflegen sie das Leben der britisch-irischen Upperclass mit Festen und Vergnügungen, Jagdwochenenden und Ausritten. Bald gehören auch bekannte Intellektuelle wie der Schriftsteller W. B. Yeats und Maud Gonne, die 1904 das Abbey Theater gründen, zu ihrem Freundeskreis. Constance verfasst nun auch selbst Theaterstücke. Maud Gonne ist Gründerin einer revolutionären Frauenorganisation, Inghinidhe na Éireann, »Töchter Irlands«, der sich auch Constance anschließt. 1906 engagieren sich Maud und Constance in einer Kampagne für Schulspeisungen in Irland, einem Land, in dem täglich Tausende von Kindern Hunger leiden. Durch diese und ähnliche Freundschaften ziehen die Markievicz allerdings das Misstrauen der irischen Loyalisten auf sich, die unter ihren neuen Freunden Fenier, Kämpfer, die eine unabhängige irische Republik errichten wollen, vermuten.

Das Jahr 1908 markiert mit der Gründung der Irish Women's Franchaise League (IWFL) durch Hanna Sheehy-Skeffington und Margaret Cousins den Beginn der militanten Frauenstimmrechtsbewegung in Irland. Constance wird eingeladen, an einer neuen Frauenzeitschrift mitzuarbeiten: *The Woman of Ireland*. Als sie zum ersten Mal in den Redaktionsräumen erscheint, kommt sie direkt von einem Ball aus dem Schloss, in Abendrobe, Pelz und Diamanten. Doch anders als ihre geliebte Schwester Eva sieht Constance im Frauenstimmrecht nicht das Allheilmittel, vor allem nicht für die Probleme Irlands. Diese gehen in ihren Augen weit über die Problematik der Frauenstimmrechtsbewegung hinaus.

Die Irlandfrage gärt seit Jahren. Seit 1800 ist Irland dem Vereinigten Königreich angeschlossen, doch die Stimmen, welche die Unabhängigkeit fordern, werden vor allem seit dem Great Famine, dem großen Hunger, immer lauter. Dieser größten Katastrophe in der Geschichte Irlands fielen zwischen 1845 und 1848 mehr als eine Million Iren zum Opfer. Das falsche Krisenmanagement, mit dem die britische Regierung auf den Befall der Kartoffel, dem Hauptnahrungsmittel der Iren, mit Kartoffelfäule reagiert hatte, hatte den Hass auf die Briten verstärkt. Nicht wenige sahen in den ergriffenen Maßnahmen einen versuchten Genozid, der nur durch Nahrungsmittellieferungen aus den USA hatte verhindert werden können. Dass diese Hilfe erst nach internationalen Protesten gegen die britische Regierung ins Land gelassen wurde, verstärkte diese Ansicht. Nichts förderte das Unabhängigkeitsstreben der Iren so sehr wie jene Jahre, in denen sie sich von der britischen Regierung im Stich gelassen fühlten, in denen sie ohnmächtig Getreideexporte nach England mit ansehen mussten und wehrlos und rechtlos von ihrem Grund und Boden vertrieben wurden, wenn sie aufgrund des Ernteausfalls keine Pacht mehr zahlen konnten. Mehr als eine Million Iren emigrierten damals in die USA, nach Kanada oder Australien. Die Unabhängigkeitsbewegung erhielt großen Zulauf. Der Druck, der Insel Home Rule, sprich Selbstverwaltung, zuzugestehen, wuchs, begleitet von Unruhen und lokalen Aufständen. Alle von den Briten daraufhin in Angriff genommenen Reformen griffen ins Leere. 1879 gründeten die Home-Rule-Anhänger unter Charles Stewart Parnell die Irish National League, deren Abgeordnete durch Dauerreden den Ablauf des britischen Parlaments behinderten. Nachdem Parnells Partei 1885 zum entscheidenden Faktor im britischen Unterhaus geworden war, zeigte man sich erstmals zu Zugeständnissen in der Irlandfrage bereit. Dennoch scheiterten beide unter Premierminister Gladstone eingebrachten Home-Rule-Gesetzesvorlagen 1886 am Unterhaus und 1892 am Oberhaus. Während man im Parlament händeringend nach einer Lösung suchte, wurden die Gräben innerhalb der irischen Nation zunehmend größer. Im Norden formierten sich die Unionisten als Gegner von Home Rule und traten für einen Verbleib im Vereinigten Königreich ein. Im Süden gründete sich 1893 die Gaelic League, die sich auf die gälischen Wurzeln der Iren berief und von einer De-Anglisierung Irlands träumte.

In dieser angespannten Situation betritt Constance Markievicz die politische Bühne. Die Bekanntschaft mit Leuten wie

W.B. Yeats verändert sukzessive ihr Denken. Obwohl noch immer Teil der High Society beginnt sie sich politisch zu engagieren. Ihre Artikel über Botanik und Gartenarbeit für *The Woman of Irland* beinhalten nun immer öfter politische Aussagen zur Unabhängigkeit Irlands: »Es ist eine unangenehme Arbeit, Nacktschnecken und andere Schädlinge zu töten, aber lassen wir uns nicht entmutigen. Eine gute Nationalistin sollte auf die Schnecken in ihrem Garten in der gleichen Weise herabblicken, wie sie auf die Engländer in Irland blickt, und nur bedauern, dass sie die Feinde der Nation nicht genauso einfach vernichten kann wie die im Garten, mit nur einem Schritt ihres Fußes. Es ist wahr, dass die Feinde des Gartens schwer zu finden sind und sie sind in ihren Methoden so subtil wie die Feinde der Nation.«[5]

1908 tritt sie der 1905 von Arthur Griffith gegründeten Sinn-Féin-Partei bei, die ein anglo-irisches Königreich mit einem gemeinsamen Monarchen, aber getrennten Regierungen anstrebt. Bald darauf schließt sie enge Freundschaft mit dem berühmten republikanischen Sozialisten James Connolly. Bereits zwei Jahre später fordert sie die irischen Frauen dazu auf, alle Frauenstimmrechtsvereine zu boykottieren, die nicht für die Unabhängigkeit Irlands eintreten. Ihr neu erwachtes politisches Interesse hat bald negative Auswirkungen auf ihr Privatleben. Casimir, der sein Einkommen aus der Porträtmalerei reicher Iren bezieht, verliert aufgrund ihrer radikalen politischen Ansichten seine Kunden. Nun zeigt sich, wie unterschiedlich Constance und ihr Mann sind. Von jetzt an verbringt Casimir die meiste Zeit in Polen, ohne dass der Kontakt jedoch ganz abreißt. Ihr politisches Engagement führt Constance weg von ihrer Klasse, ihren Freunden, von Lissadell. Es kommt zum Bruch mit ihrem ganzen bisherigen Leben. Statt auf Bällen findet man sie von nun an immer öfter in den Räumen von Liberty Hall, dem Büro der 1909 von »Big Jim« James Larkin gegründeten Gewerkschaft Irish Transport and General Workers' Union. Sie ist davon überzeugt, dass die Lösung der sozialen Frage und die Lösung der nationalen Frage in Irland untrennbar zusammengehören, und bewundert Larkin sehr: »Hier war ein Mann, der den Verstand und den Mut hatte durch seine Taten zu zeigen, dass der internationale Sozialismus nicht dafür steht, dass wir unsere Identität mit der der Engländer verschmelzen (...) sondern für freie Nationen und nationale Einheiten, die auf der Basis absoluter Gleichheit miteinander assoziiert sind, zu dem Zweck, für die Menschen national und für die Nationen international eine noble Zivilisation zu erreichen und zu bewahren, die auf nationalen Regierungen von Menschen für Menschen beruht.«[6]

Etwa zur selben Zeit gründet sie vor den Toren Dublins ein Camp zur Ausbildung von Revolutionären. Hier werden in der Na Fianna Éireann die zukünftigen Freiwilligen rekrutiert, die Irland mit Gewalt befreien sollen. Von nun an investiert sie nicht mehr länger in schöne Kleider und teuren Schmuck, sondern in Waffen. Sie übernimmt es höchstpersönlich, den jungen Männern das Schießen beizubringen.

Am 4. Juli 1911 wird sie zum ersten Mal verhaftet, als sie bei einer Demonstration gegen den Besuch König George's V. den Union Jack verbrennt. Die Bewegung radikalisiert sich und Constance folgt ihr darin.

1913 kommt es zu einer großen Auseinandersetzung zwischen der Irish Transport and General Workers' Union und der Guinness Brauerei sowie der Dublin United Tramway Company, die mit der Aussperrung von 25 000 Arbeitern endet. Der sieben Monate dauernde Dublin Lockout wird zur schwersten industriellen Auseinandersetzung in der Geschichte Irlands. Die Situation der Arbeiterfamilien verschlechtert sich während dieser Monate dramatisch und kann nur durch Spenden und freiwillige Helfer abgemildert werden. Constance, die sich längst als Sozialistin begreift, schuftet bis zur Erschöpfung in der Suppenküche in Liberty Hall. Ihr Einsatz für die Armen bringt ihr den Ehrentitel »Madame« ein, mit dem sie in Zukunft tituliert werden wird. Der Versuch, zumindest die Kinder der Streikenden zeitweise von britischen Gewerkschaftern versorgen zu lassen, scheitert am Widerstand der katholischen

Kirche, die gegen die Aufnahme der Kinder in ein sozialistisches und protestantisches Umfeld mobil macht. Als Larkin verhaftet wird, kommt es zu Straßenschlachten, die mit Toten und vielen Verletzten enden. Die Erfahrungen dieser Tage führen dazu, dass James Larkin und James Connolly im November 1913 eine Arbeiterarmee, die Irish Citizen Army, ins Leben rufen. Anfang 1914 endet der Streik, nicht zuletzt aufgrund der mangelnden Unterstützung durch die britischen Gewerkschaften. James Larkin emigriert in die USA.

Währenddessen schreitet die Militarisierung des irischbritischen Konflikts voran. Nachdem im Norden Irlands die protestantischen Loyalisten der Ulster Unionists die Ulster Volunteer Force gegen das von der britischen Regierung geplante Selbstverwaltungsgesetz für Irland Home Rule, ins Leben gerufen haben, gründen die katholischen Nationalisten als Antwort das Irish National Volunteer Corps, den Vorläufer der IRA.

Irland steht kurz vor einem Bürgerkrieg, als im August 1914 der Erste Weltkrieg ausbricht. Während einige irische Nationalisten darauf setzen, dass die britische Regierung die Bereitschaft der Iren, an der Seite Englands zu kämpfen, mit der Entlassung in die Selbstverwaltung belohnen werde, setzen andere auf den bewaffneten Widerstand und – auf eine Zusammenarbeit mit dem Deutschen Reich, das bereitwillig Waffen für die irische Revolution zur Verfügung stellt. Constance' Haus wird zu einem der wichtigsten Treffpunkte der Revolutionäre, vor allem, nachdem James Connolly dort Quartier bezieht. Führer der Bewegung wie Michael Collins gehen dort ein und aus und bald werden Constance und ihre Freunde rund um die Uhr observiert.

Der für Ostern 1916 geplante Aufstand endet in einem Fiasko. Streitigkeiten innerhalb der Revolutionäre vermindern die Truppenstärke. Der Marschbefehl wird erteilt und im selben Atemzug zurückgenommen. Keiner weiß genau, woran er eigentlich ist. Obwohl die Übergabe der erwarteten Waffenlieferung aus Deutschland scheitert, setzen sich die Truppen, bestehend aus Irish Volunteers unter Patrick Pearse und der Irish Citizen Army unter James Connolly, am 24. April 1916 in Bewegung.

In Dublin besetzen 1500 Kämpfer das Hauptpostamt und einige andere wichtige Gebäude, den Regierungssitz zu stürmen gelingt ihnen nicht. Trotzdem proklamiert Patrick Pearse die Irische Republik. Constance, 48 Jahre alt, in grüner Militäruniform, Federhut und umgeschnallter Waffe ist Zweite Oberkommandierende im Abschnitt St. Stephen's Green und damit die einzige Frau, die in führender Position tätig ist: »Die Stunde, auf die wir so sehnsüchtig gewartet haben, war endlich gekommen. Unser Herzenswunsch war erhört worden und wir waren sehr glücklich.«[7] Eine Woche können sich die Rebellen halten, dann liegen mehr als 1000 Tote in den verwüsteten Straßen Dublins, 500 davon sind britische Soldaten. Als Constance verhaftet wird, küsst sie ihren Revolver, ehe sie ihn an einen britischen Offizier übergibt. Noch einmal wendet sie sich an die Menge: »Wir haben versucht, unser Bestes zu geben. Wir können nur auf die Zukunft hoffen. Auch unsere Generation hat klargemacht, wie entschieden sie die Unabhängigkeit Irlands verlangt. Schon jetzt haben wir mehr vollbracht als Wolfe Tone. Mehr konnten wir nicht erwarten.«[8] Die Kutsche, die sie ins Gefängnis bringen soll, lehnt sie ab, marschiert stattdessen neben ihren geschlagenen Kameraden. Sie rechnet mit dem Schlimmsten. Von ihrer Zelle aus verfolgt sie die Hinrichtung der Anführer des Aufstands. Mehr als 15 Männer, darunter Patrick Pearse und James Connolly, werden erschossen. Connolly ist so schwer verwundet, dass man ihn auf einen Stuhl binden muss, um ihn erschießen zu können. Die irischen Nationalisten haben einen neuen Märtyrer. »Es ist absolut unmöglich, einen Mann in solch einer Position hinzurichten, ohne aus ihm einen Märtyrer oder einen Helden zu machen«, schreibt George Bernard Shaw über diese Hinrichtung.[9] Obwohl die Bevölkerung die Osteraufstände keineswegs einhellig unterstützt hat, tragen die Vergeltungsmaßnahmen der britischen Regierung und die Hinrichtung der Anführer zur antibritischen

Stimmung bei und befördern das Unabhängigkeitsstreben der Iren.

Constance selbst wird am 4. Mai 1916 zum Tode verurteilt, dann jedoch, aufgrund ihres Geschlechts, begnadigt und ins Gefängnis nach Aylesbury in England verlegt. Als das Urteil verlesen wird, sagt sie nur: »Ich wünschte, Sie hätten den Anstand, mich zu erschießen.«[10] Die Zeit im Gefängnis ist hart, die Zustände dort sind verheerend: »Jeden Abend wurde unser Porridge mit einer großen Zinnkelle aus dem Kübel geschöpft. Die Kelle lag dann über Nacht in einem schmutzigen Eimer, in dem auch die Bürste lag, mit der die Klos gescheuert wurden. Die Matratze, die man mir bei meiner Einlieferung gab, war so schmutzig, dass es jeder Beschreibung spottet. Ich musste damit zurechtkommen, bis zum Tage meiner Entlassung. Man gab mir alte Kleider, die von anderen Gefangenen schon getragen worden waren. Die Schuhe waren voller Löcher, sodass Feuchtigkeit und Schnee durchdrangen. Und immer war da die Angst, man würde sich irgendeine fürchterliche Krankheit holen.«[11]

Nach einem Jahr, im Juni 1917, wird sie im Zuge einer Generalamnestie entlassen. Bei ihrer Rückkehr nach Dublin wird sie als eine der wenigen aus den Reihen der Anführer, die die Ostertage überlebt haben, von einer jubelnden Menge begeistert empfangen. Eine Woche später tritt sie der katholischen Kirche bei. Kurze Zeit später wird sie in den Parteivorstand von Sinn Féin gewählt. Sligo ernennt sie zur Ehrenbürgerin. Constance ist gerührt. »Ich habe keine Worte, um zu beschreiben, was ich fühlte, als ich erfuhr, dass meine Heimatstadt Sligo mir eine solch große Ehre erweist.«[12] Bei ihrem Besuch dort trägt sie sich ins Goldene Buch der Stadt ein. Hinter ihren Namen setzt sie die Buchstaben I.C.A für Irish Citizen Army. Sie reist nun als Repräsentantin von Sinn Féin durchs Land, wird eine nationale Berühmtheit. Im Frühjahr 1918 wird sie gemeinsam mit 70 weiteren Sinn-Féin-Mitgliedern unter dem Vorwurf verhaftet, sich erneut mit Deutschland gegen Großbritannien verbündet zu haben. Diesmal wird sie ins Frauengefängnis nach

Holloway in England gebracht, wo sie gemeinsam mit anderen irischen Frauen, streng getrennt von den anderen Gefangenen, einsitzt.

Noch während ihrer Haftzeit endet der Erste Weltkrieg. In Großbritannien wird das Frauenwahlrecht eingeführt. Als kurz darauf die Kandidaten für die Parlamentswahlen im Dezember 1918 zusammengestellt werden, kürt Sinn Féin Constance zur Kandidatin für den Bezirk St. Patrick's in Dublin. Da sie im Gefängnis ist, kann sie keinen Wahlkampf betreiben, weder Reden halten noch Flugblätter verteilen. Über einen Brief wendet sie sich an ihre Wählerinnen und Wähler: »Es ist mir eine große Freude, dass ich als SF-Kandidatin für den Bezirk St. Patrick's nominiert worden bin. Da ich jedoch meine Freiheit nicht durch irgendein Gesuch oder eine Verpflichtung gegenüber dem Feind bewirken möchte, werdet ihr wahrscheinlich ohne mich kämpfen müssen. (...) Ich stehe für die Republik Irland, dafür, das zu erreichen, wofür unsere Helden gefallen sind. (...) Es gibt viele Wege in die Freiheit, heute dürfen wir hoffen, dass unser Weg in die Freiheit friedlich und unblutig ist; ich brauche euch nicht zu versichern, dass es ein ehrenhafter Weg sein wird.«[13] Sie setzt darauf, dass ihr langjähriger persönlicher Einsatz sie so bekannt gemacht hat, dass dies den fehlenden Wahlkampf kompensieren kann. Und sie sollte recht behalten. Bei der Wahl am 14. Dezember 1918 erhält sie doppelt so viele Stimmen wie ihr Gegenkandidat. Vor allem Frauen haben Constance gewählt. Im März 1919 wird sie aus der Haft entlassen. Ihre Ankunft in Dublin gleicht einem Triumphzug. Überall jubelnde Menschen, Mitglieder der Volunteers und der Citizen Army stehen Spalier, die Straßen sind voll mit Fahnen der Sinn Féin, die 73 Sitze für das Unterhaus gewinnen konnte. Gerührt schreibt Constance an ihre Schwester Eva: »Ich traf Abordnungen von allen Gruppen. (...) Das letzte Mal war nichts dagegen. Die Menge hatte keinen Anfang und kein Ende. Ich hielt eine Rede und dann bildete sich eine Fackelzug und begleitete mich nach St. Patrick's. Jedes Fenster war mit einer Flagge geschmückt oder mit Kerzen oder auch mit beidem. Niemals zuvor hast du solch eine Begeisterung erlebt.«[14]

Constance kehrt in ein völlig verändertes Irland zurück. Denn anstatt ihren Sitz in Westminster einzunehmen, haben die irisch-republikanischen Abgeordneten im Januar 1919 das Parlament der irischen Republik, den Dáil Éireann konstituiert. Die Veröffentlichung der von ihnen ausgearbeiteten Unabhängigkeitserklärung sowie einer irischen Verfassung wird jedoch von der britischen Regierung verboten. Am 1. April 1919 gründet sich eine eigene irische Regierung. Ministerpräsident wird Sinn-Féin-Vorsitzender Eamon de Valera, Constance Markievicz, die immer schon dem Sozialismus und den Arbeitern nahestand, wird Arbeitsministerin. Damit ist sie die erste Ministerin Westeuropas. Als Abgeordnete und Ministerin reist sie von nun an durchs Land, immer in Gefahr, bei ihren Auftritten vom britischen Geheimdienst verhaftet zu werden, was im Mai 1919 auch tatsächlich geschieht. Mit einem dreifachen Hoch auf die Republik Irland tritt sie ihren Gang ins Frauengefängnis von Cork an. Als sie nach vier Monaten entlassen wird, ist das Parlament, der Dáil Éireann, verboten: Der blutige Guerillakampf der Irish Republican Armee (IRA), wie sich die Irish Volunteers nun offiziell nennen, gegen die britischen Besatzer unter der Führung von Michael Collins hat begonnen.

Im November unternimmt die britische Regierung den vergeblichen Versuch, Constance zu deportieren. Die irische Regierung kann jetzt nur mehr versteckt zusammenkommen, aber die rebellische Gräfin fehlt bei keinem einzigen Treffen. Sie tritt auch weiterhin öffentlich auf, allerdings immer einen sicheren Fluchtweg im Auge habend: »Es ist schrecklich komisch auf der Flucht zu sein. (...) Jedes Haus ist für mich offen & jeder ist bereit mir zu helfen. Ich rase auf meinem Fahrrad durch die Stadt & es ist zu lustig, den Ausdruck auf den Gesichtern der Polizisten zu sehen, wenn sie mich vorbeizischen sehen.«[15] Meist ist sie nun verkleidet unterwegs, getarnt als ältere Dame. Aus der eleganten Gräfin wird Charlies Tante, oft erkannt, aber niemals verraten. Die Mitglieder der irischen Regierung flüchten über Dächer und durch Keller, aber sie halten ihre Regierungsgeschäfte aufrecht. Die Verhaftungen von

Sinn-Féin-Mitgliedern, IRA-Angehörigen und Sympathisanten nehmen täglich zu.

Am 26. September 1920 wird Constance wegen Teilnahme an einer Verschwörung verhaftet und zu zwei Jahren Zwangsarbeit verurteilt. Während sie im Gefängnis sitzt, kommt es am 21. November 1920 zum sogenannten Blutsonntag. Als republikanische Truppen 14 britische Spione erschießen, feuern die Auxiliarys, eine paramilitärische Einheit innerhalb der königlich-irischen Schutzpolizei RIC, im Croke-Park-Stadion in Dublin während eines Gaelic-Football-Spiels in die Menge. Es sterben 14 Menschen, Hunderte werden verwundet. Stunden später werden drei republikanische Häftlinge erschossen. Die Gewalt eskaliert. Allein zwischen Januar und Juli 1921 gibt es über 1000 Tote in diesem anglo-irischen Krieg. Auf beiden Seiten wächst die Bereitschaft zu Verhandlungen. Die IRA ist der britischen Armee auf Dauer nicht gewachsen, verursacht Großbritannien jedoch viele Opfer und immense Kosten. Die Briten hingegen sehen sich mit immer größerer Kritik am Vorgehen ihrer Truppen in Irland konfrontiert, besonders umstritten sind die eigens ins Leben gerufenen Black and Tans, welche durch ihr rücksichtsloses Vorgehen das Ansehen der Regierung nachhaltig schädigen. Noch während des Krieges bringt Premierminister Llyod George im Dezember 1920 im Parlament das Home-Rule-Gesetz, offiziell Government of Irland Act genannt, ein. Der komplexen Situation zwischen Protestanten und Katholiken auf der Insel Rechnung tragend, sollen zwei Parlamente geschaffen werden: in Dublin und in Belfast. Die Übertragung aller Rechte auf ein Parlament und damit die Autonomie der Insel überlässt die britische Regierung den Iren selbst. Damit wird die Teilung der Insel eingeleitet.

Im Juli 1921 beginnen zwischen Llyod George und Eamon de Valera Gespräche über einen Waffenstillstand. Am 25. Juli wird Constance aus der Haft entlassen und nimmt ihre Arbeit als Ministerin nun offiziell wieder auf. Doch noch bevor der Vertrag unterschrieben ist, kommt es zwischen den irischen Nationalisten zu ersten Unstimmigkeiten. De Valera, der die

Gespräche einst angestoßen hatte, weigert sich die Verhandlungen weiterzuführen, ist mit dem Angebot der Briten nicht einverstanden. So unterzeichnet Michael Collins als Leiter der irischen Delegation im Dezember 1921 den Friedensvertrag, der 26 der irischen Grafschaften eine Art Dominion Status gewährt: eigene Außenpolitik, volle Hoheit über die Innenpolitik, der englische König bleibt das Staatsoberhaupt, auf das die irischen Abgeordneten einen Treueid schwören müssen, Irland bleibt Mitglied des Commonwealth und ist zur Verteidigung des Königreiches verpflichtet. Die sechs nördlichen Provinzen von Ulster bilden Nordirland und bleiben Teil des Vereinigten Königreiches. Der Vertrag ist in Irland populär, innerhalb von Sinn Féin, die für ein vereintes unabhängiges Irland kämpft, ist er höchst umstritten. Als die Abgeordneten im Dáil ihm zustimmen, tritt de Valera als Ministerpräsident zurück und auch Constance stellt sich am 3. Januar 1922 auf die Seite der Vertragsgegner: »Ich stehe heute hier, um mit der ganzen Kraft meines Willens, mit der ganzen Kraft meiner Existenz gegen diesen sogenannten Vertrag – dieses Home-Rule-Gesetz, das mit dem Zuckerguss eines Vertrages überzogen ist – zu opponieren. (...) Ich bin eine ehrbare Frau und würde lieber sterben, als einen Treueid auf König Georg oder das britische Empire abzulegen.«[16] Michael Collins hingegen sieht in dem Vertragsinhalt das im Augenblick maximal Erreichbare und wirbt vehement dafür.

Die IRA spaltet sich in zwei Teile, aus einem Teil formt Michael Collins die reguläre Armee des neuen irischen Staates, der andere Teil, der weiter unter dem Namen IRA fungiert, unterstützt die Vertragsgegner um de Valera. Im April 1922 besetzen militante Vertragsgegner das Gerichtsgebäude in Dublin. Alle Versuche von Michael Collins, die Besetzer zur Aufgabe zu überreden, scheitern. Daraufhin gehen die irischen Streitkräfte mit britischer Unterstützung gegen das Gerichtsgebäude vor. Was nun folgt, ist ein blutiger Bürgerkrieg, in dem sich Constance Markievicz auf die Seite der Vertragsgegner stellt. Bei den Wahlen vom 14. Juni 1922 verliert sie ihren Abgeordnetensitz und tritt als Arbeitsministerin zurück. Die blutigen Auseinandersetzungen nehmen zu, ebenso Attentate und Hinrichtungen. Michael Collins, der den Oberbefehl über die regulären Truppen übernimmt, wird im August 1922 in Cork von einem IRA-Kommando hinterrücks erschossen. Kurz nach Unterzeichnung des Vertrages hatte er einem Mitglied der britischen Delegation gegenüber angemerkt, dass er wohl soeben sein eigenes Todesurteil unterschrieben habe.

Constance reist erneut durch Irland, hält Vorträge, agitiert gegen den Vertrag. Auf einem Foto jener Zeit sieht man die Spuren, die die politischen Auseinandersetzungen in ihrem Gesicht hinterlassen haben. Erschöpft und verbittert nach dem jahrelangen Kampf um die Unabhängigkeit, der ihr Freunde, Hoffung und Schönheit geraubt hat, erinnert nicht mehr viel an die strahlende junge Frau, die einst antrat, Irland zu verändern. Am 6. Dezember 1922 wird der »Irische Freistaat«, der Vorläufer der Republik Irland, offiziell ausgerufen. Als Eamon de Valera im April 1923 einen einseitigen Waffenstillstand ankündigt, sind mehr als 12000 IRA-Mitglieder im Gefängnis oder im Internierungslager. Es macht keinen Sinn mehr, weiterzukämpfen: »Soldaten der Republik Irland. Legion der Nachhut. Die Republik kann nicht länger erfolgreich durch eure Hände verteidigt werden. Weitere Opfer an Menschenleben sind vergebens.«[17] Am 24. Mai 1923 endet der irische Bürgerkrieg. Bei den Wahlen im August gewinnt Constance Markievicz ihren Sitz im Dáil zurück. Im folgenden November wird sie verhaftet, weil sie sich für die noch immer inhaftierten republikanischen Gefangenen einsetzt. Mehr als 11000 Frauen und Männer sind noch in Haft. Im Gefängnis tritt sie gemeinsam mit anderen inhaftierten Frauen in den Hungerstreik. Am 23. Dezember kommt sie frei.

1926 tritt sie der neuen Partei Eamon de Valeras, Fianna Faíl, bei. De Valera stellt sich der politischen Realität, von 1932 bis 1959 wird er mit kurzen Unterbrechungen irischer Ministerpräsident sein, von 1959 bis 1973 irischer Staatspräsident. Im Juni 1926 stirbt Constance' über alles geliebte Schwester Eva, mit der sie all die Jahre engsten Kontakt gehalten hat. Damit verliert sie die letzte Brücke zur Familie und ihre beste Freundin: »Alles erscheint mir sinnlos. Ich kann es einfach nicht begreifen. Es gab niemanden, der so war wie sie.«[18] Der Tod ihrer Schwester erschüttert die ohnehin angeschlagene Constance auch gesundheitlich. Im Juli 1927 erkrankt sie so schwer, dass Casimir Markievicz und sein Sohn nach Dublin eilen. Am 15. Juli 1927 stirbt Constance mit 59 Jahren im Beisein der beiden und Eamon de Valeras. Ihre Beerdigung wird zu einem Staatsbegräbnis. Alle noch lebenden Führer der republikanischen Bewegung geben ihr die Ehre, Tausende säumen die Straßen, als die irische Revolutionärin und erste britische Parlamentsabgeordnete Countess Constance Markievicz am 17. Juli 1927 ihre letzte Reise antritt. Eamon de Valera hält die Trauerrede: »Madame Markievicz ist von uns gegangen, Madame, die Freundin der Kämpfer, die Geliebte der Armen. Bequemlichkeit und gesellschaftliche Position gab sie auf und wählte den schweren Weg des Dienstes an den Schwachen und Unterdrückten. Opfer, Unverständnis und Verachtung lagen auf dem Weg, den sie einschlug, aber sie ging unerschrocken weiter. Sie ruht nun in Frieden bei ihren Mitstreitern für das Recht – beweint von den Menschen, für deren Freiheit sie kämpfte, gesegnet durch die Gebete der Armen, für die sie sich bemühte eine Freundin zu sein. Die Welt kennt sie nur als eine Soldatin für Irland, aber wir kennen sie als eine Kollegin und Kameradin. Wir kennen die Liebenswürdigkeit, ihr großes Herz, ihre große irische Seele und wir wissen, dass der Verlust, den wir erlitten haben, durch nichts zu ersetzen ist.«[19]

Die Uniform, die sie beim Osteraufstand 1916 getragen hatte, wird ihrem Grab beigelegt. Die Republik Irland setzt der rebellischen Gräfin im Laufe der Jahre zahlreiche Denkmäler. Das letzte wird 2003 in ihrer Heimat Sligo erreichtet – zum Gedenken daran, wie schwer die Freiheit oft zu erreichen ist.

IX
Die Propaganda der Tat

Emma Goldman (1869–1940),
die gefährlichste Frau
der Vereinigten Staaten

»Die Freiheit wird nicht zu einem Volk herabsteigen,
ein Volk muss sich selbst zur Freiheit erheben«[1]

Die herausragende Figur des amerikanischen Anarchismus ist eine Frau: Emma Goldman, unbezwingbare Streiterin für die Selbstbestimmung des Menschen. In der Geschichte gab es nur wenige Frauen, die an so vielen Fronten, mit so hohem Einsatz kämpften wie sie. Weder Gefängnis noch Deportation konnten sie von ihrem Glauben an die Autonomie des Individuums abhalten. Ihre Aktionen und Schriften machten Schlagzeilen und führten dazu, dass sie diesseits und jenseits des großen Teichs berühmt und zugleich berüchtigt war. Ihre Texte trugen entscheidend zur theoretischen Weiterentwicklung des Anarchismus bei und gelten als Klassiker anarchistischen Denkens. Für ihre Kompromisslosigkeit erntete sie ebenso glühende Bewunderung wie strikte Ablehnung. Emma Goldman war eine Fürsprecherin gewalttätiger Aktionen und politischer Attentate und zugleich eine der großen Gestalten der amerikanischen Friedensbewegung im Ersten Weltkrieg. Sie wirkte in den USA, in der Sowjetunion und im Spanischen Bürgerkrieg, war stets auf der Seite der Ausgebeuteten, Unterdrückten und Entrechteten. Niemals jedoch war sie blind gegenüber den Fehlern ihrer Genossen, was sie jenseits aller Ideologie zu einer wahren Kämpferin für die Menschenrechte macht.

Geboren wird Emma Goldman am 27. Juni 1869 im zaristischen Russland in Kowno (Kaunas/Litauen). Ihr Vater Abraham Goldman ist ein Patriarch, der seine Kinder schlägt. Vom siebten bis zum dreizehnten Lebensjahr lebt Emma bei ihrer Großmutter in Königsberg. Hier erhält sie die einzige Schulausbildung, die sie je genießen wird. In der Zeit der politischen Unterdrückung nach dem von Vera Figner mitinitiierten Attentat auf Zar Alexander II. übersiedelt die Familie nach St. Petersburg. Dort strickt Emma Schals in einer Fabrik und kommt zum ersten Mal in Kontakt mit den verschiedensten revolutionären Ideen. In den Gesprächen der Arbeiter dreht sich alles um die Zaren-Attentäter. Heftig diskutiert wird die Frage, ob revolutionäre Gewalt ein Mittel zur sozialen Transformation sein kann. Emma schwärmt für die unerschrockenen Attentäter und stößt auf die Schrift, die zum Ausgangspunkt ihres eigenen libertären Denkens wird: Nikolai Tschernyschewskis »Was tun?«. Sie gerät in Konflikt mit dem autoritären Vater, der seine Tochter am liebsten sofort verheiraten würde. Doch Emma will studieren, arbeiten, die Welt sehen und wenn, dann nur aus Liebe heiraten. Als sie 17 Jahre alt ist, emigriert sie nach langen, erbitterten Diskussionen zusammen mit ihrer Schwester Helena nach Rochester/USA, wo bereits ihre ältere Schwester Lena lebt. Noch Jahre später erinnert sie sich an die Ankunft in der Neuen Welt: »Helena und ich standen aneinandergedrängt, hingerissen von dem Anblick des Hafens und der Freiheitsstatue, die plötzlich aus dem Nebel auftauchte. Ja, das war sie, das Symbol der Hoffnung, der Freiheit und der Möglichkeiten für jedermann! Ihre Fackel leuchtete, wies uns den Weg in das freie Land, das Asyl der Unterdrückten aller Länder. Auch wir, Helena und ich, würden einen Platz im großen Herzen Amerikas finden.«[2] Zunächst findet sie jedoch Arbeit in einer Textilfabrik und erlebt die widrigen Bedingungen, unter denen die Menschen auch hier für ihr Auskommen schuften, am eigenen Leib. 1887 heiratet sie ihren Arbeitskollegen Jacob Kershner. Dadurch wird sie amerikanische Staatsbürgerin, doch die Ehe ist nicht glücklich. Im November desselben Jahres wird sie Zeuge des Haymarket-Massakers, das sie mit einem Schlag gegen das herrschende System aufbringt und sie endgültig zur Anarchistin werden lässt.

Im Frühjahr 1886 war es in den USA zu einer großen Kampagne für den Acht-Stunden-Tag gekommen. Anarchisten stritten dabei an vorderster Front. Zentrum der Auseinandersetzungen war Chicago, wo besonders deutsche Einwanderer innerhalb der anarchistischen Bewegung eine wichtige Rolle spielten. Nach Arbeitsniederlegungen und friedlichen Protesten zum 1. Mai ging die Polizei zwei Tage später gewaltsam gegen streikende Arbeiter vor. Daraufhin kündigten die Anarchisten eine große Kundgebung auf dem Haymarket an. Als die Polizei am 4. Mai die Demonstration trotz ihres friedlichen Verlaufs aufzulösen versuchte, explodierte eine Bombe, die sieben Polizisten tötete. Die Polizei schoss daraufhin in die Menge, mehrere Menschen starben. Zahlreiche Anarchisten wurden festgenommen, fünf davon am 11. November 1887 gehängt, obwohl man ihnen keine direkte Verantwortung für das Attentat nachweisen konnte.[3]

Die Proteste sind enorm, unzählige politische Aktivisten stellen sich auf die Seite der Anarchisten. Der Ruf nach politischer Gewalt und der Notwendigkeit des individuellen Terrors wird lauter. Einer, der für die Propaganda der Tat eintritt und Emma Goldman stark beeinflusst, ist der ehemalige sozialdemokratische Reichstagsabgeordnete und deutsche Anarchist Johann Most. Most plädiert dafür, ähnlich wie Brutus, das Volk durch einen moralisch legitimierten Tyrannenmord aus seiner Lethargie zu reißen. Das Attentat soll die Verwundbarkeit der Macht aufdecken und zum Fanal für die Revolution werden. Der Unterdrückung des Volkes könne nur mehr mit Gewalt begegnet werden.[4] Emma Goldman folgt ihm in diesen Anschauungen. Auch für sie ist politische Gewalt ein legitimes Mittel, um den politischen und sozialen Wandel herbeizuführen. Die Arbeit für diesen Wandel soll fortan ihr Leben bestimmen. Sie verlässt ihren Mann und geht nach New York: »Ich war 20 Jahre alt. Alles, was in meinem Leben bisher passiert war, hatte ich hinter mir gelassen, weggeworfen wie abgetragene Kleidung. Eine neue Welt stand mir bevor, fremd und beängstigend. Aber ich war jung, gesund und hatte ein leidenschaftliches Ideal. Was immer das Neue mir bringen sollte, ich war bereit, es unerschrocken zu meistern.«[5]

In New York lernt sie Johann Most, den Herausgeber der deutschsprachigen anarchistischen Zeitschrift *Freiheit*, persönlich kennen. Er nimmt sie unter seine Fittiche, schult sie zur Propagandarednerin. Es entwickelt sich ein inniges Verhältnis, das über die politische Verbindung weit hinausreicht: »Most wurde mein Idol; ich betete ihn an«, wird sie später schreiben.[6] Durch Most lernt sie auch den wichtigsten Menschen ihres Lebens kennen: ihren späteren Lebensgefährten, lebenslangen Freund und Seelenverwandten Alexander »Sascha« Berkman. Berkman ist vor einiger Zeit aus Russland in die USA emigriert, nachdem er aufgrund seiner politischen Anschauungen dort unter Druck geraten war. Wie Emma ist auch er von Most, in dessen Druckerei er als Lehrling arbeitet, stark beeinflusst. Bis zu Berkmans Tod im Jahre 1936 werden die beiden zusammenbleiben. Zunächst als Liebespaar, später als Genossen – jedoch immer freiwillig. Denn nach Emma Goldman können Menschen nur auf der Basis der Freiwilligkeit, selbstbestimmt zusammenleben. Die Ehe lehnt sie als Einrichtung zur ökonomischen und gesellschaftlichen Unterdrückung der Frau ebenso ab wie tradierte Moralvorstellungen. Sie ist eine selbstbewusste, selbstbestimmte Frau, die sich ihrer Fähigkeiten und ihrer eigenen Sexualität bewusst ist. Sie liebt und genießt das Leben. Mit der Genussfeindlichkeit vieler Genossen kann sie nichts anfangen: »Ich konnte nicht glauben, dass eine Sache, die für ein schönes Ideal stand, für Anarchie, für Zufriedenheit und Freiheit von Konventionen und Vorurteilen, die Verleugnung des Lebens und der Freude fordern könnte. Die Sache durfte nicht erwarten, dass ich zur Nonne und die ganze Bewegung zu einem Kloster würde. Wenn sie es dennoch tat, wollte ich nichts damit zu tun haben.«[7] Bis heute gilt deshalb als ihr berühmtester Satz einer, den sie so wohl nie gesagt hat: »Wenn ich nicht tanzen darf, möchte ich an eurer Revolution nicht beteiligt sein.«

Als Anarchistin lehnt Emma Goldman alle Formen von Staatlichkeit und Institution ab. Sie kämpft gegen das kapitalistische Wirtschaftssystem ebenso wie gegen die Religion. Alle Institutionen, die das Individuum in seinem Streben nach

Freiheit einschränken, sind ihr zutiefst verhasst. Für sie ist der Mensch ganz im Sinne Kropotkins von Natur aus ein soziales Wesen. Die bestehenden gesellschaftlichen und politischen Organisationen verhindern die freie Entfaltung der menschlichen Solidarität. Erst wenn alle Institutionen, die der Befreiung des Menschen entgegenstehen, gestürzt sind, kann sich die wahre Gemeinschaft entwickeln. Und zum Sturz der Institutionen braucht es gezielte Gewaltanwendung. Darin ist sie sich mit Berkman einig. Als im Mai 1892 streikende Arbeiter der Carnegie Steel Company in Homestead bei Pittsburgh ihre Fabrik besetzen, solidarisieren sich die beiden. Die Situation eskaliert, als die Firmenleitung unter Henry Clay Frick die Rückeroberung der Fabrik mithilfe von Detektiven der berüchtigten Pinkerton Detektei versucht. Pinkerton, die erste Privatdetektei der USA, hat langjährige Erfahrung mit Arbeitskämpfen. Rund 2000 Agenten stehen ihr zur Verfügung, im Notfall kann sie auf bis zu 30 000 Mann zurückgreifen. Damit ist sie größer als das stehende Heer der USA! Als der Pinkerton Werkschutz anrückt, kommt es zur Revolte. Zehn Menschen sterben, über 60 werden bei den Auseinandersetzungen zum Teil schwer verletzt. Daraufhin beschließt Alexander Berkman, mit Emmas Rückendeckung, Frick, der heute vor allem durch die gleichnamige Gemäldesammlung in New York, die »Frick Collection«, bekannt ist, zu töten: »Worte bedeuteten nichts mehr angesichts des unschuldigen Bluts an den Ufern des Monongahela. Intuitiv fühlte jeder von uns, was das Herz des anderen bewegte. Sascha brach das Schweigen. ›Frick ist für dieses Verbrechen verantwortlich‹, sagte er, ›dann muss er auch zu den Folgen stehen‹. Es war der psychologische Augenblick für ein Attentat; das ganze Land war in Aufruhr, jeder hielt Frick für den Hauptverantwortlichen des kaltblütigen Mordes. Ein Schlag gegen Frick würde in der ärmsten Hütte Beifall finden, würde die Aufmerksamkeit der ganzen Welt auf die wahren Ursachen des Kampfes in Homestead lenken. Auch würde er in den Reihen der Feinde Alarm schlagen, sie würden merken, dass das amerikanische Proletariat seine Rächer hatte.«[8] Berkman dringt in Fricks Büro ein und schießt ihn nieder. Frick überlebt, Alexander Berkman wird zu 22 Jahren Gefängnis verurteilt. Zunächst verhaften die Behörden auch Emma, doch da Berkman alle Schuld auf sich nimmt, wird sie bald freigelassen. Am Tage der Urteilsverkündung stehen sich die Liebenden zum letzten Mal für neun lange Jahre gegenüber: »Ich fühlte, dass Saschas Geist sich über alles Irdische erhoben hatte. Wie ein leuchtender Stern erhellte er meine eigenen dunklen Gedanken und ließ mich wieder erkennen, dass es etwas größeres gab als persönliche Bindungen und sogar Liebe; eine alles umfassende Hingabe, die alles versteht und alles gibt, bis zum letzten Atemzug.«[9] Emma wird im Laufe ihres Lebens mit mehreren Männern zusammenleben, zwei große Lieben erleben und neue Genossen finden, doch die Verbindung zu Alexander Berkman wird stets alles überstrahlen.

Berkmans Tat hat die Nation aufgeschreckt. Auch innerhalb der anarchistischen Bewegung ist sie nicht unumstritten. Zu Emmas großer Enttäuschung stellt sich auch der Apologet der Propaganda der Tat, Johann Most selbst, gegen Berkman und erklärt, eine solche Tat habe nur Sympathien für Frick geweckt und die Sache der Streikenden diskreditiert. Emma ist aufs Höchste empört und verlangt den Widerruf dieser Aussage. Als Most dies ablehnt, stellt sie ihn bei einer Versammlung zur Rede. Als er ihr das Gespräch verweigert, schlägt sie ihm mit einer Peitsche ins Gesicht. Dann zerbricht sie die Peitsche auf ihren Knien und wirft die Einzelteile auf Most. Dies ist das Ende ihrer Zusammenarbeit und ihrer Freundschaft.

1893 muss Emma Goldman wegen »Anstiftung zum Aufruhr« zum ersten Mal für ein Jahr ins Gefängnis. In einer Rede auf dem Union Square in New York hatte sie die Arbeitslosen zur Aktion aufgefordert: »Demonstriert vor den Palästen der Reichen; fordert Arbeit. Wenn sie euch keine Arbeit geben, fordert Brot. Wenn sie euch auch das nicht geben wollen, nehmt es euch. Das ist euer heiliges Recht!«[10] Obwohl vor Gericht zwölf Zeugen zu ihren Gunsten aussagen, verurteilt sie die Jury aufgrund der Aussagen eines einzigen Kriminalbeamten, der aus ihrer Rede Aufrufe zu Revolution, Gewalt und Blutvergießen herausgehört hat. Im Gefängnis arbeitet Emma im Hospital, erlebt hautnah, was das Gefängnis aus Menschen macht. Doch sie überlebt. Später wird sie schreiben: »Die beste Schule war das Gefängnis gewesen (...). Hier hatte ich die Abgründe und Verwicklungen der menschlichen Seele kennengelernt; (...) ich hatte gelernt, das Leben mit eigenen Augen zu sehen und nicht mit denen anderer. (...) Ich hatte meine eigene Stärke entdeckt, ich konnte allein durchhalten, mein Leben leben und für meine Ideale kämpfen; auch wenn die ganze Welt gegen mich wäre. Der Staat New York hätte mir keinen größeren Dienst erweisen können, als mich ins Zuchthaus nach Blackwell's Island zu schicken!«[11]

Nach ihrer Entlassung wird sie von ihren Mitstreitern begeistert empfangen. Seit ihrem Prozess ist sie eine nationale Berühmtheit, über die die Zeitungen berichten. Sie geht jetzt auf Reisen in Sachen Selbstbestimmung des Menschen. Mehrmals fährt sie nach Europa, trifft Peter Kropotkin, Errico Malatesta und Louise Michel, die berühmteste Frau der Pariser Commune. Ein Jahr bleibt sie in Wien und lässt sich dort zur Krankenschwester ausbilden. Es ist in jenen Jahren nicht ungefährlich, für die anarchistische Bewegung zu werben. Europa und die USA werden mit Attentaten überzogen. Die Angst vor den Anarchisten wächst. Emma kehrt zurück nach Amerika.

Am 6. September 1901 erschießt Leon Czolgosz in Buffalo den amerikanischen Präsidenten William McKinley, just in dem Moment, als dieser ihm die Hand schütteln will. Zahlreiche Anarchisten werden verhaftet. Darunter auch Emma, die den Attentäter kennt und der Anstiftung zum Mord verdächtigt wird. Der Volkszorn rast. Die Zeitungen fordern die Hinrichtung Emma Goldmans, der Pöbel schreit nach Lynchjustiz. Doch man kann ihr nichts nachweisen. Am 24. September 1901 wird sie aus der Haft entlassen. Obwohl sie alles versucht, um den jugendlichen Attentäter zu retten, stirbt Leon Czolgosz am 29. Oktober 1901 auf dem elektrischen Stuhl.

Emma kehrt nun unter falschem Namen nach New York zurück. Die Maßnahmen gegen die Anarchisten werden verstärkt, sie muss ihre politische Agitation unterbrechen und arbeitet nun als Krankenschwester in der Lower East Side. Erst nach vielen Monaten kehrt sie in die Politik zurück. 1906 wird Alexander Berkman im Rahmen einer Generalamnestie entlassen. Schwer gezeichnet von der langen Haft, findet er sich nur schwer in der neuen Realität zurecht. Für Emma bricht eine schwere Zeit an: »Alles in der Gegenwart war ihm fremd, ließ ihn zurückschrecken. (...) Ich war es, die Saschas Abneigung und Verdruss am stärksten hervorrief; nicht im persönlichen Sinn, jedoch wegen der Veränderungen, die meine Einstellung zum Leben, zu Menschen und zu unserer Bewegung mitgemacht hatte. Wir schienen nicht einen gemeinsamen Gedanken mehr zu haben. Dennoch fühlte ich mich an Sascha durch die Tränen und das Blut von 14 Jahren gebunden.«[12]

Sie verwirklichen nun ein lange ersehntes Projekt, die Monatszeitschrift *Mother Earth*, die sich aus anarcho-feministischer Sicht mit dem Tagesgeschehen befasst: »Ich ging auf Wolken. Endlich sollte meine jahrelange Vorbereitungsarbeit Gestalt annehmen! Das schnell dahinschwindende gesprochene Wort sollte nicht mehr mein einziges Ausdrucksmittel sein, die Rednerbühne nicht mehr der einzige Ort, an dem ich mich heimisch fühlen konnte. Nun würde es die gedruckten Gedanken geben, die in ihrer Wirkung länger anhielten, und einen Ort, wo junge Idealisten sich in Kunst und Literatur ausdrücken konnten.«[13] Schon früh verknüpft Emma anarchistische und feministische Positionen. Sie begreift die Unterdrückung der Frau als gesamtgesellschaftliches Problem und setzt sie mit der Unterdrückung der Bevölkerung gleich. Ihre Forderungen beinhalten den gleichzeitigen Kampf für die Verbesserung der Lebensbedingungen der Frau und eine befreite Gesellschaft. Die formale Gleichstellung von Frauen und Männern in einem hierarchischen System lehnt sie strikt ab. Mit dieser Einstellung macht sie sich wenig Freunde. Ihre politischen Ansichten werden misstrauisch beäugt. 1908 wird ihr die US-Staatsbürgerschaft aberkannt. Dennoch bleibt sie politisch, taucht in den nächsten Jahren bei allen wichtigen Streiks, Demonstrationen und anarchistischen Veranstaltungen auf. 1914 nimmt sie gemeinsam mit Berkman an einer Protestaktionen gegen John D. Rockefeller teil. Die Polizei löst die Demonstrationen gewaltsam auf. Einige Anarchisten planen daraufhin einen Bombenanschlag auf Rockefeller. Am 4. Juli 1914 verlässt einer der Verschwörer die Wohnung in der Lexington Avenue in New York, in der die Bombe zusammengebaut wird. Er will Alexander Berkman aufsuchen. 15 Minuten später explodiert die Bombe. Alle Bewohner der Wohnung, einschließlich der Verschwörer, kommen ums Leben. Berkman selbst kann nichts nachgewiesen werden. Auf der Kundgebung zu Ehren der Toten hält er die Trauerrede. Ihre Asche wird in einer Urne in der Form einer geballten Faust im Büro von *Mother Earth* aufgestellt.

Bei Ausbruch des Ersten Weltkrieges organisieren die Anarchisten umgehend Versammlungen gegen den Krieg. Noch sind die USA nicht in den Krieg eingetreten, doch die Militarisierung schreitet auch hier voran. Emma ist überzeugt davon, dass erst der Militarismus besiegt werden müsse, damit Frieden werden könne: »Die Behauptung, dass eine stehende Armee und eine Flotte die beste Garantie für den Frieden sind, ist ebenso logisch wie die Annahme, der friedfertigste aller Bürger sei jener, der schwer bewaffnet herumläuft. Die Erfahrung des täglichen Lebens beweist zur Genüge, dass das bewaffnete Individuum beständig darauf aus ist, seine Stärke zu erproben. Dasselbe gilt historisch gesprochen für Regierungen. Wirklich friedliche Länder verschwenden nicht Leben und Energie auf die Vorbereitung von Kriegen und das Ergebnis ist, dass der Friede erhalten bleibt.«[14]

Am 20. April 1916 geht Emma Goldman zum zweiten Mal ins Gefängnis. Diesmal hatte sie verbotenes Informationsmaterial zur Geburtenkontrolle verteilt. Wie viele zeitgenössische Feministinnen hält sie Abtreibung für eine tragische Konsequenz sozialer Zustände und sieht in der Geburtenkontrolle eine positive Alternative. Sie hält im ganzen Land Vorträge über Empfängnisverhütung, bis sie schließlich verhaftet wird. Vor Gericht verteidigt sie sich selbst: »Ich sprach eine Stunde lang und endete mit der Erklärung, dass, wenn es ein Verbrechen wäre, für gesunde Mutterschaft und glückliche Kindheit zu arbeiten, ich stolz darauf wäre, für eine Kriminelle gehalten zu werden.«[15]

Als die USA im April 1917 in den Ersten Weltkrieg eintreten, gründen Goldman und Berkman die »Liga gegen die Einberufung«. Nun reagiert der Staat auf die Störer der nationalen Einheitsfront für den Krieg. Am 15. Juni 1917 verabschiedet der Kongress ein Anti-Spionage-Gesetz, das schwere Strafen für Kriegsbehinderung vorsieht und vor allem gegen die kriegsfeindlichen Sozialisten und Anarchisten gerichtet ist.

Da die beiden dennoch weiterhin öffentlich zur Wehrdienstverweigerung auffordern, werden die Redaktionsräume von *Mother Earth* gestürmt und die Redakteure verhaftet. Akten, Abonnementen- und Mitgliederlisten werden beschlagnahmt, Goldman und Berkman wegen Verschwörung zur Vereitelung der Einberufung angeklagt. Der Staatsanwalt fährt schwere Geschütze auf: »Glauben Sie, dass diese Frau, so wie sie vor Ihnen steht, die richtige Emma Goldman ist, diese wohlerzogene liebenswürdige Dame mit dem freundlichen Lächeln? Nein! Die richtige Emma Goldman sieht man nur auf der Rednerbühne. Da ist sie in ihrem Element und zeigt ihr wahres Gesicht. Dort entflammt sie die Jugend und treibt sie zu Gewalttaten. Wenn Sie Emma Goldman bei ihren Veranstaltungen sehen könnten, dann würden Sie erkennen, dass sie eine Gefahr für unsere freiheitliche demokratische Grundordnung ist.«[16] Das Urteil lautet auf zwei Jahre Gefängnis und eine Geldstrafe von jeweils 10 000 Dollar. Erst am 28. September 1919 werden sich die Zuchthaustüren wieder öffnen. Dazwischen liegen der Verlust von vielen Freunden, Tage voller Demütigungen und Qualen. Alexander Berkman wird noch Jahre an den Folgen der Haft leiden: »Sascha war in einem unterirdischen Kerker gefangen gehalten worden, weil er gegen die Grausamkeiten an seinen Mitgefangenen protestiert hatte. Die Zelle war zu klein, um sich darin bewegen zu können, und stank bestialisch, weil der Kübel nur einmal in vierundzwanzig Stunden geleert wurde. Er bekam nur zwei Scheiben Brot und einen Becher Wasser am Tag. (...) Das ›Loch‹ hatte eine Doppeltür und ließ so weder Licht noch Luft herein. In der Zelle, die als das ›Grab‹ bekannt war, ist man fast dem Ersticken preisgegeben. (...) Um sich vor dem Ersticken zu bewahren, musste er sich flach auf den Boden legen und seinen Mund an die Spalte pressen, wo die Doppeltür in den Stein eingepasst war. Nur das hielt ihn am Leben.«[17] Nur die während ihrer Haft sich vollziehende Oktoberrevolution gibt beiden die Gewissheit, dass sich alle Mühen dennoch lohnen. Begeistert blicken sie gen Osten.

Im Westen erwarten sie bereits neue Probleme. Unmittelbar nach ihrer Haftentlassung geraten die beiden, die nach Aberkennung ihrer Staatsbürgerschaft staatenlos sind, ins Visier der Einwanderungsbehörden: »Ellis Island wartete auf die zwei berühmten Gäste. Ich fragte mich, wer als Nächster um meine Gunst kämpfen würde. Das lang ersehnte Russland oder Amerika, meine alte Flamme? In unseren unsicheren Schicksalen war nur eines sicher: Sascha und ich würden der Zukunft begegnen wie bisher.«[18] Auf Grundlage des Sedition Act von 1918 droht ihnen als unerwünschte Ausländer die Ausweisung. Es kommt zu einer Anhörung, bei der Edgar J. Hoover, der spätere Chef des FBI, die Regierung vertritt. Emma verteidigt sich und die politische Meinungsfreiheit mit glühender Leidenschaft: »Jeder Mensch hat ein Anrecht auf jedwede Überzeugung, die ihr oder ihm beliebt, ohne dass sie oder er deswegen verfolgt werden kann ... Die freie Meinungsäußerung über Hoffen und Trachten eines Volkes ist die größte und einzige Sicherheit in einer gesunden Gesellschaft. In Wirklichkeit ist es allein diese freie Äußerung und Diskussion, die den menschenwürdigsten Weg für den menschlichen Fortschritt und seine Entwicklung aufzeigen kann.«[19] Doch es nützt alles nichts. Zusammen mit Hunderten Schicksalsgenossen werden Goldman und Berkman in die UdSSR deportiert: »Ich schaute auf meine Uhr. Es war morgens, 4 Uhr 20 am Tag des Herrn, dem 21. Dezember 1919. (...) Mir schwindelte und ich sah einen Transport von politischen Gefangenen nach Sibirien, ein Bild aus früheren russischen Tagen. Das Russland der Vergangenheit stieg vor mir auf, und ich erblickte die Märtyrer der Revolution, die ins Exil getrieben wurden. Doch, nein, hier war New York, wir waren in Amerika, dem Land der Freiheit. Durch das Bullauge konnte ich die große Stadt in der Ferne entschwinden sehen, die Silhouette war am Zickzack der Gebäude zu erkennen. Das war meine geliebte Stadt, die Hauptstadt der Neuen Welt. Das war das wirkliche Amerika, das die schrecklichen Szenen aus dem zaristischen Russland wiederholte! Ich schaute auf – die Freiheitsstatue!«[20]

Die Fahrt dauert fast einen Monat. Die Zustände unter Deck sind verheerend. Es ist ein regelrechter Gefangenentransport. Das Essen ist schlecht, die Luft zum Ersticken, die Bewacher unfreundlich. Umso größer ist die Freude, als das Schiff nach 28 Tagen die UdSSR erreicht. Emma ist überglücklich. Trotz der Spaltung von Anarchisten und Kommunisten in der Ersten Internationale will sie die Bolschewisten unterstützen: »Sowjetrussland! Geheiligter Boden, magisches Volk! Nun bist du zum Symbol der Hoffnungen der Menschheit geworden, du allein bist dazu bestimmt, die Welt zu erlösen! Ich bin hier, um dir zu dienen, geliebte ›Matuschka‹. Nimm mich an deine Brust, lass mich in dir aufgehen, mein Blut mit deinem mischen. Mein Platz ist in deinem heroischen Kampf, mein Bestes werde ich für dich hingeben!«[21]

Unmittelbar nach ihrer Ankunft in Petrograd trifft sie ihren alten Mitstreiter, den US-amerikanischen Journalisten John »Jack« Reed, wieder, dessen Beschreibung der Oktoberrevolution »Zehn Tage, die die Welt erschütterten«, Weltruhm erlangen und 1999 von der *New York Times* auf Platz 7 der 100 bedeutendsten journalistischen Werke aller Zeiten gewählt wird. Reed führt sie herum, zeigt ihr das revolutionäre Russland. Emma lernt bedeutende Größen des Sowjetstaates kennen, wie Maxim Gorki, Karl Radek, Grigori Sinowjew, Alexandra Kollontai und schließlich Lenin. Doch sie ist viel zu wach, als dass sie sich von den großen Namen beeindrucken lässt. Sehr schnell blickt sie hinter die Fassade, sieht die Schattenseiten des neuen Russlands. Auch wenn sie es zunächst kaum glauben kann, erkennt sie doch bald die grausame Rücksichtslosigkeit der bolschewistischen Revolutionäre, die jede Abweichung von der reinen Lehre verfolgen und gerade mit den Anarchisten kurzen Prozess machen: »Razzien, Menschen ins Gefängnis geworfen und erschossen für ihre Ideen! Alt und jung wurden als Geiseln benutzt, jeglicher Protest geknebelt, Ungleichheit und Günstlingswirtschaft nahmen überhand, die besten menschlichen Werte waren verraten, ja, der Geist der Revolution selbst wurde jeden Tag gekreuzigt. (...) Ich spürte die Kälte bis ins Knochenmark.«[22]

Emma und Sascha versuchen, sich um die zahlreichen Deportierten zu kümmern, die täglich in Petrograd eintreffen, doch sie scheitern am ausufernden Bürokratismus der neuen Machthaber. Auch alle anderen Pläne, am Aufbau des neuen Staates mitzuarbeiten, scheitern kläglich. Im Sommer 1920 reisen sie schließlich in die Ukraine, um sich ein genaueres Bild des Sowjetstaates zu machen. Hier besuchen sie auch ein Gefängnis, in dem die Mitstreiter des Anarchistenführers Nestor Machno, als Konterrevolutionäre gebrandmarkt, verrotten. Menschen, die durch Folter und Isolation wahnsinnig geworden ihrem nahen Ende entgegensehen, kauern in ihren Zellen, halb ohnmächtig vor Angst, was da noch kommen werde. Emma ist entsetzt, doch ihr Mitleid wird als bourgeoise Gefühlsduselei abgetan. Auf ihrer Reise durch das Land werden die beiden täglich mit der unsäglichen Armut konfrontiert, die sich mit Ausbruch des Krieges noch vergrößert. Emmas Solidarität mit den Bolschewiki schwindet. Sie erlebt nun, wie John Reed im Oktober 1920 an Typhus stirbt, ohne dass ihm medizinische Hilfe geleistet wird. Dennoch wird er mit großem Pomp an der Kremlmauer beigesetzt. Zum Schluss hatte er noch das wahre Gesicht der Revolution erkannt. Sie erlebt, wie die Tscheka, die Geheimpolizei der Sowjets, anarchistische Gefangene zur Beerdigung Peter Kropotkins im Februar 1921 »vorübergehend beurlaubt«, nur um sie umgehend wieder zu inhaftieren. Sie erlebt den Streik der Petrograder Arbeiter, die nach Brot und Heizmaterial verlangen und daraufhin nur Willkür und Unbarmherzigkeit erfahren: »Das Kriegsrecht wurde ausgerufen, die Arbeiter erhielten den Befehl, in die Betriebe zurückzukehren, im Falle der Weigerung drohte man ihnen mit dem Entzug der Rationen. Diese Drohung verfehlte ihre Wirkung vollkommen, die Arbeiter streikten weiter. Daraufhin wurden zahlreiche Gewerkschaften aufgelöst und ihre Vorsitzenden und die hartnäckig Streikenden ins Gefängnis geschafft.«[23]

In dieser angespannten Situation meutern im März 1921 die Matrosen von Kronstadt. Nichts hat die russische Revolution, selbst in den Augen ihrer Anhänger, stärker beschädigt als die Ereignisse von Kronstadt, der Inselfestung vor den Toren Petrograds. Die Matrosen solidarisieren sich mit den streikenden Arbeitern und geben die Losung »Alle Macht den Räten – keine Macht der Partei« aus. Sie stellen einen Katalog von Forderungen auf, der die Dezentralisierung der Macht, Neuwahlen der Sowjets, Wiedereinführung des Kleinhandwerks, Verfügungsgewalt der Bauern über ihr Land und Vieh, Rede- und Pressefreiheit, Versammlungsfreiheit, Freilassung aller politischen Gefangenen der sozialistischen Parteien und der Anarchisten sowie die Unabhängigkeit der Sowjets von der Kommunistischen Partei beinhaltet. Obwohl die Kronstädter einst das Rückgrat der Revolution gebildet und die Bolschewisten im Kampf gegen die Weiße Armee und die Alliierten unterstützt hatten, werden sie nun als Konterrevolutionäre gebrandmarkt. Trotzki fordert die Matrosen unmissverständlich auf sich zu ergeben, ansonsten würde die Rote Armee den Aufstand gewaltsam niederschlagen. Emma und Sascha versuchen zusammen mit anderen Anarchisten zu vermitteln und wenden sich in einem offenen Brief an Sinowjew, den Vorsitzenden des Petrograder Sowjets: »Was den Konflikt zwischen Arbeitern und Matrosen und der Sowjetmacht betrifft, so sind wir der Ansicht, dass er nicht mit Waffengewalt, sondern nur durch Verhandlungen zwischen Genossen beigelegt werden kann. (...) Genossen Bolschewisten, überlegt, ehe es zu spät ist! Ihr spielt mit dem Feuer. Ihr seid im Begriff, einen Schritt zu tun, der nicht wieder gutzumachen ist.«[24]

Doch ihre Warnungen verhallen ungehört. Am 7. März beginnt Trotzki den Artilleriebeschuss auf die 14 000 Menschen, die sich in der Festung Kronstadt verschanzt haben. Emma läuft von Pontius zu Pilatus, um jemanden zu finden, der dem Sterben Einhalt gebietet. Vergebens, niemand will seine Stimme gegen die Bolschewisten erheben. Vom Fenster ihrer Petrograder Wohnung aus verfolgt sie fassungslos das Geschehen auf der Insel. In ihren Erinnerungen berichtet sie später: »Die Kanonade auf Kronstadt dauerte ohne Unterlass zehn Tage und Nächte und kam am Morgen des 17. März zu einem plötzlichen Ende. Die Stille, die über Petrograd hereinbrach, war furchtbarer als der Lärm von dem unaufhörlichen Beschuss in den Nächten zuvor. (...) Am späten Nachmittag wich die Spannung stummem Entsetzen. Kronstadt war geschlagen – Zehntausend niedergemetzelt – die Stadt im Blut ertränkt. (...) Schlaff saß ich da und starrte in die Nacht. Petrograd war in ein schwarzes Leintuch gehüllt, ein hässlicher Leichnam. Die Straßenlaternen flackerten gelblich – Kerzen für den Toten.«[25]

Die blutige Niederschlagung des Kronstädter Matrosenaufstandes entfremdet Emma vollends von den Bolschewiki. Die Weigerung vieler Freunde, sich gegen die Partei zu stellen und zu protestieren, macht sie schaudern: »Ich war besessen von der schrecklichen Vorstellung, dass auch wir – Sascha und ich – dieses Stadium erreichen und so rückgratlos und fügsam wie diese Leute werden könnten. Alles lieber als das. Gefängnis, Exil, sogar Tod. Oder Flucht! Flucht vor diesem entsetzlichen Trugbild, das sich Revolution nannte.«[26]

Sie hat genug gesehen. Das ist nicht die Revolution, von der sie geträumt hat, für die sie so viel auf sich genommen hat. Um sie herum werden täglich Anarchisten, Sozialrevolutionäre und Menschewiki verhaftet. Der große Anarchist Rudolf Rocker schreibt später über diese Zeit: »Zwei Jahre lang war Emma im roten Vaterlande des Proletariats und sah und suchte. Bis ihr allmählich die schmerzliche Erkenntnis aufging, dass hinter all den tönenden Worten, mit denen die proletarischen Machthaber die Welt verblendeten, nur eine neue Gewaltherrschaft lauerte, die sich anschickte, die alte zu ersetzen. Lange sträubte sie sich gegen diese bitterste Erkenntnis ihres Lebens, kämpfte mit sich und mit dem treuen Freund vieler Jahre, der mit der Hartnäckigkeit des ehrlichen Menschen noch immer versuchte, die furchtbaren Umstände für jede Ungerechtigkeit verantwortlich zu machen. Bis endlich die Schüsse von Kronstadt krachten und die Pioniere der Revolution in Reihen niedermähten. Da hatte auch für Berkman und so manchen anderen alles Schwanken ein Ende. Emma wusste jetzt, sah es mit ihren eigenen Augen, dass die Diktatur, die man die proletarische nannte, und die doch nie etwas anderes sein konnte als ein Machtmittel für neue Emporkömmlinge, dem Volke ebenso wenig die Freiheit und den Sozialismus bringen konnte, wie die Diktatur des Krieges die Welt für die Demokratie reif gemacht hatte. Denn man kann die Menschen nicht mit den Mitteln des schlimmsten Despotismus befreien. ›Der Sozialismus wird frei sein oder er wird nicht sein‹.«[27]

Nachdem einige ihrer engsten Freunde in die Hände der Tscheka fallen und hingerichtet wurden, ist ihres Bleibens nicht länger. Mitten hinein in die Planungen ihrer heimlichen Flucht erhalten Goldman und Berkman eine Einladung zum Anarchistenkongress in Berlin. Jetzt können sie legal auszureisen. Am 1. Dezember 1921 steigen sie in den Zug. Nur zwei Jahre sind seit ihrer Ankunft vergangen, doch für Emma ist nichts mehr wie zuvor: »Meine Träume zerstört, mein Glaube gebrochen, mein Herz ein Stein. ›Matuschka Rossija‹ blutend aus tausend Wunden, ihre Erde bedeckt mit Toten. Ich klammerte mich an den Griff der vereisten Fensterscheibe, biss die Zähne zusammen und unterdrückte mein Schluchzen.«[28]

Sie gehen ins Exil, doch zunächst ist kein Land bereit, sie aufzunehmen. Es folgt ein kurzer Aufenthalt in Schweden, doch an eine dauerhafte Aufenthaltsgenehmigung ist nicht zu denken. Emma verfasst erste Artikel über ihre Erlebnisse in der UdSSR. Die Empörung, die ihr von kommunistischer Seite entgegenschlägt, ist grenzenlos. Sie wird als Renegatin beschimpft, als Verräterin an der heiligen Sache der Revolution, als gekaufte

Agentin des amerikanischen Geheimdienstes und des Kapitals. Für eine Weile übersiedeln sie nach Berlin, wo sie das Buch *My Disillusionment in Russia* verfasst. Es erscheint 1923. Dem Rat ihrer Freunde Milly und Rudolf Rocker folgend geht Emma im Juli 1924 nach England. Hier herrscht ein offenes politisches Klima und sie wird als die weltberühmte Anarchistin, die sie ist, zu zahlreichen Empfängen gebeten. Doch wo immer sie auch die Wahrheit über die Verhältnisse in der UdSSR schildert, bricht Tumult aus, wird sie beschimpft und angegriffen. Vor allem die Labour Party meidet sie bald wie der Teufel das Weihwasser. Hatte doch der spätere Parteivorsitzende George Lansbury gerade erklärt, die Lehren Jesu seien nun endlich in der Sowjetunion Wirklichkeit geworden. Aber allen Schwierigkeiten zum Trotz hält Emma an ihrem Versprechen fest, die Not leidenden Genossen in Russland zu unterstützen und ihre Situation publik zu machen. Die wichtigste Erkenntnis, die sie aus der UdSSR mitgebracht hat, ist die, dass der Zweck keineswegs immer die Mittel heiligt: »Es kann nicht genug betont werden, dass Revolution umsonst ist, wenn sie nicht von ihrem Endziel inspiriert ist. Revolutionäre Methoden müssen im Gleichklang sein mit revolutionären Zielen. Die Mittel, die man anwendet, um die Revolution zu fördern, müssen mit deren Zielen harmonisieren. Kurz, die ethischen Werte, die die Revolution in der neuen Gesellschaft etablieren möchte, müssen schon mit den revolutionären Aktivitäten der sog. Übergangsphase zum Tragen kommen. Diese kann als wahre und verlässliche Brücke zu einem besseren Leben nur dann dienen, wenn sie aus demselben Material gebaut ist wie das zu erreichende Leben. Revolution ist der Spiegel des kommenden Tages; sie ist das Kind, das der Mann von Morgen sein soll.«[29]

1926 heiratet sie James Colton, der ihr zur britischen Staatsbürgerschaft verhilft. Nun kann sie wieder reisen. Sie geht für vier Monate nach Frankreich und lässt sich mit Unterstützung Peggy Guggenheims in Saint-Tropez nieder. Ihr Haus mit dem Namen »Bon Esprit« wird in den Folgejahren zum Treffpunkt vieler Intellektueller. Sie geht auch wieder auf Vortragsreisen.

Am 9. April 1927 erhält sie in Kanada die Nachricht von der Hinrichtung Saccos und Vanzettis. Die ganze Welt hatte für die Freilassung der beiden amerikanischen Anarchisten gekämpft, die wegen der Beteiligung an einem Raubmord zum Tode verurteilt worden waren. Der Prozess ist und war ebenso umstritten wie ihre Schuld, die niemals eindeutig geklärt werden konnte. Kritiker sehen in dem Fall bis heute einen politisch motivierten Justizmord. 1977 werden beide posthum vom Gouverneur von Massachusetts Michael Dukakis rehabilitiert werden. Für Emma Goldman ist die Hinrichtung Saccos und Vanzettis nur ein endgültiger Beweis dafür, wie wenig sich seit dem Haymarket-Massaker geändert hat. Sie kehrt nach Saint-Tropez zurück und beginnt ihr Leben aufzuschreiben: »Mein Leben – ich hatte es gelebt mit seinen Höhen und Tiefen, in bitterer Trübsal und jauchzender Freude, in schwarzer Verzweiflung und fiebernder Hoffnung. Ich hatte den Kelch bis zum letzten Tropfen geleert. Ich hatte mein Leben gelebt.«[30] Bis 1932 wird sie diese Arbeit in Anspruch nehmen. 1934 darf sie zum ersten Mal wieder in die USA einreisen. Sie erhält die Genehmigung für eine Vortragsreihe, unter der Bedingung, dass sie sich öffentlicher politischer Diskussionen enthält. Zwei Jahre später trifft sie der schwerste Schicksalsschlag ihres Lebens. Alexander Berkman, der sich unweit von ihr in Nizza niedergelassen hatte, erschießt sich am 28. Juni 1936. Er hatte die Anstrengungen der vielen Haftjahre niemals ganz verwunden und litt zudem seit einigen Jahren unter schweren Schmerzen infolge von Prostatakrebs. Emma schafft es gerade noch an sein Sterbebett. Rudolf Rocker schreibt über diese Tragödie: »Der Schuss, der dem Leben Alexander Berkmans ein Ende setzte, fand in Emmas Seele einen grausigen Widerhall. Ihr war der beste Freund gestorben, den sie im Leben hatte, mit dem sie innerlich verwachsen war wie mit keinem andern. Zwei Menschenleben, grundverschieden in ihren Neigungen, Anlagen und Empfindungen, aber geeint durch ein großes Ziel und die enge Freundschaft eines Menschenlebens. Was Emma damals verlor, wissen nur die, denen sie ihr Herz ganz öffnen konnte. Eine erschütternde Tragödie.«[31]

Emma ist am Ende, doch sie wäre nicht die bedeutendste Anarchistin des 20. Jahrhunderts, würde sie sich nicht auch in der Stunde des eigenen Leides an die Seite der Unterdrückten stellen. Bei Ausbruch des Spanischen Bürgerkrieges geht sie nach Spanien, um die Anarchisten im Kampf gegen Franco zu unterstützen. In Barcelona sieht sie endlich verwirklicht, wofür sie immer gekämpft hatte: die Selbstbestimmung des Menschen. Als Buenaventura Durruti, Anführer der gleichnamigen anarchistischen Kolonie, 1936 unter mysteriösen Umständen ums Leben kommt, schreibt Emma Goldman einen Nachruf unter dem Titel: »Durruti ist tot, aber er lebt«. Dabei zitiert sie aus einem Gespräch mit Durruti, das auch ihre eigenen Empfindungen wiedergibt: »Ich bin mein ganzes Leben lang Anarchist gewesen, und ich hoffe, ich werde es auch weiterhin bleiben. (...) Ich glaube an die Freiheit, wie ich immer an sie geglaubt habe, Freiheit im Sinne von Verantwortlichkeit. Ich halte Disziplin für unentbehrlich, aber es muss eine Selbstdisziplin sein, die einem gemeinsamen Ideal und einem starken Kameradschaftsgefühl entspringt.«[32]

Auch wenn sie findet, dass die Anarchisten zu große Zugeständnisse an die Kommunisten gemacht haben, versucht sie als Vertreterin des Iberischen Anarchistischen Bundes (CNT-FAI) in England Verbündete für die Volksfront zu gewinnen. Doch ihr ist nur mäßiger Erfolg beschieden. Sie reist weiter nach Kanada, um dort in Vorträgen auf die Lage in Spanien und die Bedrohung durch den Faschismus aufmerksam zu machen. Hier stirbt sie am 14. März 1940 im Alter von 70 Jahren an einem Schlaganfall. Die US-Behörden erlauben die Überführung ihrer Leiche in die USA, wo sie in Chicago beigesetzt wird. Ihr Grab liegt in der Nähe der Gräber der Hingerichteten des Haymarket-Aufstandes, mit dem ihr politisches Leben dereinst begonnen hatte. Auf ihrem schlichten Grabstein sind die Worte eingemeißelt: »Die Freiheit wird nicht zu einem Volk herabsteigen; ein Volk muss sich selbst zur Freiheit erheben.« Rudolf Rocker schrieb in seinem Nachruf auf die Frau, die einst als die gefährlichste Frau der USA gegolten hatte: »Sie wollte die Welt von der Hässlichkeit des Elends befreien, wollte Sonnenschein und Hoffnung in die müden Seelen der von geistiger und körperlicher Armut Geschlagenen tragen und sie zum Kampfe gegen tausendjähriges Leid und Unrecht anregen. Sie fühlte im eigenen Herzen die Not der Zeiten, die wie ein Fluch aus grauer Vorzeit auf Millionen lastete und ihnen den Platz am Tisch des Lebens versagte. Recht forderte sie in einer Welt, die das Kainszeichen allen Unrechts auf der Stirn trug, Wahrheit in einer Gesellschaft, die nur der Lüge diente und dem Trug der Stunde.«[33]

X
Der Blick der Güte
Tina Modotti (1896–1942), die Jeanne d'Arc mit der Kamera

»Ich lege zu viel Kunst – zu viel Energie –
in mein Leben, und daher bleibt mir nichts,
was ich der Kunst geben kann.«[1]

Der chilenische Dichter und Literaturnobelpreisträger Pablo Neruda hat ihr 1942 ein Gedicht gewidmet, von dem eine Strophe in ihren Grabstein gemeißelt ist: »Schwester, du schläfst nicht, nein, du schläfst nicht; vielleicht hört dein Herz die gestrige Rose wachsen, die letzte gestrige Rose, die neue Rose. Ruhe sanft Schwester«.[2] Der mexikanische Maler Diego Rivera hat sie in seinen weltbekannten Wandgemälden verewigt. Der US-amerikanische Fotograf Edward Weston schoss mit ihr eine berühmt gewordene Fotostrecke. Ihre eigenen Fotos erzielen heute Höchstpreise auf Kunstauktionen. Tina Modotti war Schauspielerin, Geliebte und Muse, Revolutionärin, Kommunistin und begnadete Fotografin. In ihren Bildern war Leid und Elend erkennbar, aber stets auch die Würde der Menschen. Als Revolutionärin und Fotografin war sie immer eine Verbündete des einfachen Volkes.

Tina Modotti wird am 17. August 1896 in eine arme Arbeiterfamilie aus dem italienischen Udine hineingeboren. Ihr Taufname lautet Assunta, Tina ist die Koseform, die bleibt. Sie hat vier Geschwister, die der Vater, Guiseppe Modotti, mit allerlei Gelegenheitsarbeiten durchbringt. Später wird sie ehrfurchtsvoll von ihm als echter Kämpfernatur und unermüdlichem Arbeiter sprechen. Als Tina zwei Jahre alt ist, ziehen die Modottis nach Österreich, wo der Vater in Kärnten Arbeit beim Eisenbahnbau gefunden hat. Es ist ein armseliges Leben, in dem es oft nur das Nötigste gibt. Trotzdem bleiben die Modottis mehrere Jahre in Österreich. Tina geht hier zur Schule, lernt deutsch und erfährt als Fremde am eigenen Leib, wie wichtig die Nationalität sein kann. Gemeinsam mit dem politisch engagierten Vater besucht sie Protestveranstaltungen der Arbeiter, die sich gegen die oft unzumutbaren Arbeitsbedingungen wehren. Ihren ersten 1.-Mai-Umzug erlebt sie als kleines Mädchen auf den Schultern des Vaters.

Nach sieben entbehrungsreichen Jahren beschließt Guiseppe Modotti seinem Bruder in die USA zu folgen. In Europa sieht er keine Perspektive für sich und die Familie. Der Rest der Familie geht zurück nach Udine. Der Weggang des Vaters lässt die Modottis in bitterer Not zurück: »Monatelang hatten wir keine Nachricht von ihm, und er schickte auch kein Geld, weil er keine Arbeit hatte«, erzählt Tina später.[3] Die Ernährung der Familie reduziert sich auf das typische Armengericht des Friauls: Polenta.

Nach vier langen Jahren ist die Familie noch immer getrennt und droht zu verelenden. Tina muss die Schule abbrechen und beginnt in einer Seidenspinnerei zu arbeiten. Die Erinnerung an die harten Jahre dort wird sie zeit ihres Lebens begleiten. Was sie später in ihren Fotos auszudrücken vermag, hat sie selbst erlebt. Nach sechs Jahren hat der Vater genug Geld gespart, um die älteste Tochter Mercedes in die USA nachzuholen. Eineinhalb Jahre später folgt Tina. Im Juni 1913 bricht sie an Bord des deutschen Dampfschiffes Moltke in die Neue Welt auf. Sie lässt sich in San Francisco nieder, wo der Vater es zum Besitzer einer kleinen Reparaturwerkstatt gebracht hat. Erneut arbeitet sie in einer Textilfabrik, diesmal steht sie am Fließband einer Hemdenfabrik. Nebenbei jobbt die schöne Tina aber auch als Mannequin, als Künstlermodel und als Hutmacherin. Sie ist eine blendende Erscheinung, schön, ernsthaft und voller Pläne. Als der Erste Weltkrieg ausbricht, meldet sie sich freiwillig beim Italienischen Roten Kreuz. Die Sorge um die in Italien verbliebenen Familienmitglieder wächst.

Etwas Ablenkung bietet die 1915 in San Francisco stattfindende Panama Pacific Ausstellung. Tina ist fasziniert und wird Dauergast der zehn Monate dauernden Ausstellung mit ihren über 11000 Kunstwerken. Wissbegierig saugt sie alles in sich auf, ihre Leidenschaft für Kunst ist geweckt. Sie schreibt nun Gedichte und versucht sich in Textildesign. Im Juli 1915 steht sie zum ersten Mal auf einer Theaterbühne, in dem Stück »Stenterello der Trottel«. Ihr Auftritt gefällt, Kritik und Publikum sind äußerst angetan von der jungen Frau und sagen ihr eine vielversprechende Karriere voraus. Nach mehreren Auftritten in Provinztheatern erhält sie im April 1917 ein festes Engagement in San Francisco. Die Zuschauer liegen der schönen jungen Frau zu Füßen: »Tina Modotti, die hübsche Signorina (...), hätte ihr professionelles Debüt in keiner passenderen Komödie geben können, einem Stück, das ihrer Mischung aus gefühlvoller Stimme und Emotionalität sehr entgegenkommt. Ihre angeborene künstlerische Empfindsamkeit wird ihr eines Tages den Ruhm einer brillanten und beneidenswerten Karriere einbringen. Die Jahre werden vergehen, und die Zeiten sich ändern, aber der gestrige Auftritt wird immer in Erinnerung bleiben als der einer Seele, die ihre Kunst liebt.«[4]

Ende 1917 lernt Tina den 27-jährigen Roubaix de l'Abrie Richey, genannt Robo, kennen. Der aus wohlhabendem Elternhaus stammende Robo lebt ein freies Leben als Maler, Schriftsteller und Bohemien. Der verheiratete Mann gilt als Ladykiller, der seine Frau ständig betrügt. Tina und er sind bald unzertrennlich. Und sie sind ein auffallendes Paar: gut aussehend, extravagant und schick. Stets ist Tina nach der neuesten Mode gekleidet, nur selten sieht man sie ohne Hut. Sie ist begeistert von Robos hochfliegenden Plänen, seiner Kultiviertheit, seinem vermeintlichen Wissen: »Wenn Tina etwas für wichtig hielt, zeigte ihre Haltung: Ich bin für dich da. Niemand sonst existiert. Wir leben für diesen Augenblick«, erinnert sich ein damaliger Freund.[5]

Dank Robo verkehrt Tina nun in Künstlerkreisen, trifft Schriftsteller, Maler und Intellektuelle und wird sich schmerzlich ihres Bildungsdefizits bewusst. Ihre Theaterkarriere erreicht im Sommer 1918 ihren Höhepunkt, sie wird zu einem Star der Westküste. Dennoch verlängert sie ihren Vertrag nicht.

Im August 1918 lässt Robo sich scheiden, im September verlassen die beiden San Francisco mit unbekanntem Ziel. Erst Wochen später erfahren die enttäuschten Theaterbesucher, dass ihr Star sich in Los Angeles aufhält und kurz zuvor in einer romantischen Trauung in Santa Barbara Robos Frau geworden ist. Eine Geschichte, an der Tina ihr ganzes Leben lang festhalten wird und die nicht einen Funken Wahrheitsgehalt besitzt. Sie sind nicht verheiratet. Die beiden lieben es, sich in Szene zu setzen. So erfinden sie rund um Robos frankokanadische Herkunft eine solche Story, dass sie irgendwann als französische Adelige gelten. Aus Tina wird Tina de Richey oder auch Tina Modotti de Richey.

Gegen Ende des Ersten Weltkrieges bezieht das Paar ein schickes Apartmenthaus in bester Lage. Hier beschäftigen sie sich mit dem Batiken von Stoffen, für die sie nicht nur Käufer finden, sondern auch höchstes Kritikerlob ernten. Tina spielt nun auch wieder Theater und sitzt in einer ihrer Batikroben Modell für eine Fotostrecke der Fotografin Jane Reece. Nebenbei hat sie genug Zeit, endlich die lang vermisste Bildung aufzuholen, liest Freud, Oscar Wilde und Nietzsche.

1920 spielt sie ihre erste und einzige Hauptrolle in einem Film, »The Tiger's Coat«. Er wird ein Riesenflop und Tina kehrt der Filmindustrie Hollywoods ein für alle Mal den Rücken. Nicht aber seinen Schauspielern und Künstlern. Als sie aufgrund ihrer angespannten finanziellen Situation in ein kleineres Apartment umziehen müssen, wird dies zum Treffpunkt des Jetsets und Tina selbst zum umschwärmten Mittelpunkt der rauschenden Partynächte. In einer dieser Nächte lernt sie Edward Weston kennen, einen der bedeutendsten amerikanischen Fotografen des 20. Jahrhunderts. Anfang 1921 steht sie ihm zum ersten Mal in seinem Studio Modell für eine Bilderserie. Aus der Zusammenarbeit mit dem verheirateten Mann und vierfachen Vater wird Liebe. Glücklich schreibt Tina im Sommer 1921 an Weston: »Wann kann ich kommen? Ich warte, dass Du mich rufst. (…) Ich brauche nur die Augen zu schließen, um mich Dir, nicht wieder, sondern immer noch, nahe zu fühlen in dieser geliebten

Dunkelheit – den Geschmack von Wein noch auf den Lippen und den Druck Deines Mundes auf meinem.«[6]

Etwa zur gleichen Zeit erhält Robo eine Einladung nach Mexiko, das zehn Jahre nach Ende der Revolution die Bildung des Volkes in Angriff nehmen will. Er soll dort eine Lehrtätigkeit übernehmen und eine Ausstellung organisieren. Mexiko mit seinem revolutionären Schwung zieht in den 20er-Jahren Künstler und Intellektuelle aus aller Welt an. Begeistert sagt er zu, doch Tina verzögert die Abreise. Die Affäre mit Weston geht tiefer als vermutet, sie will Los Angeles nicht verlassen. Am 6. Dezember 1921 fährt Robo allein nach Mexiko. Seine begeisterten Briefe nach Hause bringen Tina schließlich dazu ihm zu folgen. Als sie jedoch im Februar 1922 mit dem Zug in die mexikanische Hauptstadt reist, erfährt sie noch auf der Fahrt, dass Robo schwer an den Pocken erkrankt ist. Zwei Tage später ist er tot. Tina ist schwer getroffen: »Ich erlebe die größte Tragödie meines Lebens – wirklich, wenn ich vorausschaue und mich ohne meinen geliebten Robo durchs Leben gehen sehe, dann frage ich mich, ob es sich überhaupt lohnt.«[7]

Sie organisiert ihm zu Ehren eine große Kunstausstellung mit Künstlern aus den USA und Mexiko in Mexico-City. Absoluter Höhepunkt der Ausstellung sind die Fotografien Edward Westons von Tina. Sie begründen den Mythos Tina Modotti. Erst Ende März kehrt sie in die USA zurück und veröffentlicht zur Erinnerung an den Verstorbenen den Vers- und Prosaband *The Book of Robo*.

Robos Tod wird zum Wendepunkt in ihrem Leben. Tina sucht nun nach einer wirklichen Aufgabe, die ihr mehr sein kann als ein Broterwerb, und sie findet diese, sicherlich auch mit Westons Hilfe, in der Fotografie. Jahre später wird sie an Weston schreiben: »Du weißt gar nicht, wie oft mir der Gedanke kommt, was ich Dir alles verdanke. Zu einem bestimmten Zeitpunkt in meinem Leben, als ich nicht wusste, wohin ich mich wenden sollte, warst Du die eine wichtige Person, der eine und einzige, lebenswichtige Einfluss, der mich mit dieser Arbeit vertraut machte; die mir dann nicht nur zum Lebensunterhalt diente, sondern auch eine Arbeit ist, die ich leidenschaftlich zu lieben gelernt habe.«[8]

Sie wird Westons Assistentin, ihre leidenschaftliche Affäre halten sie nach wie vor geheim. Ende Juli 1923 übersiedeln die beiden gemeinsam mit Westons ältestem Sohn Chandler nach Mexiko-City. Tina soll sich um Studio und Haushalt kümmern, die Buchhaltung übernehmen und Ersatzmutter spielen. Im Gegenzug wird Weston ihr alles über Fotografie beibringen. Es ist der Aufbruch in ein neues Leben.

Diesmal empfängt sie die Stadt, anders als bei Robos Tod, mit offenen Armen. Mexico-City erinnert Tina ein wenig an Italien, alles ist bunt, laut und quirlig. Kurz nach ihrer Ankunft schließt sie Freundschaft mit Diego Rivera, der gerade an seinen Wandmalereien im Bildungsministerium arbeitet. Rivera gehört neben David Alfaro Siqueiros und José Clemente Orozco zu den drei großen mexikanischen Wandmalern, die die mexikanische Renaissance einläuten. Der politischen Revolution soll eine Revolution der Kunst folgen. Die Muralisten, wie sie sich nennen, sind auf der Suche nach einer eigenen künstlerischen – lateinamerikanischen – Identität, weg von den europäischen Vorbildern. Kunst soll Volkskunst werden, soll raus aus Museen und Privathäusern, jedermann zugänglich gemacht werden. So entwickeln sie das Wandbild, mit seinem großflächigen Format, das in einem öffentlichen Gebäude jedem zugänglich sein wird. Auf Riveras Wandbildern wird später auch Tina Modotti abgebildet werden.

Durch die Muralisten werden Tina und Weston rasch Teil der hiesigen Künstlerszene und damit automatisch auch Teil der kommunistischen Bewegung, zu der sich fast alle Künstler hingezogen fühlen. Sie leben ein unkonventionelles Leben, geprägt von freier Liebe und gegenseitiger Hochachtung, aber auch von Eifersucht und leidenschaftlichen Szenen. In jenen Jahren entstehen die berühmten Aktaufnahmen, die Weston von Tina macht, und Tina macht nun auch selbst erste Fotos.

Nach einem Jahr kehrt Weston in die USA zurück, um seine Angelegenheiten für ein gemeinsames Leben mit Tina zu regeln. Tina bleibt allein zurück und widmet sich der Fotografie, mit mehr oder minder großen Schwierigkeiten, wie einer ihrer Briefe an Weston zeigt: »In meinem Fall kämpft das Leben ständig darum, die Oberhand zu gewinnen, worunter die Kunst natürlich leidet. (...) Du könntest mir sagen, dass ich, da das Element des Lebens in mir stärker ist als das Element der Kunst, mich einfach damit abfinden und das Beste daraus machen sollte. Aber ich kann das Leben nicht akzeptieren, wie es ist – allzu chaotisch – allzu unbewusst –, daher mein Widerstand dagegen, mein Kampf mit ihm. Ich strebe ständig danach, das Leben meinem Temperament und meinen Bedürfnissen anzupassen.«[9]

Ihre Arbeit wird auch durch die Ereignisse in Europa beeinflusst. 1922 war Mussolini nach dem Marsch auf Rom italienischer Ministerpräsident geworden. Der Siegeszug des Faschismus in ihrer Heimat erschüttert Tina zutiefst. Sie beginnt erste Artikel für die revolutionäre Zeitschrift *El Machete* zu schreiben, die 1925 zum Organ der Partido Comunista Mexicano (PCM) wird. Verstärkt nimmt sie jetzt an politischen Kundgebungen teil: »Ich bin Antifaschistin, weil ich Gegnerin der Tyrannei bin, aber vor allem gegen die Tyrannei in meinem Land, wo die einfachen Leute unter beklagenswerten Bedingungen leben. Ich glaube, man sollte für den Fortschritt der Unterschichten arbeiten und dafür, dass sie einen besseren Platz im Leben haben.«[10]

Bald gehört sie zum Kreis um den sowjetischen Botschafter Stanislaw Pestkowski, dessen Soireen in der ganzen Stadt bekannt sind. Sie schließt sich der Internationalen Roten Hilfe an und wird Mitglied der Antiimperialistischen Liga. Beeinflusst von ihren neuen Freunden ist sie bald der Ansicht, dass das mexikanische Volk erst durch eine sozialistische Revolution endgültig frei werden wird. Als Edward Weston nach fast einem Jahr zurückkehrt, findet er eine völlig veränderte Tina vor. Sie ist politisch engagiert, verlangt von ihm, Bahntickets erster Klasse in Tickets zweiter Klasse umzutauschen. Schon nach kurzer Zeit ist Weston genervt von den strammen Kommunisten, mit denen sich Tina nun umgibt. Es ist nicht zu übersehen: Sie leben nun in zwei verschiedenen Welten. Nach einer letzten gemeinsamen Reise durch das zentrale Hochland, bei der sie Fotos für ein Buch über die Wurzeln zeitgenössischer mexikanischer Kunst »Idols Behind Altars« schießen, trennen sich die beiden. Weston hinterlässt einen letzten Brief an Tina und geht zurück in die Vereinigten Staaten: »Liebste Tina, Mexiko zu verlassen bleibt mir vor allem in Erinnerung, weil ich dich verlasse. Ich danke dir für deine Liebe, Edward.«[11] Obwohl sie sich nie mehr wiedersehen werden, bleiben sie noch lange in Kontakt.

Tina beschließt, in Mexiko zu bleiben. Ihren Lebensunterhalt verdient sie zunächst mit der Ablichtung Diego Riveras beim Malen seiner Wandbilder im Bildungsministerium. Mehrere Hundert Serien entstehen, die sie gewinnbringend weiterverkauft. Das Partygirl wandelt sich auch äußerlich zu einer hart arbeitenden Frau. Die Haare trägt sie nun kurz, statt in Kleid, Mantel und Hut sieht man sie von jetzt an meist in einem zu großen Overall, der von einem Ledergürtel zusammengehalten wird. Tina Modotti wird von einem Objekt der Schönheit, das andere Künstler darstellen, zur Berufsfotografin. Man sieht sie nur mehr selten ohne ihre Graflex, die sie bei einem kurzen Aufenthalt in San Francisco gekauft hat und die zu jener Zeit als beliebteste Kamera unter Amerikas Pressefotografen gilt.

Als Objekte bevorzugt sie die Bauern und Arbeiter Mexikos, die eines ihrer wichtigsten Themen verkörpern: Arbeit. Die Menschen auf ihren Fotos sind stets beschäftigt, nur selten gönnt sie ihnen und sich eine Pause. Ihre Bilder sind Zeitdokumente und Sozialreportagen in einem und sie haben immer eine politische Aussage. Obwohl sie damit Kunst und politisches Engagement verknüpft, empfindet sie ihre Fotos nicht als Kunst: »Ich habe immer ein ungutes Gefühl, wenn man in Bezug auf meine fotografischen Arbeiten Worte wie ›Kunst‹ oder ›künstlerisch‹ gebraucht. (...) Ich halte mich für eine Fotografin, für nichts anderes. Wenn sich meine Fotos von denen, die sonst auf diesem Gebiet gemacht werden, unterscheiden, dann deshalb, weil ich eben versuche, keine Kunst zu machen, sondern einfach Fotos ohne Verzerrungen und Manipulationen.«[12]

Sie stellt ihre Fotos in den Dienst der mexikanischen Revolution, versucht aufzuklären und anzuklagen. Viele ihrer Fotos zeigen Symbole der Revolution. Eines der berühmtesten wird das Foto »Patronengurt, Gitarre und Maiskolben«, über das 1929 ein Rezensent schreibt: »Man kann sozial engagierte Kunst machen, ohne ästhetische Maßstäbe aufzugeben. Natürlich kann man auch wirkliche Kunst ohne soziales Engagement machen. Aber zweifellos bedeuten uns die revolutionären Symbole Tina Modottis mehr als ein vollkommen abstraktes Werk, das nur einem formalen Mechanismus gehorcht. Es ist das große Verdienst Tina Modottis, dass sie persönliche Redlichkeit mit formaler Reinheit vereint. Ihre Arbeiten sind ehrlich und frei von Kniffen und Tricks. Tina Modotti hat aus der Fotografie eine wirkliche Kunst gemacht, und das Werkzeug, das ihr zur Verfügung steht, in den Dienst der Revolution gestellt. Und das ist möglicherweise ihr größtes Verdienst.«[13]

Im Mittelpunkt ihrer Fotos stehen die Menschen: proletarische Mütter mit kleinen Kindern, die Armen von Mexiko-City, demonstrierende Landarbeiter oder Bauern beim Lesen von *El Machete*: „Nichts ist so überzeugend und beredt wie das, was man mit eigenen Augen sehen kann. Wie trefflich man einen bewaffneten Polizeiüberfall auf eine Arbeiterdemonstration, einen von der berittenen Polizei zertretenen Arbeiterleib oder einen von den brutalen, blutrünstigen Schergen gelynchten Neger schildern mag, niemals wird ein solches in mündlicher oder schriftlicher Form gezeichnetes Bild so überzeugend sein wie seine grafische Wiedergabe«,[14] ist sie überzeugt.

Allzu gerne fotografiert sie Frauen. Aber anders als bei ihren männlichen Kollegen steht bei ihr nicht die Schönheit, sondern die Natürlichkeit der bäuerlichen Frau im Mittelpunkt, deren Gesicht von Entbehrungen gezeichnet ist. Sie zeigt Frauen beim Arbeiten, schwanger oder mit ihren Kindern. Allesamt strahlen sie eine große Würde aus und blicken den Betrachter voller Stolz an. Auch ihr wohl berühmtestes Foto zeigt eine Frau: die

»Frau mit der anarchosyndikalistischen schwarzen Fahne«. Es stellt eine stolze, aufrecht stehende Frau dar, die halb in eine im Wind flatternde schwarze Fahne gehüllt ist.

Nachdem Weston Mexiko verlassen hat, beginnt Tina eine Liebesbeziehung mit dem kommunistischen Maler Xavier Guerrero. Durch ihn taucht sie noch mehr in die kommunistische Bewegung ein. Sie arbeitet jetzt zur Unterstützung des Guerillakampfes von Augusto Cesar Sandino in Nicaragua gegen die USA in der Bewegung Manos fuera de Nicaragua (Hände weg von Nicaragua) als Spendensammlerin. Sie beteiligt sich an den Protestaktionen gegen die Hinrichtung der amerikanischen Anarchisten Nicola Sacco und Bart Vanzetti und tritt 1927 der Kommunistischen Partei PCM bei. Ihr Auskommen findet sie jetzt in der Porträtfotografie, arbeitet aber auch für verschiedene Magazine. Zu ihren Freunden zählen der Fotograf Manuel Álvarez Bravo, der Schriftsteller John Dos Pasos und die Schauspielerin Dolores del Río. Nachdem Guerrero bei ihr eingezogen ist, wird ihre Wohnung zum Tagungsort des Zentralkomitees der PCM. In diesem Zusammenhang macht sie Bekanntschaft mit der neuen Botschafterin der UdSSR Alexandra Kollontai sowie mit dem italienischen Revolutionär und Kominternagenten Vittorio Vidali. Als Guerrero an die Leninschule nach Moskau berufen wird, bleibt Tina allein zurück.

Im Frühjahr 1928 lernt sie in den Redaktionsräumen von *El Machete* den kubanischen Revolutionär Julio Antonio Mella kennen, der seit 1926 in Mexiko im Exil lebt. Der 23-Jährige, der gegen die Diktatur Gerardo Machados kämpft, ist ein Mythos und gilt als der Adonis der Linken: »Julio Antonio hatte einen Körperbau wie ein Apoll; er war ein attraktiver Mann. Seine Stimme war warm und tief; er überzeugte und beeindruckte, ja man könnte sagen, er faszinierte seine Zuhörer.«[15] Für Tina und Mella ist es Liebe auf den ersten Blick, auch wenn beide anderweitig gebunden sind. Mella schreibt an Tina: »Du fürchtest dich gewöhnlich vor allem, was es zwischen uns gibt. Als wäre unsere Liebe das größte Verbrechen. Dabei ist nichts richtiger, natürlicher und notwendiger für unser beider Leben.«[16]

Tina zögert lange, doch schließlich trennt sie sich von Guerrero und beginnt mit Mella ein neues Leben: »Wir waren sehr glücklich, Julio Antonio und ich. Wie alle Träumer hatte er Illusionen und dachte an eine baldige Reise nach Kuba, das für ihn der beste Platz zum Leben war. Unter anderem wollte er mir das Schwimmen beibringen. Wir waren einfach zwei Verliebte.«[17] Mella zieht zu ihr. Es vergehen wunderbare Wochen, voller Liebe, Leidenschaft und politischer Agitation. Tina fotografiert Mella mehrmals, eines ihrer Porträts wird über zwei Generationen hinweg die Wände junger Revolutionäre in Lateinamerika schmücken. Sie lernt bald auch Mellas Freunde kennen, darunter die junge Malerin Frida Kahlo. Tina stellt sie Diego Rivera vor und begründet damit die Liebe und Zusammenarbeit eines der bedeutendsten Künstlerpaare des 20. Jahrhunderts. Den Sylvesterabend 1928 verbringen Tina und Mella in der Stadt, voll Vorfreude und Hoffnung auf das neue Jahr. Am Abend des 10. Januar 1929 trifft Mella in einer abgelegenen Kneipe einen kubanischen Informanten, der ihn vor einem geplanten Attentat warnt. Tina, die ihn nach der Unterredung nach Hause begleitet, ist zutiefst beunruhigt. Mella selbst glaubt nicht so recht an diese Gefahr. Arm in Arm laufen sie durch die menschenleeren Straßen. Als sie schon in Sichtweite ihrer Wohnung sind, fallen zwei Schüsse. Mella wird schwer verwundet. Ein Krankenwagen bringt ihn ins Krankenhaus, Tina bleibt mit seiner blutgetränkten Kleidung am Straßenrand zurück und betet: »Wenn der Preis darin besteht, dass ich ihn nie mehr wiedersehe oder in den Armen einer anderen Frau, dann nehme ich es in Kauf. Hauptsache er bleibt am Leben.«[18] Um 1.40 Uhr hört Julio Antonio Mellas Herz auf zu schlagen.

Was jetzt über Tina hereinbricht, sprengt alle Vorstellungskraft. Um die politische Dimension des Anschlags zu verschleiern, wird ein Verbrechen aus Leidenschaft konstruiert. Presse und Polizei fallen über »die Italienerin« her, die Mellas überdrüssig gewesen sei und ihn deshalb habe ermorden lassen. Tinas freizügiger Lebenswandel, ihre politische Arbeit und die Tatsache, dass sie nicht nur eine Frau, sondern auch eine

Fremde ist, kehren sich jetzt gegen sie. Man benutzt sie, um die Kommunistische Partei zu diskreditieren. Tina wird unter Hausarrest gestellt, ihre Wohnung durchsucht. Die Journaille überschlägt sich mit Meldungen über das unmoralische Leben der Tina Modotti: »Wir haben zwei von der Polizei beschlagnahmte Fotografien gesehen, die eine wahre Enthüllung darstellen: Die eine zeigt Julio Antonio Mella und die andere seine Geliebte, Tina Modotti. Auf beiden sind diese Individuen völlig nackt abgebildet, in unanständiger Pose, was akzeptabel wäre bei schamlosen Verbrechern und Figuren der Unterwelt, aber nicht bei einem ›Apostel‹ des Kommunismus. (...) Dieser Fakt, nur dieser, würde ausreichen, damit aufrechte und anständige Menschen Mella jede posthume Ehrung versagen und seine Geliebte in die Kategorie jener weiblichen Spezies verweisen, die Liebe verkauft oder vermietet.«[19] Es werden Auszüge aus Briefen und privaten Tagebüchern der beiden veröffentlicht, jedes noch so intime Details aus Tinas Leben wird an die Öffentlichkeit gezerrt.

Tag und Nacht wird sie verhört und mit Zeugen konfrontiert, die ihre Aussagen widerlegen sollen. An der Beerdigung Mellas kann sie nur mit Verspätung teilnehmen, so lange wird sie auf der Wache festgehalten. Aber es melden sich auch Fürsprecher, allen voran Diego Rivera und ihre Künstlerfreunde: »Wir, die jahrelang Tinas Leben und Kampf geteilt und ihre große Bitterkeit und ihre wenigen Freuden gekannt haben, wir, die die moralische Stärke dieser außergewöhnlichen Frau aufrichtig bewundern, sie als Künstlerin verehren und uns hoch geehrt fühlen, sie in der ersten Reihe unserer Genossen zu wissen, können all dies nur mit allem Nachdruck erklären, damit alle erfahren, wer Tina Modotti ist.«[20]

Am 10. Februar spricht Tina Modotti bei der Gedenkveranstaltung der Antiimperialistischen Liga für Mella: »In der Person Mellas mordeten sie nicht nur den Feind des kubanischen Diktators, sondern den Feind aller Diktaturen. (...) Es gibt Tote, die ihre Mörder zittern lassen und deren Tod für sie dieselbe Gefahr darstellt wie ihr Leben als Kämpfer – oder eine noch größere Gefahr. (...) Heute Abend, einen Monat nach dem feigen Mord, ehren wir sein Andenken, indem wir geloben, seinen Weg weiterzugehen, bis wir den Sieg aller Ausgebeuteten der Erde errungen haben.«[21]

Kurz darauf wird der kubanische Informant, den Mella in der Nacht seines Todes getroffen hatte, als Mörder verhaftet und Tina von jeglichem Verdacht freigesprochen. Wer genau die Drahtzieher der Ermordung sind, kann nie eindeutig geklärt werden. Tina glaubt zeit ihres Lebens, dass der kubanische Diktator Machado die Hände im Spiel hatte. Es gibt aber auch Gerüchte, es habe sich um eine Aktion der Komintern gehandelt, die Mella für einen trotzkistischen Abweichler von der stalinistischen Linie gehalten habe. Sollte dem tatsächlich so gewesen sein, dann hätte Tina in späteren Jahren mit dem dafür verantwortlichen obersten Kominternmann in Mexiko, Vittorio Vidali, zusammengelebt.

Die haltlosen Verdächtigungen haben vieles in ihr zerstört. Man hatte sie bloßgestellt, sie zur Hure gestempelt. Das Angebot, offizielle Fotografin des Museo Nacional zu werden, lehnt sie aus Verbitterung ab. Für diese Regierung wird sie nicht mehr arbeiten.

Die Auseinandersetzungen um den Tod Mellas verschärfen den Klassenkampf in Mexiko. Die mexikanische Regierung ergreift erste Maßnahmen gegen die Kommunistische Partei. Tina läuft Gefahr, mithilfe der Verfassungsklausel Nr. 33, die eine Deportation ohne vorherige Gerichtsverhandlung erlaubt, als unerwünschte Ausländerin ausgewiesen zu werden. Diego Rivera malt Tina Modotti und Frida Kahlo inzwischen auf seinem Wandbild im Bildungsministerium beim Verteilen von Waffen an Aufständische. Doch nicht nur die Bedrohung von außen wächst, auch innerhalb der PCM nehmen die Flügelkämpfe zwischen Stalinisten und Trotzkisten zu. Diego Rivera verlässt aus Empörung über den stalinistischen Schwenk die Partei. Tina kommentiert den Austritt des Mannes, der sie stets vor allen in Schutz genommen hat, reichlich unterkühlt: »Er wird als Verräter betrachtet werden und ist auch einer. Ich muss nicht betonen, dass ich ihn ebenfalls als solchen betrachte und dass sich meine Kontakte mit ihm von jetzt an auf unsere fotografischen Geschäfte beschränken.«[22] Am 3. Dezember 1929 findet in der Nationalbibliothek in Mexico-City die einzige große Tina Modotti Ausstellung statt, die es zu ihren Lebzeiten geben wird.

Ein erfolgloser Mordanschlag auf den mexikanischen Präsidenten Pascual Ortiz Rubio am 5. Februar 1930 dient der Regierung als Vorwand, viele Kommunisten zu verhaften, darunter auch Tina Modotti: »Ich sitze in strenger Einzelhaft. (...) Ich bin sicher, dass keiner der Genossen weiß, wo ich bin. (...) Noch immer erscheint mir alles wie ein böser Traum und manchmal drehen sich meine Gedanken im Kreis, aber ich beherrsche mich mit eiserner Willenskraft, die ich nie zuvor in mir vermutet hätte.«[23]

Nach 13 Tagen holt man sie aus der Zelle. Ihr bleiben 48 Stunden, das Land zu verlassen. Zusammen mit den noch nicht inhaftierten Freunden versucht sie in der kurzen Zeit, die ihr bleibt, alles zu packen, zu verkaufen oder zu verschenken. Am 25. Februar 1930 besteigt sie im Hafen von Veracruz den Dampfer »Edam« in Richtung Rotterdam. An Bord ist auch Vittorio Vidali. Wie ein Damoklesschwert schwebt die Angst vor der Auslieferung ans faschistische Italien, dessen Bürgerin sie noch immer ist, über ihr. Obwohl die Italiener sich um ihre Auslieferung bemühen, können ihr die Rechtsanwälte der Roten Hilfe einen sechsmonatigen Aufenthalt in Deutschland verschaffen. Sie geht nach Berlin, wo sie wieder zu fotografieren beginnt. Viele ihre Bilder werden in den Arbeiterzeitungen von Willi Münzenberg veröffentlicht. Sie findet neue Freunde und hat sogar eine kleine Ausstellung, die unter anderen Egon Erwin Kisch besucht, dennoch fühlt sie sich einsam und ist unzufrieden: »Ich spüre, dass es etwas für mich geben muss, aber ich habe es noch nicht gefunden. Und unterdessen gehen die Tage dahin und ich verbringe schlaflose Nächte und frage mich, wohin ich mich wenden und wo ich anfangen soll.«[24] Sie kann keine Wurzeln schlagen. Als sie aufgefordert wird, Berlin zu verlassen, fährt sie Anfang Oktober zu Vidali nach Leningrad, um hier für die sowjetische Sektion der Internationalen Roten Hilfe (MOPR) zu arbeiten. Sie verfasst Artikel für die MOPR-Zeitschrift, hilft Flüchtlingen und Waisenkindern und führt Besucherdelegationen durch Moskau. Von 1931 an lebt sie offiziell mit Vittorio Vidali zusammen. Die beiden verbinden Freundschaft, die gemeinsame politische Überzeugung und die Arbeit für den Kommunismus – leidenschaftliche Liebe ist es wohl nicht. Nach dem Verlust ihrer großen Liebe verschreibt sich Tina ganz der kommunistischen Idee. Edward Weston erreicht am 12. Januar 1931 ein allerletzter Brief, dann bricht der Kontakt ab.

Im Auftrag der Roten Hilfe reist sie in den nächsten Jahren mehrmals heimlich nach Europa, überbringt Geld, Nachrichten, Propagandamaterial. Dass ihr bei Enttarnung Gefängnis, Folter und lange Haftjahre drohen, schreckt sie nicht. Zurück in Moskau verfasst sie linientreue Schriften, die in ihrem Gehalt weit hinter ihren Fotos zurückbleiben. Sie arbeitet als Dolmetscherin, organisiert Ausstellungen, schreibt für die Kinderseite der MOPR-Zeitung und wird die Verbindungsfrau zu den immer zahlreicher werdenden Exilanten, die sich in der russischen Hauptstadt niederlassen. Die Fotografie hängt sie an den Nagel. Pablo Neruda schreibt in seinen Memoiren: »Diese italienische Revolutionärin, große Künstlerin der Fotografie, fuhr vor Zeiten in die Sowjetunion, um Menschenmengen und Monumente zu fotografieren. Doch dort, umgeben vom bezwingenden Rhythmus sozialistischen Schaffens, warf sie ihre Kamera in die Moskwa und schwor sich, ihr Leben den bescheidensten Aufgaben der Kommunistischen Partei zu widmen.«[25] Sie glaubt nicht mehr daran, dass Bilder die Welt verändern können. Ihr Platz als Revolutionärin ist nicht mehr länger hinter der Kamera. Trotz des Drängens von Freunden und Kollegen wie Robert Capa weigert sie sich auch später, die Kamera wieder in die Hand zu nehmen. Sie will nicht mehr länger dokumentieren, sondern anpacken und verändern. 1932 wird sie Mitglied der KPdSU.

1933 übernimmt sie gemeinsam mit Vidali das Büro der Roten Hilfe in Paris. Fünf Monate lang engagiert sie sich hier vor allem gegen die Faschisten, die ganz Europa zu überrennen drohen. Sie sammelt Unterschriften, sucht Informationen zusammen, schreibt Artikel und Aufrufe. Wieder zurück in Moskau schleppt sie Steine für den Bau der neuen U-Bahn.

Im Frühjahr 1936 gehen Tina und Vidali als Repräsentanten der Roten Hilfe nach Spanien. Unter dem Decknamen Maria kämpft Tina bei Ausbruch des Bürgerkriegs für die Republik. Sollte Spanien an die Faschisten fallen, wäre alles verloren, daran hat sie keine Zweifel. Als die medizinische Versorgung Madrids zusammenbricht und von der Roten Hilfe übernommen wird, übernimmt sie die Verwaltung des Arbeiterkrankenhaus Obrero. Sie schuftet in der Küche, kocht und putzt, bis sie fast zusammenbricht. Ihre vor Kurzem diagnostizierte Herzschwäche ignoriert sie dabei geflissentlich. Sie fährt im Krankenwagen ins Gefechtsgebiet und hilft Verwundete zu bergen. Sie pflegt Kranke, tröstet, unterstützt, hört zu und erwirbt sich dabei höchsten Respekt: »Wenn jeder Mensch und jede Landschaft in uns einen vorherrschenden, zentralen Eindruck hinterlassen, so muss ich sagen, dass Tina für mich die Verkörperung der höchsten revolutionären Tugend, der Opferbereitschaft war. Mit ihrem stillen Fleiß gewann sie alle Schlachten: die großen, die der endgültigen Befreiung, und die kleinen, diejenigen, bei denen voller Klugheit das notwendige Zusammengehen aller Gleichgesinnten vorbereitet wird«,[26] wird der kubanische Revolutionär Juan Marinello später über sie schreiben. Tina Modotti wird zur zentralen Figur der Internationalen Roten Hilfe in Spanien.

Nach dem Beginn der Großoffensive Francos im Oktober 1936 auf Madrid verlegt Tina den Sitz der Roten Hilfe nach Valencia. Vidali erwirbt sich in der Zwischenzeit als Kommandant in der spanischen Volksarmee durch seine Erfolge, aber auch durch seine Rücksichtslosigkeit, die Ernest Hemingway als junger Reporter miterlebt, einen zweifelhaften Ruf. Als Mitarbeiter der sowjetischen Geheimpolizei werden ihm später Verbrechen, wie die willkürliche Beseitigung von Gefangenen und Abweichlern, zur Last gelegt. Inwieweit auch Tina als Funktionärin in Spionageabwehr und Aufklärungsarbeit verwickelt ist, die für die Bespitzelten weitreichende Folgen hatten, bleibt unklar. Sicher ist jedoch, dass sie überzeugt war von der Richtigkeit der politischen Vorgaben aus der UdSSR und dass sie es wohl nicht als Fehler verstand, Abweichler zu melden. Mit den Informationen, die sie über Genossen an den Politkommissar der Internationalen Roten Brigaden weitergegeben hat, hat sie sicherlich, aus Überzeugung, die stalinistischen Säuberungen in Spanien unterstützt.

In den nächsten Wochen wird Tina Zeugin von verheerenden Luftangriffen. Städte vollgestopft mit Flüchtlingen werden dem Erdboden gleichgemacht: »Man muss den Krieg hassen, aber dieses Massaker an Frauen, Kindern und Greisen ist das Allerschrecklichste. Ich verabscheue den Krieg«,[27] schreibt sie an Vidali. In eindringlichen Appellen schildert sie das Elend der Spanier.

1937 trifft sie beim Zweiten Kongress zur Verteidigung der Kultur in Valencia Anna Seghers, Egon Erwin Kisch, Martin Andersen Nexö und viele andere. Durch ihre Arbeit bei der Roten Hilfe lernt sie Ernest Hemingway, André Malraux und die legendäre Dolores Ibarruri, »La Pasionaria«, kennen. Viele sind Teil der Internationalen Brigaden, in denen sich Antifaschisten aus aller Welt vereinigen, um in Spanien für die Demokratie zu kämpfen. Doch aller Idealismus und alle Opferbereitschaft sind umsonst. Franco siegt mithilfe Hitlers und Mussolinis und wird 1938 international anerkannt. Im Oktober 1938 werden die Internationalen Brigaden auf internationalen Druck hin aufgelöst. Tina sieht ihrer letzten Parade in Barcelona fassungslos zu: »Es ist nicht fair, dass es so enden musste. Wir haben fast drei Jahre lang gekämpft. Ich habe verstümmelte und verwundete Kämpfer aus allen Schlachten und mit Blumensträußen marschieren sehen, aber es herrschte keine Freude. In ihren Gesichtern lag nur Traurigkeit, und alle hatten Tränen in den Augen. (...) Mir tat das Herz weh, und ich musste daran denken, dass dies das Ende war.«[28]

Am 9. Februar 1939 verlässt Tina gemeinsam mit Vidali Spanien in Richtung Frankreich. Da sich ihre Hoffnung, in Italien gegen den Faschismus arbeiten zu können, nicht erfüllt, reist sie im April weiter in die USA. Doch hier verweigert man ihr die Einreise. Auf Umwegen landet Tina Modotti alias Carmen Ruíz Sánchez, verwitwete Lehrerin aus Spanien, letztlich auf einem Schiff, das sie nach Mexiko bringt. Mexiko hatte sich bereit erklärt, 50 000 spanische Flüchtlinge aufzunehmen. Unerkannt kommt sie ins Land. Vidali reist als politischer Asylant mithilfe des mexikanischen Gesandten von Frankreich ein. Erneut lebt Tina mit ihm zusammen, was vielen, wie ihrer neuen Freundin Leni Kroul, ein Rätsel ist: »Er war der furchteinflößendste Mensch, dem ich je begegnet bin. Und er hatte soviel Macht. (...) Wie konnte diese wunderbare, zarte, schöne Frau nur mit ihm verheiratet sein? An ihr war etwas Nobles, diese stille, schöne Frau, und neben ihr dieser brutale, polternde Kerl.«[29]

Tina lebt nun eher schlecht als recht von Übersetzungen. Ihre Gesundheit macht ihr schwer zu schaffen. Oft hat sie so geschwollene Füße, dass sie kaum mehr gehen kann. Ihre Haut hat sich gelblich verfärbt, ihre Schönheit schwindet zusehends. Es geht ihr schlecht, wozu nicht zuletzt die politische Entwicklung beiträgt. Der Hitler-Stalin-Pakt vom 23. August 1939 stürzt sie in tiefe Verzweiflung. Wie sehr hatte sie auf Stalin im Kampf gegen den Faschismus gebaut. Sie verbringt jetzt viel Zeit auf der Dachterrasse ihres Hauses, lässt ihr Leben Revue passieren. Anfang 1940 hebt der mexikanische Staatspräsident ihre Ausweisung auf, nun kann sie offiziell in Mexiko bleiben. Die Silvesternacht 1941 verbringen Tina und Vidali als Gäste bei Pablo Neruda, der chilenischer Generalkonsul in Mexiko ist.

In der Nacht vom 5. auf den 6. Januar 1942 stirbt Tina Modotti auf dem Rücksitz eines Taxis, nachdem ihr beim Besuch einer Party bei Freunden schlecht geworden war. In der Handtasche der Toten findet man ein Foto von Julio Antonio Mella.

Nach offiziellem Befund stirbt Tina Modotti an Arteriosklerose sowie einer Hyperämie im Herzen. Trotzdem gerät Vidali in den Verdacht, Tina in Stalins Auftrag beseitigt zu haben. Andere Quellen sprechen von Selbstmord. Beweise dafür oder dagegen lassen sich niemals finden.

Tina Modottis Sarg wird mit einem Tuch, auf dem Hammer und Sichel abgebildet sind, auf dem Prominenten-Friedhof Panteón Civil de Dolores in Mexiko-City beigesetzt. In ihren Grabstein wird ein Halbrelief von ihr eingemeißelt sowie eine Strophe aus dem Gedicht von Pablo Neruda, das dieser bei ihrer Beisetzung am 7. Januar 1942 vorträgt. Egon Erwin Kisch würdigt sie in seinem Nachruf mit folgenden Worten: »Das Geheimnis ihrer Werke lag darin, dass sie, mit dem Blick der Güte, die Welt sichtbarer machten. Dieser Blick wollte, dass man nicht das Antlitz der Greisin, sondern die Tatsache sah, dass an dem Krug, den sie trug, Schweiß und Blut klebten. Dieser Blick wollte, dass man hinter dem Hilflosen oder in Lumpen Gekleideten oder Verzweifelten die Werbung eines Modesalons für Herren sah, oder dass auf dem Tisch, an dem ein Hungriger um Arbeit bat, sichtbar das Arbeitsgesetz lag. Dieser Blick wollte, dass die Augen eines armen Kindes schöner waren als die künstlich zum Glänzen gebrachten Augen einer Ballkönigin; dass die Landschaften der Arbeit, die Produkte der Arbeit und die Produktionsmittel, die Zuckerrohrplantagen, die mexikanische Sichel, die Tonkrüge, die Hände, die eine Schaufel umklammern, die Gitarren und die Sombreros, der Maiskolben und das Gerüst an einem Haus anmutiger waren als die grünen Hänge der Schweiz. Nur empfinden die Menschen dieser Welt kein Glück. Warum? Diese Frage ist in ihren Fotografien enthalten.«[30]

Heute zählt Tina Modotti zu den bedeutendsten Fotografinnen des 20. Jahrhunderts.

XI
Venceremos!
Tamara Bunke (1937–1967), die Compañera Che Guevaras

»Es gibt nichts Schöneres als dort zu sein, wo es brennt, wo der revolutionäre Kampf am härtesten ist.«[1]

»Willkommen Tania, unsterbliches Beispiel einer Frau und einer Kommunistin!«, mit diesen Worten werden im Dezember 1998 auf Kuba die sterblichen Überreste einer Deutschen im Che-Guevara-Mausoleum in Santa Clara beigesetzt. Es ist ein Staatsbegräbnis, das unter großer Anteilnahme der Bevölkerung stattfindet. Ramiro Valdés Menéndez, kubanischer Revolutionär der ersten Stunde und führendes Mitglied der Kommunistischen Partei, hält die Trauerrede für die vor 31 Jahren in Bolivien zu Tode gekommene Frau, die ihre letzte Ruhe neben ihren einstigen Kampfgefährten findet. Einer davon ist Ernesto Che Guevara, Idol einer ganzer Generation und unsterbliche Ikone der internationalen Linken. Nachdem im Sommer 1997 in Bolivien die Gräber von Che Guevara und einigen seiner Mitstreiter entdeckt worden waren, hatte man im September 1998 auch die Überreste der einzigen Frau, die in der Guerilla kämpfte, gefunden und nach Kuba gebracht: die Gebeine Tamara Bunkes alias Tania la Guerillera. Ihre 87-jährige Mutter Nadja, deren innigster Wunsch diese Überführung nach Kuba war, ist bei der feierlichen Beisetzung ihrer Tochter anwesend: »Dies ist eine sehr hohe Ehrung für meine geliebte Tochter Tamara-Tania und ist für mich eine Quelle großen Stolzes, als Mutter meiner geliebten Ita. Ich habe eine Tochter verloren, aber im kubanischen Volk habe ich viele, viele Kinder dazugewonnen.«[2]

Geboren wird Tamara Bunke 60 Jahre zuvor in Argentinien, wohin die Eltern als überzeugte Kommunisten vor den Nationalsozialisten geflüchtet waren. Sie hat einen Bruder, Olaf, der noch in Deutschland geboren wurde. Am 19. November 1937 kommt Haydée Tamara, genannt Ita zur Welt. Es ist eine glückliche Kindheit, Tamara wächst in Buenos Aires frei und unbeschwert auf. 1945 wird sie an einer deutschsprachigen Schule eingeschult. Neben dem Sport gilt ihre ganze Liebe schon in frühester Jugend dem Kommunismus, den ihr die Eltern aus tiefster Überzeugung nahebringen. Folgerichtig kehren die Bunkes nach Ende des Zweiten Weltkrieges in die DDR zurück. 1952 lassen sie sich in Stalinstadt (d. i. Eisenhüttenstadt 1953–1961) nieder.

Tamara braucht lange, sich an das neue Land, dessen Lebensrhythmus so ganz anders ist, zu gewöhnen. Sie hat große Sprachprobleme, keine Freunde, fühlt sich allein. Das Heimweh nach dem sonnigen Argentinien ist groß. Als Internatsschülerin kommt sie auf die Clara-Zetkin-Oberschule. Bereits im September 1952 tritt Tamara in die FDJ ein. Hier findet sie Anschluss und neue Freunde. Sie ist eine begeisterte Sportschützin, die 1954 Meisterin im Schießen der Frauenklasse in der Gesellschaft für Sport und Technik (GST) wird. 1955 wird sie als Kandidatin in die SED aufgenommen, nur ein Jahr später macht sie, nach einer vorbildlichen realsozialistisch-spießigen Jugend, ihr Abitur.

Die Familie Bunke zieht nach Ost-Berlin, wo Tamara Pionierleiterin einer Oberschule wird. 1958 beginnt sie ein Romanistik-Studium an der Humboldt-Universität. Aufgrund ihrer Spanischkenntnisse wird sie oft als Dolmetscherin für Delegationen aus Lateinamerika eingesetzt. Die Kontakte mit den Jugendlichen aus aller Herren Länder führen zur Gründung des Lateinamerikanischen Kommunistischen Kollektivs Ernst Thälmann, in dem sie den interkulturellen und politischen Austausch pflegt. Jetzt wird sie auch vollwertiges Mitglied der SED. Sie hat sich gut eingelebt in der neuen Heimat, doch die Sehnsucht nach Argentinien bleibt: »Mein größter Wunsch ist es, in meine Heimat, Argentinien, zurückzukehren und dort meine ganze Kraft der Partei zur Verfügung zu stellen«, schreibt sie in einer Stellungnahme zu ihrer Aufnahme in die SED.³ Tamara ist eine gute Kommunistin, aber auch eine eigensinnige, rebellische junge Frau, mit sehr klaren Vorstellungen von ihrem Platz im Kampf für die Befreiung. Und diesen sieht sie nicht in der DDR: »Ich habe nach 8 Jahren festgestellt, dass ich hier nicht ewig leben kann, dass es viele Dinge gibt, mit denen ich mich stets auseinandersetzen werde, an die ich mich nie gewöhnen kann (z. B. die Beziehungen unter Männern und Frauen, die Beziehungen unter den Menschen überhaupt usw.).«⁴ Sie bittet darum, offiziell aus der Staatsbürgerschaft der DDR entlassen zu werden und nach Argentinien zurückkehren zu dürfen. Der Antrag wird abgelehnt.

1959 siegt in Kuba die Revolution über das verhasste Batista-Regime. Tamara ist begeistert. Sie organisiert eine Ausstellung über die Revolution in der Staatsbibliothek und übersetzt die Hymne des 26. Juli, das Lied der kubanischen Rebellen, für das Kulturensemble der Humboldt-Universität. Ihre Übersetzung findet in der ganzen DDR Verbreitung. Jetzt kommen auch die ersten Kubaner nach Ost-Berlin, darunter die kubanische Vertreterin der Internationalen Demokratischen Frauenföderation, Hortensia Gómez. Von ihr erfährt Tamara aus erster Hand alles über die Ereignisse auf Kuba. Doch je mehr sie hört, um so drängender verspürt sie den Wunsch, selbst aktiv an den Befreiungskämpfen in Lateinamerika teilzunehmen. Im Dezember 1960 besucht Ernesto Che Guevara als Direktor der kubanischen Nationalbank mit einer Wirtschafts- und Handelsdelegation für zwei Tage die DDR. Er will ein Wirtschaftsabkommen zwischen beiden Staaten aushandeln. Tamara begegnet Che Guevara zum ersten Mal als Abgeordnete der FDJ bei einem Empfang. Kurze Zeit später ist sie seine Dolmetscherin und begleitet ihn zu einem Treffen mit Studenten in Leipzig. Beiden ist neben ihrer argentinischen Herkunft die Leidenschaft gemein, mit der sie ihre Ideale vertreten. Nadja Bunke berichtet später über diese Begegnung: »Dieses erste Zusammentreffen mit Che steigerte ihre Bewunderung und Achtung, die sie für ihn, den Argentinier, Kommunisten, Partisanen, einen Menschen mit hoher Intelligenz und großer Ausdruckskraft hegte. Voll Begeisterung erzählte Tamara danach von dem bedeutsamen Ereignis. Erst viel später erkannten wir, welch große Bedeutung jenes Zusammentreffen mit Che für unsere Tochter gehabt hatte und was sie seinem Beispiel für ihr eigenes Leben und ihr späteres Wirken entnommen hatte.«[5]

Als Che nach Kuba zurückfliegt, will Tamara den bewunderten Mann begleiten. Doch er lehnt ab, fliegt alleine zurück. Im Januar 1961 dolmetscht sie bei dem Besuch von Anita Leocadia Prestes, deren Eltern ebenfalls zu den Ikonen des Sozialismus gehören: Luis Carlos Prestes und Olga Benario, die Münchener Kommunistin, die nach einem gescheiterten Aufstandsversuch in Brasilien 1942 in den Gaskammern von Bernburg ermordet worden war. Das heroische Beispiel Olga Benarios verstärkt Tamaras Wunsch nach aktiver Teilhabe am sozialistischen Befreiungskampf.

Am 17. April landen etwa 1500 Exilkubaner mit Unterstützung der CIA in der kubanischen Schweinebucht. Es beginnt ein erbitterter Kampf um die Zukunft der Insel, welchen die kubanische Armee nach drei Tagen für sich entscheiden kann. Tamara geht in Ost-Berlin gegen die Invasoren auf die Straße, mehr zu tun ist ihr aus der Ferne nicht möglich. Die Mutter erinnert sich an diese Stunden der Ungewissheit: »Tamara war sehr unruhig, das war natürlich; alle Revolutionäre, Kommunisten waren es, und wir fragten uns, ob die Kubaner stark genug seien, um sich zu verteidigen. (...) Als wir erfuhren, dass der Angriff nach 72 Stunden Kampf zurückgeschlagen worden war und keine direkte Gefahr mehr bestand, waren wir glücklich! Auch Tamara war glücklich, aber sie hatte das Bedürfnis, etwas für das kubanische Volk zu tun.«[6] Sie ist verzweifelt, überlegt Tag und Nacht, wie es ihr gelingen könnte, Che doch noch zu folgen. Da kommt ihr der Zufall zu Hilfe. Im Frühjahr 1961 wird sie als Dolmetscherin für die Europatournee des kubanischen Nationalballetts eingesetzt. Dessen Mitgliedern fällt sie vor allem durch ihre große Begeisterung für Kuba auf: »Sie sprach fortwährend von der kubanischen Revolution und von Lateinamerika. Für das lateinamerikanische Problem interessierte sie sich leidenschaftlich. Sie stellte viele Fragen bezüglich der kubanischen Revolution, die erkennen ließen, dass sie über das, was in unserem Lande vorging, informiert war. Von der ersten Minute an äußerte sie den Wunsch, nach Kuba zu kommen.«[7] In Prag setzt sich einer der Tänzer von der Gruppe ab. Nun ist ein Platz in der Maschine nach Kuba frei. Nachdem die technische Direktorin des Nationalballetts, Sara Pascual, eine Einladung durch das Kubanische Institut für Völkerfreundschaft (ICAP) für sie erwirkt hat, fliegt Tamara Bunke am 12. Mai 1961 nach Kuba.

In Havanna beginnt die 23-Jährige ein Journalistikstudium und wird Mitglied im Internationalen Studentenbund (ISB). Nach zwei Wochen schreibt sie voller Enthusiasmus an ihre Eltern: »Womit soll ich nun anfangen ... um 2 Uhr morgens ... nach einem anstrengenden Tag. I. Sitzungstag der ISB-Exekutive ..., aber vor allem nach all den zahlreichen, unbeschreibbaren, täglichen, nein, stündlichen Erlebnissen. Es ist einfach unbeschreibbar! (...) Sie haben hier vor allem ›agilidad mental‹ (geistige Beweglichkeit), nichts ist unlösbar, man findet immer eine Lösung, und dabei helfen sich alle Organisationen und Institutionen gegenseitig. Es arbeitet sich fantastisch hier.«[8]

Die Revolution bestimmt von nun an ihr Leben. Wie alle Kubaner lässt sie sich zu einer Arbeitsbrigade einteilen. Sie arbeitet bei der Zuckerrohrernte und hilft gemeinsam mit Che Guevara beim Bau einer Schule mit. Zur Freude ihrer Genossen holt die begeisterte Musikerin abends nach getaner Arbeit oftmals ihre Gitarre hervor und spielt am Lagerfeuer. Mit ihrer Einsatzbereitschaft und ihrem Idealismus gewinnt sie alle Herzen: »Sie hatte zweifellos einen starken Willen. Sie war ein Mensch mit einem großen Optimismus, einem Glauben und mit Charakter (...), eine Persönlichkeit, mit dem Gesicht eines jungen Mädchens.«[9]

Im Sommer 1961 besucht eine Schriftstellerdelegation des FDJ-Zentralrats Kuba. Tamara wird ihre Reiseleiterin, fährt mit ihnen durch das Land und steigt mit der Gruppe auf den Pico

Turquino, den höchsten Berg Kubas. Sie findet Bewunderung, erntet für ihre unkritische Revolutionsbegeisterung aber auch Kritik. Der Schriftsteller Eberhard Panitz schreibt später über diese Tage: »Tamara hatte feste Ansichten, die sie bisweilen äußerst unduldsam vertrat. In den Gesprächen mit den Kubanern war es manchmal schwierig, ihre rigorosen Einwände abzuwehren, die sie gegen manche unserer Fragen vorbrachte, besonders bei heiklen und auch in Kuba umstrittenen Problemen. Vieles resultierte aus ihrer absoluten Parteinahme für alles, was im revolutionären Kuba geschah, und geradezu sakrosankt waren für sie die Worte Che Guevaras und Fidel Castros. (...) Sie war kameradschaftlich, uneigennützig und eine sehr selbstbewusste Frau, die sich durchzusetzen und gelegentlich auch heiter zu korrigieren wusste.«[10]

Im Herbst 1961 beginnt sie als Übersetzerin für das Erziehungsministerium zu arbeiten. Daneben schließt sie sich der Gewerkschaft und der Kommission für Agitation und Propaganda der Nationalleitung der kubanischen Frauenföderation an. Sie wird aktive Agitatorin der Frauenorganisation, spricht im Radio und schreibt für Zeitungen. Sie wird Mitglied im Komitee zum Schutz der Revolution für ihren Straßenblock und unterstützt die Alphabetisierungskampagne der Regierung indem sie unentgeltlich Soldaten unterrichtet. Anfang 1962 wird sie in die Miliz aufgenommen. Viele Fotos zeigen sie von nun an in der Miliziuniform der ICAP: schwarzer Rock, blaue Bluse und eine Kette aus Peonías. Im Frühjahr 1962 wird sie beim Wettschießen der Milizionäre in der Frauenklasse Zweite.

Die Arbeit für die Revolution hat das Studium längst in den Hintergrund gedrängt. Am 25. Mai 1962 gestaltet sie auf Bitten Che Guevaras das Fest der kubanischen Frauenförderung zum argentinischen Unabhängigkeitstag. Sie ist sehr stolz, dass der Comandante sie mit dieser Aufgabe betraut, und tut alles, was in ihren Kräften steht, dem verehrten Revolutionär und seinen argentinischen Genossen ein unvergessliches Fest zu bescheren. Den wahren Grund für das Fest stellt die Verbesserung der Beziehung zwischen Che Guevara und den argentinischen

Kommunisten dar. Um die steht es nicht zum Besten, da die kommunistische Partei Argentiniens unter der prosowjetischen Führung Vittorio Codovillas Ches Pläne, Guerillaaufstände in ganz Lateinamerika zu initiieren, strikt ablehnt.

Im Oktober 1962 kommt es zur Kuba-Krise. Die Welt hält den Atem an. Nie zuvor stand sie so kurz vor einem Atomkrieg. Tamara Bunke ist Teil einer Brigade zur Verteidigung Kubas. Sie schreibt an ihre Eltern: »Ich erlebe jetzt die schönsten Momente. All diese fantastische revolutionäre Begeisterung für die kubanische Revolution, der große Kampfgeist dieses Volkes, die Größe Fidel Castros als Führer der Ersten Sozialistischen Revolution Lateinamerikas, all das tritt jetzt mit größter Kraft in Erscheinung. (...) Ganz Kuba steht unter Waffen!«[11] Die Kuba-Krise geht vorüber, Tamaras Revolutionsbegeisterung bleibt.

Nach zwei Jahren kündigt sie ihren Eltern an, von nun an drei verschiedene Arten von Briefen zu schreiben: allgemeine, die man veröffentlichen könne, intime, persönliche Schreiben und Briefe zu politischen Fragen. Was die Eltern nur ahnen können, beginnt gerade Wirklichkeit zu werden: Tamara wird aktiver Teil der internationalen Revolution. Der kubanische Geheimdienst bereitet sie auf eine neue Aufgabe vor. Sie erhält ein Fitnesstraining, theoretische Schulung, Benimmunterricht sowie eine Einführung in den Partisanenkampf. Ihr Leben als Studentin, Dolmetscherin, Milizionärin und Agitatorin der Frauenföderation lässt sie nun ebenso hinter sich wie Freunde und Familie. Anfang Februar erfährt sie von Che Guevara, wohin die Reise geht: Bolivien. Hier soll sie von nun an leben und die Situation für einen potenziellen bewaffneten Aufstand analysieren.

Bolivien ist eines der Länder, in denen Che Guevara seine Fokus-Theorie anwenden will, nach der Revolutionäre nicht auf die objektiven Bedingungen für eine Revolution warten müssen, sondern über den Fokus, sprich die bewaffnete Avantgarde des Volkes, diese Bedingungen selbst herstellen können und damit eine Revolution jederzeit und überall möglich ist. Zu diesem Zweck soll Tamara Informationen sammeln und Kontakte zur bolivianischen Regierung knüpfen. Zudem soll sie die Lage der Bauern und Minenarbeiter als potenzielle revolutionäre Subjekte untersuchen. Weitere Instruktionen werde sie zu gegebener Zeit von einem kubanischen Verbindungsmann erhalten. Man erwartet von ihr, mit ihrem bisherigen Leben vollkommen zu brechen und eine neue Identität anzunehmen. Ihre Liebe zum Genossen Ulises Estrada, den sie während der Ausbildung kennengelernt hat, fällt der Revolution zum Opfer. Statt Ehefrau und Mutter wird Tamara nun Tania la Guerillera. Ihren Freunden erzählt sie, dass sie als Dolmetscherin nach Afrika geht. Den Eltern schreibt sie einen Brief, in dem sie einen Besuch ankündigt. Doch sie wird die beiden nie mehr wiedersehen.

Am 9. April 1964 fliegt Tania unter dem Namen Haydée Bidel Gonzáles nach Europa. Noch ist unklar, welchen der ausgearbeiteten Lebensläufe sie in Zukunft benutzen soll. Sie reist ihren verschiedenen Biografien durch halb Europa hinterher, besucht Stätten und lernt Viten auswendig. Fünf Wochen später ist sie in Kuba zurück. Aus Haydée Bidel Gonzáles wird Laura Guitiérrez Bauer, geboren in Buenos Aires, aufgewachsen in der BRD. Ethnologiestudentin aus Bolivien mit problematischem familiären Hintergrund. Eine Frau, die nicht einmal mehr optisch an Tamara Bunke erinnert. Am 5. November 1964 fliegt die argentinische Staatsbürgerin Laura Guitiérrez Bauer über Paris nach Lima. Von dort aus geht es auf dem Landweg weiter nach La Paz. Hier nimmt sie sich ein Hotelzimmer und gibt sich als Touristin aus. Bei einem Besuch des archäologischen Museums lernt sie den Maler Moisés Chile Barrientos kennen, einen Verwandten des Staatspräsidenten. Der Familienvater ist von der jungen Frau so begeistert, dass er sie zu seiner ständigen Begleitung macht. An seiner Seite besucht Tania Partys und Empfänge und kommt so in Kontakt mit der bolivianischen Oberschicht. Dank seiner Fürsprache wird sie im Ministerium für Erziehung als ehrenamtliche Mitarbeiterin des Komitees zur Erforschung der Folklore zugelassen. Ein Empfehlungsschreiben des argentinischen Botschafters öffnet ihr alle Türen.

Botschaftssekretär Ricardo Arce ist so angetan von ihr, dass er sie als seine Ehefrau zu einem Fest bei Präsident René Barrientios mitnimmt. Hier lernt sie neben hochrangigen Militärs und Regierungsvertretern auch den Präsidenten kennen. Nur kurze Zeit später unterrichtet sie seine Kinder in Deutsch. Über diese Tätigkeit kommt sie in Kontakt mit Gonzalo López Munoz, dem Chef des Informationsbüros im Präsidentenpalast. Auch dieser engagiert sie als Deutschlehrerin seiner Kinder und bietet ihr einen Job als Journalistin bei seiner Zeitung *IPE* an. Mithilfe seines Briefkopfes und seines Stempels wird Tania später die Guerilla als »Spezialisten für anthropologische Studien« ins Land holen. Nach nur drei Monaten ist sie Teil der Lokalprominenz von La Paz. Sie mietet sich in der Juan-José-Pérez-Straße 232 ein. Hier sitzt sie abends und notiert haarklein alles, was sie erfahren hat. Ihre Nachrichten an den kubanischen Geheimdienst sind mit »Bolivar« unterschrieben. Auf einer Hochebene oberhalb von La Paz vergräbt sie in einer Wegbiegung die Codes zum Dechiffrieren der Botschaften aus Havanna in einem hohlen Knochen.

Um ihr Dasein in La Paz zu legalisieren, besorgt sie sich mithilfe des Rechtsanwaltes Bascope Méndez und der stattlichen Summe von 10 000 Pesos ein polizeiliches Führungszeugnis und einen bolivianischen Personalausweis. Durch die Heirat mit dem bolivianischen Studenten Mario Martínez im Sommer 1965 wird sie schließlich bolivianische Staatsbürgerin und erhält auch noch einen Reisepass. Martinez selbst bekommt kurz darauf ein Stipendium für Bulgarien. Am 7. Oktober 1966 wird die Ehe geschieden.

Tania ist nun Studentin, Deutschlehrerin, Partygirl, Ehefrau, Angestellte des Ministeriums und Journalistin. Doch ihr Hauptaugenmerk verwendet sie darauf, durchs Land zu reisen und die Bedingungen für einen Guerillaaufstand zu erkunden. Obwohl sie unzählige gesellschaftliche Kontakte hat, bleibt sie einsam. Ihre Aufgabe verbietet ihr enge Freundschaften, die Angst vor Enttarnung ist ihr ständiger Begleiter. Ein ganzes Jahr lang muss sie sich gedulden, ehe es neue Instruktionen aus

Kuba gibt. Eine Wartezeit, die an ihren Nerven zerrt. Sie fühlt sich allein, ist oft traurig. Sie vermisst ihre Genossen und vor allem den Kontakt mit den geliebten Eltern: »Die Beziehungen zu meinen Eltern sind immer sehr gut, weil sie meine Eltern sind und besonders, weil sie ideale revolutionäre compañeros sind. Mit meiner Mutter verstehe ich mich besonders gut. Sie ist eine Frau mit viel Energie und unerschöpflicher Dynamik. Ich bewundere sie«, hatte sie einst in einem Lebenslauf geschrieben.[12]

Anfang Januar 1966 erhält sie Besuch von ihrem kubanischen Kontaktmann Mercy. Tagelang beobachtet er sie, dann nennt er am Telefon das vereinbarte Codewort. Tania reagiert nach Vorschrift. Am nächsten Tag geht sie Punkt 19.30 Uhr zum Kiosk vor der Markthalle Lanza, bestellt sich etwas zu trinken und spaziert anschließend die Straße zur Bibliothek entlang. Der Mann aus Havanna folgt ihr. Als er an ihr vorbeigeht, spricht er die vereinbarten Worte, auf die sie die vorgeschriebene Antwort gibt. Damit ist klar: Der Agent aus Kuba steht vor ihr. Wie froh ist sie, ihn zu sehen. Der Mann aus Havanna übergibt ihr Briefe ihrer Eltern und teilt ihr mit, dass sie offiziell in die Kommunistische Partei Kubas aufgenommen worden sei. Die Freude ist groß.

Gemeinsam fliegen die beiden nach Brasilien, wo Tania in neue konspirative Techniken eingeweiht wird. Sie lernt Geheimschriften und neue Möglichkeiten, Texte unsichtbar zu machen, sie zu ver- oder entschlüsseln. Mercy bringt ihr bei, Karten richtig zu lesen und selbst welche anzufertigen. Tania wird geschult in der Überwachung des Gegners und in der Beseitigung verräterischer Spuren. Der Agent zeigt ihr auch, wie man sich richtig kleidet, um nicht aufzufallen, und er empfiehlt ihr, zur Tarnung immer mit dem Taxi zu fahren und nur in den besten Hotels abzusteigen. Obwohl sie froh ist, wieder offen mit einem Menschen sprechen zu können, kommt es mehrmals zu heftigen Auseinandersetzungen, die nicht zuletzt Tanias angegriffenem Nervenkostüm geschuldet sind. Im März fliegt Mercy zurück nach Kuba. In seinem Abschlussbericht schreibt er: »Ich bin zu dem Schluss gekommen, dass sie, trotz der kurzen Trainingszeit, aber dank ihrer exzellenten Lernfähigkeit, alles begriffen hat. (...) Ihr emotionaler Zustand war eine Folge der Isolierung, in der sie sich befand. Für sie war es ein starker emotionaler Schock gewesen, mit einer Person zu sprechen, die von der kleinen Heimat, wie sie Kuba nannte, kam und die Nachricht zu erhalten, die ich ihr überbrachte. Denn diese Nachricht sowie die Reden des compañero Fidel (...) brachten sie zum Weinen. Meiner Meinung nach war ihre Einstellung zu unserer Arbeit so, dass sie sich der Ehre bewusst war, ein Glied in einer Kette zu sein, die eines Tages den Imperialismus besiegen wird.«[13]

Mitte April fährt sie nach Mexiko, wo ein kubanischer Agent ihr einen argentinischen Pass übergibt. Sie bittet ihn, einen letzten Brief an ihre Eltern zu übermitteln: »Ich freue mich, dass Ihr gesund seid und dass vor allem Ihr meine Situation versteht (ich habe es nicht anders erwartet). Ich weiß, dass Ihr etwas Geduld haben werdet und dass in diesem Fall Ihr sie ›mit großer Freude‹ haben werdet, weil Ihr wisst, dass ich meine Pflicht erfülle, und ich weiß, dass es für Euch, ebenso wie für mich, immer das Erste ist.«[14]

Anfang Mai trifft ihr Verbindungsmann aus Kuba in La Paz ein. Es geht los. Obwohl Che Guevara strikte Anweisungen gibt, sie aus dem operativen Geschäft herauszuhalten, um ihre Tarnung nicht zu gefährden, beteiligt sie sich aktiv an den Vorbereitungen für den Guerillakampf, mietet Häuser an, besorgt Autos. Nach und nach treffen die Kämpfer in Bolivien ein, am 4. November kommt endlich auch Ernesto Che Guevara. Ein zum Scheitern verurteiltes Unterfangen politischer Idealisten nimmt seinen Lauf. Der Comandante kann sich für seinen Guerillakampf auf Leidenschaft und Opferbereitschaft stützen, aber weder auf eine starke Truppe noch auf den Rückhalt der Kommunistischen Partei PCB, die sich strikt an die Anweisung aus Moskau hält. Und die lauten: kein Aufstand. Die Rebellen haben zudem keine Unterstützung in der Bevölkerung. Die Indios begegnen den Fremden voll Misstrauen. Auch wenn Bolivien eines der ärmsten Länder Lateinamerikas ist, entspricht die Situation nicht den objektiven Bedingungen einer Revolution. Es gibt eine enge Verbindung zwischen der Armee und den Bauern, die durch die Bodenreform nach der Revolution von 1952 Land erhalten hatten. Präsident Barrientos wird von der Landbevölkerung zwar nicht geliebt, aber auch nicht so gehasst, dass diese eine fremde Guerilla unterstützen würde. Für Che und seine Genossen beginnt ein Kampf gegen Windmühlen, den nur fünf Kämpfer überleben werden.

Nach der ersten Wiedersehensfreude wird Tania als Radiomoderatorin nach Camiri geschickt. Sie erhält einen Jeep, mit dem sie sich frei im Land bewegen kann. Nach Ches Willen soll sie weder an den Kampfhandlungen noch an der Versorgung der Truppe beteiligt sein. Ihre Aufgabe ist es, weiter Informationen zu sammeln und diese verschlüsselt über das Radio an die Rebellen durchzugeben. Die Guerilla bezieht ihr Lager in Nancahuazú. Hier gibt es allerdings, wie Che-Biograf Jorge Castaneda schreibt, weder Verbindungswege noch landlose Bauern, kaum jagdbares Wild und kein Wasser für die 49 Partisanen.

Zum Jahreswechsel bringt Tania nicht nur Weihnachtsgeschenke, sondern auch den Generalsekretär der PCB Mario Monje ins Lager. Die Gespräche über eine mögliche Zusammenarbeit scheitern jedoch nicht zuletzt daran, dass Monje als Chef der Partei darauf besteht, die militärische Führung der Operation zu übernehmen. Er hält diesen Punkt für den entscheidenden Faktor, der über Sieg und Niederlage entscheiden wird: »Wenn die Menschen herausfinden, dass diese Guerilla von einem Mann aus dem Ausland angeführt wird, werden sie ihr den Rücken kehren und sich weigern, sie zu unterstützen. Ich bin sicher, dass sie scheitern wird, weil sie von einem Fremden und nicht von einem Bolivianer geführt wird. Ihr werdet heldenhaft sterben, ohne die geringste Chance eines Sieges.«[15] Nichtsdestotrotz feiern Tania und die Männer voller Hoffnung auf die Zukunft den Jahreswechsel.

Che Guevara bricht bald darauf mit einer Truppe von 29 Mann zu einem Erkundungsmarsch auf. Tania fliegt nach Argentinien, um Verbindung zur dortigen Guerilla herzustellen. Einige Wochen später kehrt sie ins Lager zurück. Sie bringt den französischen Philosophen Régis Debray, der Nachrichten von Fidel Castro bei sich hat, und den Maler Ciro Bustos, der bereits 1963 am gescheiterten Aufstand von Jorge Masetti in Argentinien beteiligt war, mit. Nachdem die beiden ihren Kontaktmann in La Paz verpasst hatten, hatte sich Tania bereit erklärt, sie ins Lager bringen. Che Guevara ist noch immer nicht von seinem Erkundungsmarsch zurück. Tania weigert sich das Lager zu verlassen, ehe sie ihn gesprochen hat. Am 20. März kehrt Che zurück. Régis Debray schildert seine Ankunft: »Ganz in der Ferne taucht allmählich aus der Dunkelheit der Nacht eine Prozession buckliger Bettler auf ... Sie sehen aus wie Schlafwandler, gehen im Gänsemarsch ... zerlumpt, durch das Gewicht der Tornister (mindestens 30 kg) nach vorn gebeugt ... Dann das klirrende Geräusch der Feldflaschen, der Revolver am Gürtel ... Che geht in der Mitte: den Oberkörper fast aufrecht mit einem Rucksack, der seinen Kopf nach unten drückt, den M-1-Karabiner in der Vertikalen, eine kaffeebraune Mütze auf dem Kopf und am Kinn einen Bartansatz.«[16]

Der Erkundungsmarsch war zum Desaster geworden: Statt der geplanten drei war die Truppe sieben Wochen unterwegs und hatte dabei drei Männer verloren. Der Rest ist völlig am Ende, Che Guevara hat über 10 Kilo Gewicht verloren. Er ist alles andere als erfreut darüber, Tania im Lager vorzufinden, fürchtet die Enttarnung seiner wichtigsten Kontaktperson nach außen, deren plötzliches Verschwinden unangenehme Fragen aufwerfen könnte. Régis Debray erhält Briefe an Jean-Paul Sartre und Bertrand Russell, die eine internationale Hilfssammlung für die bolivianische Befreiungsbewegung initiieren sollen. Er soll nach Kuba zurückreisen und Fidel von der Aktion Bericht erstatten. Ciro Bustos hingegen soll den Kontakt zu den argentinischen Rebellen herstellen. Noch hofft Che darauf, bald in seine Heimat zurückzukehren. Kurz nach seiner Rückkehr ins Lager sickert die Nachricht durch, dass Tania aufgeflogen ist. Zwei Deserteure haben ausgepackt und den Militärs wichtige

Informationen über die Guerilla gegeben. Am 21. März 1967 findet man Tanias Jeep. Darin befinden sich nicht nur Kleidung und persönliche Gegenstände, sondern auch ihr Telefonbuch. Dennoch dauert es eine ganze Weile, bis die Polizei den Zusammenhang zwischen Laura Guitiérrez Bauer und Tania herstellen kann. Che Guevara schreibt in seinem Tagebuch: »Zweifellos haben die Deserteure oder der Gefangene geredet, nur weiß man nicht genau, wieviel und wie sie es sagten. Alles deutet darauf hin, dass Tania für sich allein handelt. Damit gehen zwei Jahre guter und geduldiger Arbeit verloren. Es ist jetzt sehr schwierig, jemanden weggehen zu lassen.«[17] Nun sind nicht nur Tania und die Guerilla enttarnt, sondern die Welt weiß endlich auch, wo sich der seit Monaten gesuchte Comandante Ernesto Che Guevara befindet.

Als das Lager der Rebellen von der Armee angegriffen wird und sie fliehen müssen, flieht Tania mit ihnen. Auch wenn Che Bedenken gegen eine Frau in einem Männerlager hat, es gibt keine andere Möglichkeit. Ihr Schicksal ist von nun an auf Gedeih und Verderben mit dem der Guerilla verbunden. Sie wird von den männlichen Revolutionären zum Knöpfeannähen, Kochen und Nachrichtenabhören eingeteilt. Auch in einem Partisanenlager herrscht traditionelles Rollendenken. Gemeinsam mit Che Guevara marschiert Tania in der Hauptgruppe. Das Erstaunen der Indios ist jedes Mal groß, wenn sie die Frau unter den Bärtigen entdecken. Tania bemüht sich nach Kräften eine gute Partisanin zu sein, gibt sich hart und entschlossen. Als Che ihr ein Gewehr überreicht und sie damit offiziell als Guerilla anerkennt, ist sie sehr stolz. Doch das Leben im Dschungel ist nicht leicht. 40 bis 60 Kilometer täglich, mit 15 bis 25 Kilo Gepäck auf dem Rücken durch unebenes Gelände legt die Truppe zurück. Tanias Füße sind bald wund gescheuert, ihr Rücken tut weh, sie verliert täglich mehr an Gewicht. Mit fast 40 Grad Fieber bleibt sie im April 1967 auf dem Marsch nach Muyupampa liegen. Umzingelt von der bolivianischen Armee, beschließt Che Guevara am 3. April, die Gruppe zu teilen. Er selbst will mit dem größeren Teil der Gruppe weiter

Richtung Muyupampa ziehen, Tania soll mit 17 Guerilleros unter Manuel Acuna genannt Joaquín die Nachhut bilden. Er hofft, dass es ihnen durch dieses Manöver gelingt, die Soldaten abzuschütteln. Nach drei Tagen wollen sich die beiden Gruppen wieder vereinigen. Doch es kommt alles ganz anders. Die Armee zwingt beide Gruppen dazu, das Gebiet zu verlassen. Sie schaffen es nicht zum vereinbarten Treffpunkt und laufen über Monate auf der Suche nacheinander durch die Gegend. Manchmal nähern sie sich auf nur wenige Hundert Meter, ohne sich zu orten. Als die Armee Hubschrauber bei der Suche nach den Rebellen einsetzt, fliehen diese in die Berge. Bei einem Napalmbombenangriff sterben vier Kämpfer. In Tanias Gruppe kommt es zu heftigen Auseinandersetzungen über das weitere Vorgehen. Tania hält Joaquín für entscheidungsschwach, er sie für hysterisch. Nach einem Gefecht mit Soldaten werden zwei Guerilleros verhaftet. Da die Soldaten kurz darauf des Vorratslager der Rebellen entdecken, liegt der Verdacht nahe, dass die Gefangenen vermutlich unter Folter Informationen preisgegeben haben. Der Truppe fehlen nun Medikamente, Lebensmittel und Ausrüstung. Vor allem für den schwer asthmatischen Guevara ist dies ein Problem.

Am 16. April wendet sich Che in der kubanischen Zeitung *Granma* mit seiner »Botschaft an die Völker der Welt« zu Wort: »Amerika, ein von den jüngsten Kämpfen für die politische Befreiung nicht erfasster Kontinent, der durch die Tricontinentale beginnt, sich mit der Stimme der Avantgarde seiner Völker, der kubanischen Revolution, Gehör zu verschaffen, wird eine Aufgabe von viel größerer Bedeutung haben: die Schaffung eines zweiten, dritten Vietnams oder des weltweiten zweiten oder dritten Vietnams.«[18]

Der Truppe um Che Guevara gelingt es zunächst, einige Kämpfe für sich zu entscheiden. Doch dann wendet sich das Blatt. Am 20. April werden Régis Debray und Ciro Bustos verhaftet. Während Régis Debray der Folter standhält, gibt Ciro Bustos unter der Drohung, dass seine Töchter entführt werden, Informationen preis und fertigt detailgetreue Bilder der Kämpfer an, auch von Tania. Die Polizei stürmt ihre Wohnung in La Paz, kann jedoch außer Fotos, privaten Briefen und Musikkassetten nichts Brauchbares finden.

Die Guerilla ist nun mehr denn je auf die Hilfe der einheimischen Bevölkerung angewiesen. Doch diese wird bis auf wenige Ausnahmen nicht kommen. Che notiert in sein Tagebuch das »völlige Fehlen jeglicher Neuaufnahme aus der Landbevölkerung. (...) Es steht uns eine lange und geduldige Arbeit bevor.«[19] Als im Mai 1967 Arbeiter die Zinnbergwerke besetzen und ihre Unterstützung für die Partisanen erklären, werden sie vom Militär zusammengeschossen. Die Moral von Ches Truppe sinkt auf den Nullpunkt.

Nicht anders bei der Gruppe um Tania, die orientierungslos durch die Gegend streift. Um nicht zu verhungern, schlachten sie schließlich ihre Pferde. Tania ist am Ende. Mehr als drei Stunden liegen bei den täglichen Märschen zwischen ihr und den anderen. Doch auch wenn ihre Angst täglich wächst, sie beißt die Zähne zusammen, gibt nicht auf.

Am 31. August 1967 erreichen die Kämpfer den Rio Grande. Von einstmals 17 Partisanen sind noch acht am Leben. Der Bauer Honorato Rojas bietet an, sie über den Fluss zu bringen. Er zeigt ihnen eine schmale Stelle an der Furt Vado del Yeso. Sie nehmen ihre Rucksäcke und Waffen über den Kopf und waten ins Wasser. Als alle Partisanen bis zum Bauch im Fluss sind, hebt der Bauer zum Abschied die Hand. Dies ist das Signal für die von allen Seiten herbeistürmenden Soldaten. Sie eröffnen sofort das Feuer. Im Kugelhagel kommen bis auf einen alle Kämpfer ums Leben. Am 7. September spült der Fluss eine Frauenleiche an Land. Um den Hals trägt sie eine Kamera. »Radio La Cruz del Sur meldete das Auffinden der Leiche der Guerillera Tania am Ufer des Rio Grande«, schreibt Che Guevara abends in sein Tagebuch.[20] Tanias Leichnam wird ins Militärgefängnis nach Vallegrande überführt und aufgebahrt. Viele kommen, um die Frau, die unter den Guerilleros lebte, zu bestaunen. Sie erhält ein christliches Begräbnis, dem auch der Staatspräsident beiwohnt. Zwei Wochen später erhalten die

Bunkes einen anonymen Brief. Er enthält einen Zeitungsartikel mit einem Bild ihrer toten Tochter.

Ches Guevaras bolivianisches Abenteuer neigt sich seinem unausweichlichen Ende entgegen. Bei der Überquerung des Rio Grande verliert er sieben Männer. Er selbst ist durch Asthma und Durchfall mittlerweile so geschwächt, dass er getragen werden muss. Am Morgen des 8. Oktobers wird Che bei der Schlacht in der Schlucht von Yuro angeschossen und schwer verwundet festgenommen. Am nächsten Tag um 13.10 Uhr wird Ernesto Che Guevara in einem Zusammenspiel von bolivianischer Regierung und CIA ermordet. Sein früher Tod macht den laut Jean-Paul Sartre »vollständigsten Menschen unserer Zeit« endgültig unsterblich.

Ende Oktober 1967 reisen Nadja und Erich Bunke nach Kuba, wo man ihnen offiziell den Tod Tamaras bestätigt. Am 3. November 1967 erscheint im *Neuen Deutschland* folgende Traueranonce: »Erst jetzt wurde es zur schmerzlichen Gewissheit, dass fern von uns unsere liebe tapfere Tochter, Schwester Tante, Nichte und Schwägerin, Genossin Tamara Bunke, Guerillera ›Tania‹ am 31. August 1967 am Rio Grande in Bolivien gefallen ist, Sie hat ihr junges Leben dem revolutionären Kampf um die Freiheit und Unabhängigkeit der Völker Lateinamerikas gewidmet und geopfert.«[21]

Tamara Bunke wird von der DDR posthum zu einer Art Nationalheiliger hochstilisiert. »Tamara« wird einer der beliebtesten Mädchennamen der DDR, 242 Frauengruppen, Schulen, Jugendbrigaden und Kindergärten werden nach ihr benannt. Und auch innerhalb der internationalen Linken macht Tamara Karriere. Als sich die 1974 von der linksradikalen Symbionese Liberation Army entführte Enkelin des amerikanischen Zeitungstycoons William Randolph Hearst, Patty Hearst, ihren Entführern anschließt, wählt sie als Kampfname den Namen »Tania«: »Ich habe den Namen Tania bekommen, nach der Genossin, die mit Che in Bolivien für das Volk Boliviens gekämpft hat. Ich habe diesen Namen angenommen mit der festen Entschlossenheit, in ihrem Geiste weiterzukämpfen. (...) Ich weiß, dass Tania ihr Leben dem Volk geweiht hat. (...) Im Geiste Tanias sage ich: Patria o muerte! Venceremos!«[22]

Selbst das Gerücht, Tamara Bunke sei ein auf Che Guevara angesetzter Spitzel von Stasi und KGB gewesen, tut der Verehrung keinen Abbruch. Nach bisherigen Erkenntnissen gibt es zudem keine Hinweise auf eine derartige Agententätigkeit Tamara Bunkes. Mischa Wolf erklärt 1995 in einem Interview, dass Tamara niemals eine Mitarbeiterin des MfS gewesen sei, und auch der russische Auslandsgeheimdienst, den Nadja Bunke noch 86-jährig aufsucht, um Beweise für die Rehabilitierung ihrer Tochter zu finden, bestreitet vehement, Tamara Bunke auf Che Guevara angesetzt zu haben. Heute ist Tamara Bunke außerhalb linker Kreise nahezu vergessen. Die politischen Ideen, für die sie eintrat, gelten durch ihre realpolitische Umsetzung als diskreditiert. Alle ehemals nach ihr benannten Einrichtungen tragen längst andere Namen. Ihr Name ist aus dem öffentlichen Leben so gut wie verschwunden. Ganz so, als hätte sie dies geahnt, hatte Tamara Bunke Mitte der 60er-Jahre in ihr Tagebuch geschrieben:

Eine Erinnerung zurücklassen
Womit werde ich fortgehen, wie Blumen, die verwelken?
Wird mein Name eines Tages nichts sein?
Werde ich nichts von mir zurücklassen auf dieser Erde?

Wenigstens Blumen, wenigstens Lieder.
Was soll mein Herz tun?
Vielleicht sind wir umsonst zum Leben, zum Aufblühen
Auf diese Welt gekommen?[23]

Sie hat etwas zurückgelassen. Das Beispiel eines heroischen Einsatzes im Glauben an ihre Ideale.

XII
Mein ist die Rache

Phoolan Devi (1963–2001),
die Königin der Banditen

»Das, was ich tat, betrachtete ich nicht als Rebellion,
sondern als die einzige Möglichkeit,
Gerechtigkeit zu erreichen.«[1]

Die indische Freiheitskämpferin Phoolan Devi ist eine Legende. Weit über Indien hinaus ist die mutige Frau, die sich mit Waffengewalt gegen die patriarchale Unterdrückung der Frauen wehrte, berühmt geworden. Als erste Frau lehnte sie sich offen gegen das geltende Kastensystem auf, trat ein für die Rechte von Armen und Frauen. Sie verbreitete Angst und Schrecken, allein dadurch, dass sie das Gewaltmonopol der Männer durchbrach und sich zur Wehr setzte. Als Königin der Banditen, Menschenrechtlerin, Feministin und Politikerin wurde sie weltberühmt. Ihre Anhänger verehren die Frau, die sich als Hommage an die Muttergöttinnen Durga und Kali »Devi« nannte, bis auf den heutigen Tag als Inkarnation der Rachegöttin. Dabei hat sie nichts anderes getan, als sich gegen die brutalste Erniedrigung zu wehren, die einer Frau angetan werden kann – sich zu wehren mit aller Härte und Grausamkeit, die man einer Frau nicht zugestehen will.

Phoolan Devi wird vermutlich am 10. August, am Tag eines hinduistischen Blumenfestes, 1963 im indischen Bundesstaat Uttar Pradesh geboren. Der Name Phoolan bedeutet Blumen, Phoolan Devi ist die Göttin der Blumen. Ihre Familie gehört zur Kaste der Mallahs, einer der ärmsten Kasten Indiens. Sie hat drei Schwestern und einen Bruder und lebt mit ihrer Familie in Guda ka Purwa in ärmsten Verhältnissen. Ihr Dorf ist so abgelegen, dass es lange Zeit auf keiner Landkarte verzeichnet ist. Es ist das sprichwörtliche Ende der Welt. Niemals wird sie eine Schule besuchen und lesen und schreiben lernen, dennoch wird sie später mit Politikern auf internationaler Ebene verhandeln. Das Indien, in dem sie geboren wird, ist durch das Kastenwesen bestimmt. Ein System, das parallel zum Patriarchat weitere Unterdrückungsmechanismen für Frauen beinhaltet. Die Situation der indischen Frauen Anfang der 60er-Jahre ist geprägt von speziellen indischen Formen von Gewalt gegen Frauen. Mitgiftmorde, Zwang zum Witwenselbstmord, die Tötung weiblicher Babys, die Nötigung zur Abtreibung, all dies bestimmt den Alltag indischer Frauen. Dinge, die erst durch die starke indische Frauenbewegung der 80er-Jahre zurückgedrängt werden.

Phoolans Vater verdingt sich als Landarbeiter bei einer Thakur-Familie. Die Thakurs sind Landbesitzer und gelten als eine der höchsten und reichsten Kasten Indiens. Während Phoolans Bruder zur Schule gehen darf, müssen die Mädchen Feldarbeit verrichten und zu Hause Seile drehen. Schläge und Demütigungen sind an der Tagesordnung und schon bald wird der kleinen Phoolan klar: »Ein Mädchen existierte einfach nicht ohne ihren Vater, ihren Bruder, ihren Onkel oder ihren Ehemann – oder sonst irgendeinen Mann, der zu ihrer Familie oder ihrer Kaste gehörte. Sie konnte nicht einmal ohne Angst vom Dorf zum Fluss gehen. (...) Ich betete wie mein Vater zu Durga, der Göttin, die auf einem Tiger durch die endlose Nacht ritt. (...) Ich bat sie, mir den Weg zu weisen und mir auch einen Stock zu geben, damit ich mich wehren konnte.«[2]

Der einzige Besitz der Familie ist ein kleines Stück Land, auf dem ein mächtiger Baum steht. Als die Not wieder einmal besonders groß ist, beschließt der Vater den Baum zu fällen, um mit dem Verkauf des Holzes die Familie zu ernähren. Just um dieses kleine Stück Land schwelt jedoch einen jahrelanger Streit zwischen dem Vater und einem reichen Onkel. Als dieser erfährt, dass der Baum gefällt werden soll, kommt er der Familie zuvor und lässt den Baum durch seinen Sohn Mayadin fällen. Die Eltern sind fort, Phoolan stellt sich ihm als Einzige entgegen. Da ihr niemand aus der Dorfgemeinschaft hilft, muss sie ohnmächtig mit ansehen, wie Mayadin mit dem Holz davonfährt: »Der Schmerz, ein Sklave zu sein, weniger zu sein als ein Hund, drehte mir den Magen um. Ich würgte und wollte mich übergeben. Wir waren arm, und deshalb waren wir machtlos. Erschöpft setzte ich mich auf die Erde, zu Füßen von Mayadins Männern in den Staub und schluchzte. Die vier Männer zerrten mich hoch und stießen mich den Weg bis zu unserem Haus vor sich her. Sie warfen mich in den Hof und verbarrikadierten von außen die Tür. Aber das machte keinen Unterschied. Ich hatte sowieso keine Kraft mehr. Mit dem Gesicht auf der harten Erde liegend, konnte ich nicht einmal mehr weinen. Ich fühlte mein Herz so heftig schlagen, dass ich fürchtete, es könnte in mir explodieren. Ich hatte getan, was ich konnte, aber ich war allein.«[3]

Als sie elf Jahre alt ist, wird sie mit einem 35 Jahre alten Mann aus dem Nachbardorf verheiratet. In ihrer Kaste ein durchaus üblicher Vorgang und ein durchaus übliches Alter. Dass Kinderehen in Indien mit dem Sarada Act 1927 und dem Hindu Marriage Act 1955 verboten wurden, wird auf dem Land geflissentlich ignoriert. Phoolan übersiedelt ins Haus ihres Mannes, wo sie den furchtbaren Alptraum sexueller Misshandlungen erlebt: »Ich war allein, verlassen von Gott. (…) Bilder der Qualen, die ich durchlitten hatte, schwammen mir vor den Augen. Es war unmöglich, sie zu vergessen, und, schlimmer noch, unmöglich, sie zu begreifen.«[4]

Schließlich flüchtet sie vor Brutalität ihres Mannes zurück in ihr Dorf. Ihre Mitgift verbleibt bei ihrem Mann. Doch zu Hause ist sie alles andere als willkommen, gilt sie als ehrlos und rechtlos. Sie hat Schande über die Familie gebracht, als sie ihren Ehemann verlassen hat. Um die Tochter mit durchzufüttern, reichen die Mittel der Familie nicht aus. Die Mutter rät ihr zum Selbstmord: »Entweder du fällst tot um, springst in einen Brunnen oder ertränkst dich in der Yamuna.«[5] Erfolgreich wehrt sich Phoolan gegen eine Wiederverheiratung. Daraufhin wird sie auf Beschluss des Dorfrates im Haus des reichen Onkels untergebracht. Hier behandelt man sie wie eine Dienerin, beschimpft und schlägt sie. Doch zur Überraschung aller begehrt Phoolan auf: »Zu dieser Zeit, als ich etwa vierzehn, fünfzehn Jahre war und kämpfen musste, um überleben zu können, begann meine Rebellion. Ich war eine Frau, die einer niederen Kaste angehörte. Konfrontiert mit jenen, die Geld und Macht hatten, setzte ich jedes Mittel ein, das mir geeignet erschien. (...) Ich hatte in mir selbst eine unvermutete Kraft entdeckt.«[6]

Als sie in einem Rechtsstreit zwischen ihrem Onkel und ihrem Vater die Argumente des Vaters vor dem Dorfrat vorbringt, zieht sie weiteren Zorn auf sich. Eine Frau hat zu schweigen und sich nicht in öffentliche Belange einzumischen. Ihr Cousin Mayadin, der Sohn des Onkels, verfolgt sie von nun an mit offener Feindseligkeit. Er versucht, ihren Ruf zu ruinieren, indem er das Gerücht in die Welt setzt, sie habe eine inzestuöse Beziehung mit seinem Sohn. Als er versucht, sie zu schlagen, schlägt Phoolan zurück. Auch der Sohn des Dorfvorstehers Sokhchand, ein Thakur, lernt seine Lektion. Als er sie sexuell belästigt, gibt sie ihm öffentlich eine schallende Ohrfeige. Noch in derselben Nacht dringt er mit Freunden in ihr Haus ein und vergewaltigt sie vor den Augen ihrer Eltern. Damit hat sie im indischen Weltbild erneut Schande über die Familie gebracht: »Meine Mutter sah mich an und schüttelte den Kopf: ›Womit habe ich eine solche Tochter wie dich verdient, Phoolan? Warum habe ich dich nur auf die Welt gebracht? Ich schäme mich so.‹ Vater schloss das Tor sorgfältig ab und sagte ihr, sie solle den Mund halten. Wir sollten alle den Mund halten, nichts sagen und kein Theater machen.«[7] Doch Phoolan denkt nicht daran zu schweigen. Sie zeigt die Männer an, mit dem Ergebnis, dass man sie als Hure beschimpft und aus der Dorfgemeinschaft verbannt. Sie geht in ein Nachbardorf, um dort zu leben. In späteren Interviews wird sie immer wieder die Namen von Sokhchand und Mayadin nennen, als zwei derjenigen, die ihr Leben zerstört haben.

Als das Haus des Onkels 1978 von Banditen überfallen wird, zeigt Mayadin sie wegen Mittäterschaft an. Der Ortsvorstand unterstützt die völlig haltlose Klage, um die Aufmüpfige loszuwerden. Drei Tage bleibt sie in Untersuchungshaft in der Polizeistation in Kalpi. Hier wird sie von Polizisten schwer gefoltert und vergewaltigt. Die Täter werden nie zur Rechenschaft gezogen, Phoolan wird sie niemals anzeigen: »Ich habe nie ein Sterbenswort über das verlauten lassen, was in den drei Tagen und Nächten in der Polizeistation geschehen ist. Ich schämte mich zu sehr und fühlte mich zu sehr erniedrigt durch das, was diese Männer mit mir gemacht hatten. Und ich hatte viel zuviel Angst. Sie drohten mir, sie würden meine ganze Familie verhaften, wenn ich irgendjemandem etwas sagen würde.«[8] Nach weiteren 20 Tagen im Gefängnis kommt sie gegen Kaution frei. Vergewaltigungen durch die Polizei sind nicht selten, Gerechtigkeit für die Opfer hingegen sehr wohl. Meldungen wie diese kann man nahezu täglich in der Zeitung lesen und machen Phoolans Schweigen verständlich: »Einer Dorfjugendlichen namens Mathura, die auf einer Polizeiwache in Maharashtra von zwei Polizisten vergewaltigt worden war, wurde seitens der Polizei vorgeworfen, sich unmoralisch verhalten und freiwillig mit ihren Vergewaltigern geschlafen zu haben. Das oberste Gericht schloss sich dieser Darstellung an.«[9]

Phoolan kehrt nicht in ihr Dorf zurück. Eine vergewaltigte Frau trägt in Indien ein Stigma, das sie außerhalb jeglicher Gemeinschaft stellt. Solch einer Frau bleiben nur wenige Möglichkeiten. Das patriarchale Indien lässt einer gefallenen Frau nur die Wahl zwischen Selbstmord, Prostitution oder Kriminalität. Phoolan entscheidet sich für Letzteres und schließt sich den Banditen im Chambal Tal an. Die Schluchten dort gehören zu den unwirtlichsten und rauesten Gegenden Indiens. In den bettelarmen Wäldern greifen die Gesetze des Staates nicht mehr. Hier gelten andere Regeln. Hier herrschen die Banditen, leben seit Jahrhunderten die Geächteten und Vogelfreien. Viele der Banditen werden als Sozialrebellen à la Robin Hood verehrt und von der Bevölkerung unterstützt. Man sieht in ihnen keine Kriminellen, sondern Opfer eines unmenschlichen Systems, die sich auf ihre Weise zur Wehr setzen. Phoolan Devi wird die Frau des Bandenchefs Babu Gujar, der sich als Kopf einer Räubertruppe nimmt, was ihm gefällt. Und ihm gefällt die hübsche

Phoolan. Erneut muss sie körperliche Erniedrigung über sich ergehen lassen. Dann jedoch verliebt sie sich in Vikram Mallah, einen weiteren Anführer der Bande. Da dieser sich auch in sie verliebt, ist es nur eine Frage der Zeit, bis es zum Showdown zwischen den Rivalen kommen wird. Am 20. Juli 1979 erschießt Vikram Babu Gujar und übernimmt gemeinsam mit Phoolan die Führung der Bande, die aus zirka 30 Mann besteht. Sie legt jetzt den Sari ab, schneidet sich die Haare kürzer und trägt von nun an eine Polizeiuniform. So tarnen sich die Banditen üblicherweise und signalisieren damit zugleich, dass sie selbst die Macht im Dschungel darstellen. Jetzt ist Phoolan nicht mehr die Frau eines Banditen, sondern selbst Banditin. Sie lernt schießen und ist nie mehr ohne Waffe anzutreffen. Zum ersten Mal im Leben erweisen ihr Männer unterschiedlicher Kasten Respekt. Doch die Idylle währt nicht lange. Nach einiger Zeit kommt es zu Differenzen zwischen den verschiedenen Kasten innerhalb der Bande. Die Mitglieder der höheren Thakur-Kaste wollen sich einem kastenniederen Anführer nicht unterordnen. Die Gebrüder Shri Ram und Lala Ram trennen sich von Vikram und gründen ihre eigene Bande.

Phoolans Freiheit ist teuer erkauft. Das Leben in der Schlucht ist hart und entbehrungsreich. Manchmal haben die Banditen tagelang nichts zu essen. Gewaltmärsche von 40 Kilometern am Tag sind keine Seltenheit. Es gibt keinen Schutz vor Wind und Regen. Wenn der Monsun einsetzt, bieten die dünnen Zeltplanen kaum Schutz. Sie frieren, hungern und leiden unter den kargen Lebensbedingungen.

In einer ihrer ersten Handlungen als Banditin nimmt Phoolan Rache an ihrem ersten Mann: »Die Männer hatten Putti Lal die Hände hinter dem Rücken zusammengebunden, so wie er es einst mit mir gemacht hatte. Die kleine Hure erinnerte sich jetzt an alles genau, was er getan hatte. Was er mit seinem Messer anzustellen versuchte, wie er mich quälte und vergewaltigte. (...) Und wie er mich schlug, als ich vor Angst schrie, und wie er sich mit seinem fetten Körper auf mich legte, als ich versuchte, von ihm fortzukommen. Jetzt machte ich dasselbe mit ihm.

Zum ersten Mal schlug ich jemanden auf die gleiche Art, wie er mich geschlagen hatte.«[10]

Im August 1979 verübt die Bande ihren ersten großen Raubüberfall. Sie erbeuten Schmuck, Gewehre und Geld. Kurz darauf wird in der Polizeistation Kalpi der Haftbefehl gegen Phoolan Devi erlassen. Ein halbes Jahr später fällt ihr Name im Zusammenhang mit dem Mord an Mansukh Mallah, der 1978 bei Phoolans erster Verhaftung eine zwielichtige Rolle gespielt haben soll. Phoolan selbst berichtet in ihren Memoiren, was sie fühlte, nachdem sie ihn erschossen hatte: »Er würde nie wieder jemandem Leid zufügen können, so wie er mir Leid zugefügt hatte. Es war einfach, und es war schrecklich. (...) Jetzt gab es kein Zurück mehr. Schon am nächsten Tag setzte die Polizei eine Belohnung auf meinen Kopf aus. Mich zu stellen kam jetzt nicht mehr in Frage. Sie würden mich einfach erschießen, sobald sie mich erblickten. Ich war eine Verbrecherin geworden, so wie die Übrigen. Aber was sie ein Verbrechen nannten, nannte ich Gerechtigkeit.«[11]

1980 begeht die Vikram-Phoolan-Bande einen Raubüberfall, bei dem ein Mitglied der Thakur-Kaste zu Tode kommt. Der Mann ist ein enger Verwandter der Ram-Brüder. Menschen aus einer niederen Kaste hatten einen Kastenhöheren getötet. Dies ist ein Bruch mit der sozialen Ordnung, stellt das komplizierte Beziehungsgefüge der Kasten infrage. Phoolan und Vikram hatten damit öffentlich bekundet, dass sie sich nicht länger dieser Ordnung unterwerfen würden. Jetzt geht es um Macht und Ehre. Die Thakur fordern Blutrache und holen zum Gegenschlag aus. Am 13. August 1980 erschießen die Brüder Ram Vikram Mallah und verschleppen Phoolan in ihr Dorf Behami. Behami liegt nur etwa acht Kilometer entfernt von Phoolans eigenem Dorf Guda ka Purwa auf der anderen Seite des Flusses Yamuna. Hier wird sie 22 Tage lang gefangen gehalten. Sie wird aufs schwerste misshandelt und von den Thakur immer wieder öffentlich auf dem Dorfplatz vergewaltigt. Niemand scheint sich daran zu stören, dass eine Frau vor den Augen der Öffentlichkeit gequält, missbraucht und geschändet wird. Ist sie doch nur eine Mallah und eben auch nur eine Frau: »Sie fielen über mich her wie Wölfe. Sie zerrten mich hoch und hoben mich auf, und ich fiel, und sie zogen mich wieder an den Haaren empor. Ich sah Dinge, die ich nie werde vergessen können. Ich sah eine Unzahl von Gesichtern, und ich war nackt vor ihnen. Dämonen kamen in endloser Folge aus den Feuern der Hölle und vergewaltigten mich. Ich betete zu allen Göttern und Göttinnen, mir zu helfen, mich leben zu lassen, durch die taufeuchten Felder laufen und in die Schluchten klettern zu lassen, mich Rache nehmen (...) zu lassen.«[12]

Trotz dieser unglaublichen Erniedrigung bewahrt sie sich den Willen zum Überleben. Unter Lebensgefahr gelingt ihr schließlich die Flucht. Sie kehrt in den Dschungel zurück und reorganisiert gemeinsam mit ihrem neuen Lebensgefährten Man Singh Yadav die Bande. Und sie schwört blutige Rache: »In dieser Nacht gelobte ich der Schlange, die jetzt meine Verbündete war, dass ich nicht mehr länger eine Frau sein würde. Alles, was ich von jetzt an tat, würde ich wie ein Mann tun. Das Böse hatte mir seinen Stempel aufgedrückt. Ich hatte das Böse der Männer überlebt, und ich hatte nichts mehr zu verlieren. Ich war stärker als je zuvor.«[13] Statt sich wie von ihr erwartetet voller Scham zu verkriechen, schlägt sie zurück, wird zur Rächerin aus verlorener Ehre. Sie nimmt offiziell den Namen Phoolan Devi an und versteht sich nun als Reinkarnation von Durga, der von ihr so verehrten Göttin, unter deren Schutz sie sich glaubt: »Die Göttin Durga war bei mir. Sie beschützte mich. Der, der erlöst, ist immer stärker als der, der tötet.«[14] Dennoch gleicht sie wohl eher der Göttin Kali, die den Zorn der Durga verkörpert und mit schrecklichem Brüllen das Weltall erfüllt. Phoolan Devi wird die Göttin des Todes und der Zerstörung.

Von Hass und Rache getrieben, gelten ihre Überfälle fast ausschließlich Mitgliedern der Thakur. Gekleidet in ihre Uniform, ein rotes Stirnband um den Kopf, fällt sie mit ihren Leuten in die Dörfer ein. In der Hand hält sie stets ein Megaphon, mit dem sie keinen Zweifel lässt, wer für die Überfälle verantwortlich ist. Von wüsten Flüchen begleitet, gibt sie ihre Opfer bekannt. Das Bild der laut ins Megaphon brüllenden kleinen Frau wird zur Legende. Auch wenn sie später bestreitet, einen Kastenkrieg geführt zu haben, sprechen die Tatsachen für sich. Das Geld, das sie bei ihren Raubzügen erbeutet, verteilt sie an die Mitglieder der unteren Kasten. Die unterstützen sie im Gegenzug mit Nahrungsmitteln, Unterkunft und Information. So entsteht ein dichtes Netzwerk, in dem sich Phoolan und ihre Leute frei bewegen können. Bald eilt ihr der Ruf voraus, dass sie sich bei Männern für an Frauen begangene Gewalttaten rächt: »Ich half den Armen, indem ich ihnen Geld gab, und die Bösen bestrafte ich mit den gleichen Qualen, die sie anderen zufügten, denn ich wusste, dass die Polizei nie den Beschwerden der Armen Gehör schenkte. (...) In den Dörfern meiner Gegend, wo es keine Gerechtigkeit außer jener der Lathi gab, wo die Mallahs die Sklaven der Thakurs waren, übte ich Gerechtigkeit.«[15] So wird erzählt, sie soll Verrätern oder Männern, die Frauen misshandelt haben, die Nase und den Penis abgetrennt haben.

Dabei hatte sie nicht soziales Ethos, sondern die pure Not dereinst in den Dschungel getrieben. Dass sie sich den Banditen angeschlossen hatte, war aus dem puren Zwang zu überleben geschehen. Doch jetzt tut sie etwas Ungeheuerliches: Sie wehrt sich. Sie begehrt auf, sie schlägt zurück, macht Duldung und Demut ein Ende. Damit wird sie zur Stellvertreterin unzähliger Frauen, die ihr Schicksal teilen und sich nicht zur Wehr setzen können. Für sie steigt Phoolan zur Heldin auf. Auf den Märkten werden bald kleine Phoolan-Devi-Puppen verkauft.

Im Dezember 1980 sühnt sie den Tod von Vikram Mallah und überfällt die Thakur im Dorf Baijamau. Diese hatten einst entscheidenden Anteil daran, dass Phoolan und Vikram in die Falle gingen. Doch die eigentliche Rache steht erst noch bevor. An einem kalten Februartag 1981 kehrt die 18-Jährige nach Behami zurück, in jenes Dorf, in dem ihr so Schreckliches widerfahren ist. Mit ihr kommen die Mitglieder weiterer Banden, die sie unterstützen, insgesamt sind es 40 Mann. Warum sie Phoolan helfen, bleibt ungewiss. Vielleicht waren die Thakur zu weit gegangen, vielleicht war es eine Frage der Ehre geworden,

Phoolan zu rächen. Das Massaker von Behami wird die Rache für den Tod Vikrams und das an Phoolan begangene Unrecht. Zunächst werden die Männer der Thakur auf dem Dorfplatz zusammengetrieben. Phoolan verlangt die Auslieferung der Ram-Brüder: »Hört gut zu, ihr Dorfleute! Ich weiß, das diese motherfucker Bastarde Shri Ram und Lala Ram hier sind! Wenn ihr sie versteckt, werden wir unsere Gewehre in eure Ärsche stecken und euch in die Luft jagen! Bringt euer Geld und euren Schmuck heraus! Ihr habt mich gehört! Ich bin Phoolan! Wenn ihr diese Schweinehunde nicht herausrückt, dann werden wir euch zu Brei machen!«[16] Zur Bekräftigung schießt sie mehrmals in die Luft. Doch die Brüder sind unauffindbar, weilen an diesem Tag entgegen aller Informationen in der Stadt. Phoolan ist außer sich. Die Männer des Dorfes werden an eine Lehmwand gestellt. Im Kugelhagel der Banditen sterben 22 Männer. Zum ersten Mal in der indischen Geschichte hatte sich eine Frau der niedersten Kaste an Mitgliedern einer oberen Kaste gerächt. Zum ersten Mal hatte eine Frau kaltblütig ein solches Massaker befehligt. Die indische Welt steht Kopf.

Nie konnte genau geklärt werden, ob ihre maßlose Rache Unschuldige traf oder ob es sich dabei um jene Männer handelte, die sie auf dem Dorfplatz vergewaltigt hatten. Dabei stellt sich die Frage, wie unschuldig jemand ist, der es zulässt, dass einer Frau Tag für Tag solches Leid angetan wird, ohne ihr zu helfen. Die Ansichten über Phoolans Tat und ihre Rache gehen weit auseinander.

Jetzt macht die Polizei Jagd auf Phoolan Devi und ihre Männer. Sie ist nun die meistgesuchte Frau des Bundesstaates Uttar Pradesh. Mehr als 5000 Polizisten sind im Einsatz. Man will Phoolan Devi: tot oder lebendig! Die Bande spaltet sich in kleine Grüppchen auf, um den Zugriff zu erschweren. Die Anführer zweier beteiligter Banden werden aufgespürt und erschossen. Bei einem Angriff der Polizei wird ein Dorf vollkommen zerstört, als die Polizei Bomben aus Hubschraubern abwirft. Phoolan Devi und ihre Männer bleiben trotz aller Anstrengungen wie vom Erdboden verschwunden. Der Mythos Phoolan wächst mit dem Anschein ihrer Unverwundbarkeit. Immer wieder gelingt es ihr auf höchst abenteuerliche Art und Weise, ihren Verfolgern zu entkommen. Einmal soll sie in einem Sari direkt an der Polizei vorbeimarschiert sein. Ein andermal soll sie sich mit einem Sprung über die Mauer eines Hinterhofes in letzter Minute in Sicherheit gebracht haben. Mehrmals schafft sie es nur knapp, zu entkommen. Es wird ein Kopfgeld von über 10 000 Rupien auf sie ausgesetzt.

Ihre Flucht dauert über zwei Jahre. Dass sie so lange Zeit entkommen kann, verdankt sie vor allem der Unterstützung durch die Bevölkerung. Hier wird sie als »Göttin der Schönheit«, »Blumen-Königin« und »Unverwundbare« verehrt. Wo immer sie auftaucht, wird sie umjubelt, die Menschen stecken ihr Blumen in den Gewehrlauf. Doch die Jagd ist zermürbend, kostet viele Opfer. Bei verschiedenen Schusswechseln verliert sie zahlreiche Männer. Allein 1982 werden im Bundesstaat Uttar Pradesh 1080 Banditen getötet, mehr als 10 000 werden verhaftet. Die durchschnittliche Lebenserwartung eines Banditen beträgt 30 Jahre. Zuletzt ist Phoolan, die sich von den anderen getrennt hat, nicht viel mehr als ein gehetztes Tier: »Ich hatte zu niemandem Kontakt. Regelmäßiges Essen, Trinken, oder Schlafen war unmöglich. (...) Wenn mich jemand sah, musste ich sofort weiterziehen. Ich konnte niemandem trauen. Ich war immer auf der Wanderschaft, kletterte auf Bäume, um nach der Polizei Ausschau zu halten. (...) Einmal kam ich in die Nähe meines Dorfes. Ich hatte nicht gemerkt, dass es auf meinem Weg lag, und war mir nicht sicher, ob ich hineingehen sollte. Ich war so ausgezehrt, dass die erste Person, die mir begegnete, mich nicht einmal erkannte.«[17]

Am 12. Februar 1983 ergibt sich Phoolan Devi dem Ministerpräsidenten von Madhya Pradesh in einer aufsehenerregenden Zeremonie in Bhind. Zum ersten Mal bekommen die Menschen außerhalb des Dschungels die legendäre Bandenchefin zu Gesicht. Sie trägt ihre Polizeiuniform, über die Schultern hat sie einen roten Wollschal gelegt. Um die Stirn trägt sie das breite rote Stirnband, das ihre langen schwarzen Haare bändigt. Auf einer Bühne vor dem Bildnis ihrer Göttin Durga und einem Bild Mahatma Gandhis legt sie ihr Gewehr und ihren Munitionsgürtel nieder. Nur diesen beiden will sie ihre Waffen übergeben, keinem Staatsorgan. Vor dem internationalen Symbol für Gewaltlosigkeit Mahatma Gandhi schwört sie der Gewalt ab.

Sodann kniet sie sich vor den Ministerpräsidenten und küsst seine Füße als Geste der Kapitulation. Dann legt sie ihm eine Blumenkette um den Hals. Ihre Männer tun es ihr nach. Derartige Kapitulationen gibt es häufig, niemals zuvor jedoch sind so viele Menschen gekommen. Mehr als 10 000 Menschen sind Zeuge dieses Akts und alle sind neugierig auf die Königin der Banditen. Niemand weiß, wie sie aussieht, es existieren keine Fotos. Doch es wird eine Enttäuschung. Die strahlende Heldin ist durch die Entbehrungen des Lebens alt geworden, ihr Gesicht und ihr Körper sind von den grausamen Erlebnissen gezeichnet. Sie ist klein und schmächtig, sieht eher aus wie ein Schulmädchen denn wie eine Königin. Von Schönheit ist keine Spur mehr zu erkennen. Und sie bemüht sich auch nicht, ihrer Legende gerecht zu werden, flucht und schimpft grob nach allen Seiten. Ihre Flüche sind so heftig, dass keine Zeitung sie später abdruckt. Erst als sie die Hand zum Gruß in Richtung Zuschauer hebt, huscht ein erstes Lächeln über ihr Gesicht. Die meisten Menschen jubeln ihr zu, doch es gibt auch andere Stimmen in der Menge, die Vergeltung für die Morde an den Thakur fordern. »Zahn um Zahn« lautet ihr Credo, »Erschießt Phoolan Devi« ihre Forderung.

Bevor Phoolan ihre Waffen niederlegt, handelt sie einen Vertrag mit den Behörden aus, der sie vor dem Strang retten soll. Zudem verlangt sie, dass sie auf keinen Fall an die Polizei in Uttar Pradesh ausgeliefert werden darf. Alle Prozesse gegen sie müssen am selben Ort, an einem Sondergericht von Madhya Pradesh geführt werden. Sie will zusammen mit ihren Leuten in ein offenes Gefängnis kommen und alle Möglichkeiten und Hilfen erhalten, die Banditen bei Kapitulationen üblicherweise zugestanden werden. Ihre Familie soll ebenfalls vollen Schutz genießen und während ihres Gefängnisaufenthaltes finanzielle Unterstützung erhalten. Zudem sollen sie zu ihrer persönlichen Sicherheit Waffenlizenzen erhalten. Das berichten die Zeitungen nach ihrer Festnahme. Die Regierung bemüht sich umgehend dies zu dementieren, nichts von alledem wäre jemals vereinbart worden. Phoolan wird ohnehin bald erkennen, dass man nicht daran denkt, sich an irgendwelche Vereinbarungen zu halten. Auch wenn dies bei männlichen Bandenchefs gang und gäbe ist, hier hält man sich nicht daran. Wieder muss sie erleben, was es heißt, eine Frau zu sein.

Sie kommt ins Zentralgefängnis nach Gwalior. Hier weigert sie sich strikt, in die Frauenabteilung einzuziehen. Ihr Widerstand ist so heftig, dass ihr tatsächlich gestattet wird, mit ihren Männern zusammen in der Männerabteilung einzusitzen, ja mehr noch, gemeinsam mit ihrem Lebensgefährten Man Singh ein Zimmer zu teilen. Niemand vermag sich dem Durchsetzungswillen dieser Frau zu entziehen. Nicht einmal, als sie längst eine Gefangene ist. Das Gebäude wird monatelang von der Presse belagert, Phoolan gibt Hunderte von Interviews. An ihrer Seite immer Man Singh, einer der wenigen Menschen, die sie niemals enttäuscht hatten, dem sie voll und ganz vertraut. Ihre Erfahrung mit Menschen ist schlecht: Die Eltern, der Ehemann, der Onkel, der Cousin, der Dorfvorsteher, die Thakur – sie alle hatten ihren Teil dazu beigetragen, dass ihr Leben diesen Verlauf genommen hatte. Ein Misstrauen, dem sich auch die zahlreichen Journalisten ausgesetzt sehen.

Elf Jahre lang wartet sie im Gefängnis von Tihar auf ihren Prozess. Doch niemals wird Anklage für die 66 Taten, derer man sie beschuldigt, darunter mehrfacher Mord, Raub, Entführung, illegaler Waffenbesitz, erhoben. Niemals findet eine Gerichtsverhandlung statt. Zu groß erscheint wohl die Gefahr, dass die unerschrockene Frau die unrühmliche Rolle, die Polizei und lokale Behörden in ihrer Geschichte spielen, schildern wird. Die mit ihr verhafteten männlichen Bandenführer werden nach einer ordentlichen Gerichtsverhandlung und dem Absitzen ihrer Strafe bald wieder auf freien Fuß gesetzt. 1994 wird auch Phoolan Devi begnadigt. Als sich die Gefängnistore öffnen, wird sie von einer riesigen Menschenmenge erwartet. »Ich war ein anderer Mensch geworden. Ich war nicht mehr das unwissende Kind, dessen Welt am Rand der Felder endete und das glaubte, die Sonne ertrinke jeden Abend im Fluss. Ich war nicht mehr das wilde Tier, das mit der Grausamkeit Durgas kämpfte, um im Urwald zu überleben. In meinem Herzen gab es kein Verlangen nach Rache mehr. Lesen und schreiben konnte ich immer noch nicht, aber ich hatte gelernt, die Menschen und Dinge dieser Welt besser zu verstehen, mehr von ihnen zu sehen und zu hören.«[18]

Noch im selben Jahr entsteht eine umstrittene und von ihr nicht autorisierte Verfilmung ihres Lebens von Shekhar Kapur unter dem Titel »Bandit Queen«.

Auch wenn ihr Wunsch nach Rache gestillt ist, ihr Wunsch nach Gerechtigkeit dauert an. Phoolan nimmt den Kampf wieder auf, wenn auch mit anderen Mitteln. Sie schließt sich der sozialistischen Samajwadi Partei an und wird sowohl 1996 als auch 1999 ins Parlament gewählt. 1999 erreicht sie in ihrem Wahlbezirk 37,72 Prozent der Stimmen, während die Partei im gesamten Bundesstaat nur auf 3,3 Prozent kommt. Und das, obwohl die Witwen der Opfer von Behami eine groß angelegte Kampagne gegen Phoolan starten.

Die ehemalige Banditenkönigin wird zum Sprachrohr der Unterdrückten, der Armen und vor allem der Frauen. Mutig setzt sie sich für die Rechte der Frauen und Mädchen ein, kämpft als Analphabetin für Mädchenbildung und Gleichberechtigung. Unzählige Frauen wenden sich in den nächsten Jahren an Phoolan Devi, klagen ihr Leid und bitten um Hilfe. Und sie tut, was sie kann, nunmehr mit legalen Mitteln.

1998 wird sie von verschiedenen internationalen Frauenorganisationen und einigen britischen Parlamentsabgeordneten für den Friedensnobelpreis vorgeschlagen. Im Juni 2000 nimmt sie an der UN-Konferenz über die Situation der Frauen in New York teil. Obwohl sie dort keine Rede hält, ist sie eine der begehrtesten Interviewpartnerinnen der Presse.

Am 25. Juli 2001 wird Phoolan Devi in Neu-Delhi auf offener Straße ermordet. Sie ist gerade in ihrer Mittagspause auf dem Weg vom Parlament zu ihrem Haus, als die fünf Schüsse sie treffen. Es sind drei maskierte Täter, die später angeben, aus Rache für die Opfer von Behami gehandelt zu haben. Drei Schüsse treffen Phoolan Devi in den Kopf. Sie stirbt noch an Ort und Stelle. Nach Bekanntgabe ihres Todes brechen im indischen Bundesstaat Uttar Pradesh Unruhen aus. Es kommt zu Protestkundgebungen und Massenstreiks. In Phoolan Devis Wahlkreis bricht das öffentliche Leben zusammen. Zwischen Delhi und Kalkutta verkehrende Fernzüge werden gestoppt, die Büros der regierenden Bharatiya Janata Partei mit Steinen beworfen.

Eine Korrespondentin der Zeitschrift *Sunday* schreibt über sie: »Phoolan Devi war außergewöhnlich. Sie war außergewöhnlich, weil es eine Traurigkeit in der Geschichte ihres Lebens gab; das Gefühl, dass ihr ein ungeheures Unrecht geschehen war. Aus diesem Grunde wurde ihr Verbrechen gegen die zwanzig Männer in Behami zugleich als ein Akt der Rettung ihrer Ehre angesehen. Für einen Augenblick wurde sie identisch mit jeder indischen Frau, die vergewaltigt, erniedrigt und wie Dreck behandelt wurde, und es herrschte das Gefühl, dass sie weniger eine Mörderin war, als eine Frau, die für ihre Rechte gekämpft hatte.«[19]

Phoolan Devi ist tot, doch ihre Legende lebt weiter.

Anmerkungen

Zu diesem Buch

1 Annette von Droste-Hülshoff, Die Judenbuche.
2 Sophokles, Antigone, Köln 2006, S. 54.

Kapitel I: Charlotte Corday

1 Charlotte Corday, Adresse an die Franzosen, in: Landauer, Briefe aus der Französischen Revolution, S. 503.
2 Jean Paul an Christian Otto, 1. März 1799, in: Nettelbeck, Charlotte Corday, S. 7.
3 Adam von Lux, Über Charlotte Corday, in: Ebd., S. 32.
4 Jean Paul Marat, L'Ami du Peuple, 26. Juli 1790, in: Ebd., S. 142.
5 Marat, Flugschrift, 10. August 1791, in: Marat, Ich bin das Auge des Volkes, S. 122.
6 Corday, Brief an eine Freundin, 2. Mai 1792, in: Landauer, Briefe aus der Französischen Revolution, S. 500.
7 Marat, L'Ami du Peuple, 22. Mai 1790, in: Nettelbeck, Charlotte Corday, S. 140.
8 Corday, Adresse an die Franzosen, in: Landauer, Briefe aus der Französischen Revolution, S. 503f.
9 Corday, Schreiben an Marat nach ihrer Ankunft in Paris, 13. Juli 1793, in: Nettelbeck, Charlotte Corday, S. 12.
10 Corday, Zweites Schreiben an Marat, Paris, 13. Juli 1793, in: Ebd., S. 12.
11 Corday, Brief an Barbaroux, Juli 1793, in: Ebd., S. 13.
12 Gerichtliches Verhör der Maria Anna Charlotte Corday vor dem Revolutionstribunal gehalten am 17ten July 1793 herausgegeben von Johann Wilhelm v. Archenholz August 1793, in: Nettelbeck, Charlotte Corday, S. 14.
13 Ebd., S. 14.
14 Ebd., S. 15.
15 Ebd., S. 15.
16 Corday, Brief an Barbaroux, Juli 1793, in: Landauer, Briefe aus der Französischen Revolution, S. 509f.
17 Corday, Brief an den Vater, 17. Juli 1793, in: Ebd., S. 514.
18 Corday, Brief an Barbaroux, Juli 1793, in: Ebd., S. 512f.
19 Adam von Lux, Über Charlotte Corday, in: Nettelbeck, Charlotte Corday, S. 31.
20 Michelet, Die Frauen der Revolution, S. 190.

Kapitel II: Mathilde Franziska Anneke

1 Mathilde Franziska Anneke, Mutterland, S. 10.
2 Ebd., S. 9f.
3 Anneke, Unvollendete Autobiographie, in: Wagner, Mathilde Franziska Anneke, S. 20.
4 Anneke, in: Schmölzer, Revolte der Frauen, S. 194.

5	Annette von Droste-Hülshoff, Brief an ihre Schwester, 20. Dezember 1844, in: Schulte-Kemminghausen, Briefe, Bd. 2, S. 364.
6	Karl Gutzkow, Telegraph für Deutschland, Mai 1843, in: Schmidt, Mathilde Franziska und Fritz Anneke, S. 19.
7	Droste-Hülshoff, Brief an Levin Schücking, 27. Dezember 1842, in: Schulte-Kemminghausen, Briefe, Bd. 2, S. 119.
8	Anneke, Das Weib im Konflikt mit den socialen Verhältnissen, Flugschrift 1847, in: Möhrmann, Frauenemanzipation im deutschen Vormärz, S. 85.
9	Anneke, Brief an Fritz Anneke 1846, in: Schmidt, Mathilde Franziska und Fritz Anneke, S. 34.
10	Anneke, Das Weib im Konflikt mit den socialen Verhältnissen, in: Möhrmann, Frauenemanzipation, S. 82.
11	Anneke, Vortrag 1876, in: Wagner, Mathilde Franziska Anneke, S. 51.
12	Anneke, Die gebrochenen Ketten, S. 2.
13	Anneke, *Frauenzeitung*, 27. September 1848, in: Schmidt, Mathilde Franziska und Fritz Anneke, S. 57.
14	Anneke, *Neue Kölnische Zeitung*, 13. Mai 1849, in: Ebd., S. 74.
15	Anneke, *Neue Kölnische Zeitung*, 1. Juni 1849, in: Ebd., 78.
16	Anneke, Brief an Franziska Rollmann, Juni 1849, in: Schmidt, Mathilde Franziska und Fritz Anneke, S. 79.
17	Anneke, Mutterland, S. 28.
18	Ebd., S. 69.
19	Ebd., S. 107.
20	Ebd., S. 111.
21	Ebd., S. 11.
22	Anneke, in: Schmidt, Mathilde Franziska und Fritz Anneke, S. 109.
23	Anneke, in: Friesen, A Letter from M. F. Anneke, S. 34.
24	Anneke, *Freie Presse*, Oktober 1852, in: Schmidt, Mathilde Franziska und Fritz Anneke, S. 110.
25	Anneke, Amerikanische Skizzen, in: Wagner, Mathilde Franziska Anneke, S. 129.
26	Anneke, Brief an ihre Mutter, 19. März 1858, in: Schmidt, Mathilde Franziska und Fritz Anneke, S. 116.
27	Anneke, Brief an Fritz Anneke, Zürich, 3. November 1861, in: Wagner, Mathilde Franziska Anneke, S. 152.
28	Anneke, Brief an Fritz Anneke, Oktober 1863, in: Schmidt, Mathilde Franziska und Fritz Anneke, S. 143.
29	Brief einer Schülerin an die erste Biografin Mathilde Annekes, Regina Ruben, in: Blos, Frauen der deutschen Revolution, S. 25.
30	Grace Greenwood, *Revolution* o. J., in: Anneke, Die gebrochenen Ketten, S. 7.
31	Anneke, Brief an Fritz Anneke, Oktober 1871, in: Wagner, Mathilde Franziska Anneke, S. 292.
32	Anneke, Brief an Susan B. Anthony, Januar 1884, in: Ebd., S. 365.

Kapitel III: Harriet Tubman

1	Harriet Tubmans berühmteste Worte, zitiert von Hillary Clinton, in: *New York Times*, 27. August 2008.
2	Tubman, in: Larson, Bound For The Promised Land, S. 38.
3	Ebd., S. 73.
4	Bradford, Scenes in the Life of Harriet Tubman, S. 17–19.
5	Tubman, in: Petry, Harriet Tubman, S. 1.

6 Tubman, in: Bradford, Scenes in the Life of Harriet Tubman, S. 20.
7 Lowry, Harriet Tubman, S. 203.
8 Harriet Tubman, in: Douglass, Life and Times of Frederick Douglass, S. 329f.
9 Douglas, Brief an Harriet Tubman, Rochester, 29. August 1868, in: Lowry, Harriet Tubman, S. 6f.
10 Sanborn, The Life and Letters of John Brown, S. 452.
11 Lowry, Harriet Tubman, S. 252.
12 Tubman, in: Larson, Bound For The Promised Land, S. 206.
13 Petry, Harriet Tubman, S. 242.

Kapitel IV: Bertha von Suttner

1 Bertha von Suttner, Randglossen zur Zeitgeschichte, Oktober 1894, in: Brinker-Gabler, Kämpferin für den Frieden, S. 186.
2 Suttner, Lebenserinnerungen, S. 45.
3 Suttner, *Neue Illustrierte Zeitung*, 7. September 1884, in: Hamann, Bertha von Suttner, S. 21f.
4 Suttner, Trente et Quarante!, S. 17f.
5 Suttner, Lebenserinnerungen, S. 88.
6 Ebd., S. 93.
7 Suttner, Tagebuch, 23. Oktober 1907, in: Hamann, Bertha von Suttner, S. 11.
8 Ebd., S. 31.
9 Suttner, Lebenserinnerungen, S. 142, 118.
10 Ebd., S. 153.
11 Suttner, Brief an Alfred Fried, 10. September 1908, in: Hamann, Bertha von Suttner, S. 39.
12 Suttner, Lebenserinnerungen, S. 155.
13 Schück/Sohlmann, Nobel, S. 133.
14 Suttner, Lebenserinnerungen, S. 168.
15 Suttner, Es Löwos, S. 2.
16 Ebd., S. 71.
17 Suttner, Inventarium einer Seele, S. 371.
18 Ebd., S. 118
19 Suttner, High Life, S. 140f.
20 Suttner, Nachlass, in: Hamann, Bertha von Suttner, S. 118.
21 Suttner, Lebenserinnerungen, S. 211.
22 Ebd., S. 217.
23 Ebd., S. 215.
24 Suttner, Die Waffen nieder!, S. 235f.
25 Leo Tolstoi, Brief an Bertha von Suttner, 22. Oktober 1891, in: Brinker-Gabler, Kämpferin für den Frieden, S. 209.
26 Leo Tolstoi, in: Hamann, Bertha von Suttner, S. 140.
27 Suttner, Lebenserinnerungen, S. 333.
28 Peter Rosegger, Brief an Bertha von Suttner, 19. September 1891, Nachlass, in: Hamann, Bertha von Suttner, S. 156.
29 Suttner, Lebenserinnerungen, S. 255.
30 Brief an Alfred Nobel, 2. Juni 1892, Riksarkivet Stockholm, Nachlass Alfred Nobel, in: Hamann, Bertha von Suttner, S. 148.
31 Suttner, Lebenserinnerungen, S. 382.
32 Suttner, Tagebuch, 9.–16. Mai 1900, in: Hamann, Bertha von Suttner, S. 305.
33 Suttner, Tagebuch, 17. November 1898, in: Ebd., S. 246.
34 Suttner, Die Haager Friedenskonferenz, S. 14.

35	Suttner, Brief an Alfred Hermann Fried, 23. August 1901, in: Hamann, Bertha von Suttner, S. 265.
36	Suttner, Lebenserinnerungen, S. 533.
37	Suttner, Tagebuch, 21. Mai 1903, in: Hamann, Bertha von Suttner, S. 320.
38	Suttner, Der Menschheit Hochgedanken, S. 395.
39	Suttner, zitiert bei Stefan Zweig, Brief an Romain Rolland, Oktober 1914, in: Zweig, Briefe an Freunde, S. 32.
40	Fried, Persönlichkeiten, S. 14.
41	Suttner, Lebenserinnerungen, Einleitung, S. 27.
42	Zweig, Bertha von Suttner, in: Müller-Kampel, »Krieg ist der Mord auf Kommando«, S. 149–153.

Kapitel V: Vera Figner

1	Vera Figner, Rede vor Gericht, in: Figner, Nacht über Russland, S. 183.
2	Zu den russischen Zaren siehe Jena, Die russischen Zaren in Lebensbildern, Augsburg 2003.
3	Figner, Nacht über Russland, S. 16.
4	Ebd., S. 17.
5	Ebd., S. 19.
6	Ebd., S. 33.
7	Ebd., S. 6.
8	Hierzu siehe auch Schmieding, Aufstand der Töchter, S. 106–119.
9	Figner, Nacht über Russland, S. 43.
10	Ebd., S. 47f.
11	Ebd., S. 7.
12	Hierzu siehe auch Engel/Rosenthal, Five Sisters, London 1975.
13	Figner, Nacht über Russland, S. 59f.
14	Ebd., S. 60.
15	Ebd., S. 60.
16	Hierzu siehe auch Thuns, Geschichte der Revolutionären Bewegung in Russland, 2008.
17	Figner, Nacht über Russland, S. 69.
18	Programm des Vollzugskomitees der Narodnaja Wolja, in: Figner, Nacht über Russland, S. 465.
19	Ebd., S. 97.
20	Ebd., S. 122.
21	Brief des Vollzugskomitees an Alexander III.,10. März 1881, in: Figner, Nacht über Russland, S. 483–485.
22	Ebd., S. 128f.
23	Ebd., S. 61.
24	Ebd., S. 166.
25	Ebd., S. 169.
26	Ebd., S. 172.
27	Ebd., S. 184.
28	Ebd., S. 185.
29	Zur Geschichte der Schlüsselburg siehe Schmieding, Aufstand der Töchter, S. 250–267.
30	Figner, Nacht über Russland, S. 198–200.
31	Ebd., S. 200.
32	Ebd., S. 210.
33	Ebd., S. 247.

34 Ebd., S. 285.
35 Ebd., S. 299.
36 Ebd., S. 419.
37 Ebd., S. 459.
38 Ebd., S. 460.
39 Ebd., S. 460f.
40 Ebd., S. 463.

Kapitel VI: Clara Zetkin

1 Clara Zetkin auf dem III. Kongress der Internationale 1921, aus: Badia, Clara Zetkin, Berlin 1994.
2 Aragon, Die Glocken von Basel, S. 25.
3 Zetkin, Brief an Karl Kautsky, 22. März 1886, in: Badia, Clara Zetkin, S. 26.
4 Ebd., S. 27.
5 Charles Rappoport L' Humanité 10. Juli 1927, S. 4, in: Badia, Clara Zetkin, S. 29.
6 Zetkin, Brief an Jelena Stassowa, 20. November 1923, in: Badia, Clara Zetkin, S. 30.
7 Zetkin, »Für die Befreiung der Frau!«, Rede auf dem Internationalen Arbeiterkongress zu Paris, 19. Juli 1889, in: Zetkin, Ausgewählte Reden, Bd. 1, S. 10.
8 Hans Georg Müller, Clara Zetkin und ihre Sillenbucher Zeit, Vortrag vom 16. November 1995, Manuskript.
9 Zetkin, *Die Gleichheit*, 11. Januar 1892.
10 Alfred Kerr vom Internationalen Sozialistenkongress in London 1896, in: Badia, Clara Zetkin, S. 110.
11 Badia, Clara Zetkin, S. 110.
12 Zetkin, Die Schulfrage, Rede auf der 3. Frauenkonferenz in Bern, 18. September 1904, in: Zetkin, Ausgewählte Reden, Bd. 1, S. 263.
13 Resolution auf dem Internationalen Sozialistenkongress in Stuttgart, 22. August 1907, in: Zetkin, Ausgewählte Reden, Bd. 1, S. 344.
14 Resolution zum Internationalen Frauentag, II. Konferenz der II. Internationalen Sozialistischen Frauenkonferenz in Kopenhagen, 27. August 1910, in: Zetkin, Ausgewählte Reden, Bd. 1, S. 600.
15 Zetkin, Brief an Heleen Ankersmit, 7. Dezember 1913, in: Hervé, Clara Zetkin, S. 79.
16 Zetkin, Brief an Heleen Ankersmit, 3. Dezember 1914, in: Zetkin, Ausgewählte Reden, Bd. 1, S. 640f.
17 Ebd., S. 649.
18 Zetkin, Arbeiterfrauen, Arbeiterinnen, in: Zetkin, Ausgewählte Reden, Bd. 1, S. 670f.
19 Zetkin, Brief an Lenin, August 1918, in: Stoljarowa/Schmalfuß, Briefe Deutscher an Lenin, S. 43.
20 Zetkin, Brief an Rosa Luxemburg aus Sillenbuch, 13. Januar 1919, in: Soden, Zeitmontage, S. 102.
21 Zetkin, Brief an Mathilde Jacob, 18. Januar 1919, in: Zetkin, Ausgewählte Reden, Bd. II, S. 72.
22 Zetkin, Brief an Lenin, 14. April 1921, in: Stoljarowa/Schmalfuß, Briefe Deutscher an Lenin, S. 236f.

23 Zetkin, Bericht auf dem Erweiterten Plenum des Exekutivkomitees der Kommunistischen Internationale, 20. Juni 1923, in: Zetkin, Ausgewählte Reden, Bd. II, S. 695.
24 Zetkin, Brief an Pjatnizki, 26. September 1929, in: Badia, Clara Zetkin, S. 255.
25 Zetkin, Eröffnungsrede als Alterspräsidentin des Reichstages, 30. August 1932, in: Zetkin, Ausgewählte Reden, Bd. III, S. 418.
26 Helene Stöcker, *Die neue Generation*, Berlin, 5/1928, S. 154, in: Badia, Clara Zetkin, S. 287.

Kapitel VII: Emmeline Pankhurst

1   Emmeline Pankhurst, Ein Leben für die Rechte der Frauen, S. 9.
2   Ebd., S. 10.
3   Ebd., S. 13.
4   Mill, Die Hörigkeit der Frau, S. 158f.
5   Pankhurst, Ein Leben für die Rechte der Frauen, S. 19
6   Ebd., S. 19.
7   Zur Situation der Frauen und dem Beginn der Suffragettenbewegung siehe auch Liddington/Norris, One hand tied behind us, London 2000.
8   Pankhurst, Ein Leben für die Rechte der Frauen, S. 33–35.
9   Ebd., S. 37.
10 Zur Geschichte der Frauenstimmrechtsbewegung siehe auch Karl, Wir fordern die Hälfte der Welt, Frankfurt/M. 2009.
11 Pankhurst, Ein Leben für die Rechte der Frauen, S. 60.
12 Näheres zu den Mitgliedern der WSPU bei Abrams, Freedom's Cause, London 2003.
13 Pankhurst, Ein Leben für die Rechte der Frauen, S. 58.
14 Ebd., S. 98.
15 Näheres zu den Auseinandersetzungen bei Marlow, Votes for Women, London 2001.
16 Pankhurst, Ein Leben für die Rechte der Frauen, S. 111.
17 Ebd., S. 235f.
18 Ebd., S. 120.
19 Ebd., S. 224.
20 Ebd., S. 248.

Kapitel VIII: Constance Markievicz

1   Constance Markievicz, Rede im Parlament gegen den Friedensvertrag mit England 1921, in: Voris, Constance Markievicz, S. 303.
2   Markievicz, *Eire. The Irish Nation*, 18. August 1923, in: Ebd., S. 26.
3   Fingall/Hinkson, Seventy Years Young, S. 191.
4   Markievicz, Dezember 1896, in: Voris, Constance Markievicz, S. 43.
5   Markievicz, *Woman of Ireland*, in: Voris, Constance Markievicz, S. 62.
6   Markievicz , A few Memories, *Eire*, 16. Juni 1923, in: Marreco, The Rebel Countess, S. 135.
7   Markievicz, *Eire*, 26. Mai 1923, in: Voris, Constance Markievicz, S. 188.
8   Markievicz, in: Hetmann, Eine schwierige Tochter, S. 149. – Wolf Tone war ein radikaler Anführer der irischen Unabhängigkeitsbewegung im 18. Jahrhundert.
9   George Bernard Shaw, *Daily News*, 10. Mai 1916, in: Voris, Constance Markievicz, S. 200.

Anmerkungen

10 Voris, Constance Markievicz, S. 210.
11 Hetmann, Eine schwierige Tochter, S. 160.
12 Voris, Constance Markievicz, S. 189.
13 Markievicz, Election Address, 11. November 1918, in: Marreco, The Rebel Countess, S. 241.
14 Markievicz, Brief an Eva Gore-Booth, März 1919, in: Markievicz, Prison Letters, S. 297.
15 Markievicz, Brief an Eva Gore-Booth, undatiert, in: Markievicz, Prison Letters, S. 217.
16 Markievicz, Rede vom 3. Januar 1922, in: Marreco, The Rebel Countess, S. 270.
17 Eamon de Valera, in: Marcardle, The Irish Republic, S. 858.
18 Markievicz, Brief an Esther Roper, Juli 1926, in: Constance Markievicz, Prison Letters, S. 311.
19 Eamon de Valera, in: Voris, Constance Markievicz, S. 349.

Kapitel IX: Emma Goldman

1 Inschrift auf Emma Goldmanns Grabstein
2 Goldman, Gelebtes Leben, Bd. 1, S. 15.
3 Näheres zum Haymarket Attentat bei Karasek, 1886 Haymarket, Berlin 1975.
4 Most, Memoiren, Hannover 1978.
5 Goldman, Gelebtes Leben, Bd. 1, S. 5.
6 Ebd., S. 49.
7 Ebd., S. 68.
8 Ebd., S 104f.
9 Ebd., S. 129.
10 Ebd., S. 144.
11 Ebd., S. 172.
12 Goldman, Gelebtes Leben, Bd. 2, S. 465.
13 Ebd., S. 439.
14 Goldman, Anarchism, S. 91f.
15 Goldman, Gelebtes Leben, Bd. 2, S. 661.
16 Staatsanwalt Content 1917, in: Ebd., S. 715.
17 Goldman, Gelebtes Leben, Bd. 3, S. 810.
18 Goldman, Gelebtes Leben, Bd. 2, S. 796.
19 Goldman, Gelebtes Leben, Bd. 3, S. 816.
20 Ebd., S. 831.
21 Ebd., S. 840.
22 Ebd., S. 875.
23 Ebd., S. 1004.
24 Ebd., S. 1012.
25 Ebd., S. 1016f.
26 Ebd., S. 1016.
27 Rocker, Dem Andenken einer alten Freundin, S. 23–26.
28 Goldman, Gelebtes Leben, Bd. 3, S. 1062.
29 Goldman, My Further Disillusionment in Russia, S. 144–178.
30 Goldman, Gelebtes Leben, Bd. 3, S. 1139.
31 Rocker, Dem Andenken einer alten Freundin, S. 23–26.
32 Buenaventura Durruti im Gespräch mit Emma Goldman 1936, in: Paz, Durruti, S. 497.
33 Rocker, Dem Andenken einer alten Freundin, S. 23–26.

Kapitel X: Tina Modotti

1 Tina Modotti, Brief an Edward Weston, Juli 1925, in: Barckhausen, Auf den Spuren von Tina Modotti, S. 148.
2 Pablo Neruda, Tina Modotti ist tot, in: Ebd., S. 425.
3 Modotti, Moskauer Fragebogen, in: Albers, Das Leben kämpft in mir, S. 34.
4 *L'Italia*, in: Hooks, Tina Modotti, S. 38.
5 Albers, Das Leben kämpft in mir, S. 65.
6 Modotti, Brief an Edward Weston, 25. April 1921, in: Barckhausen, Tina Modotti, S. 83.
7 Modotti, Brief an ihre Schwiegermutter, 11. Februar 1922, in: Albers, Das Leben kämpft in mir, S. 127.
8 Modotti, Brief an Edward Weston, 8. Januar 1928, in: Weston, The Daybooks, S. 43.
9 Modotti, Brief an Edward Weston, 7. Juli 1925, in: Barckhausen, Auf den Spuren von Tina Modotti, S. 148.
10 Albers, Das Leben kämpft in mir, S. 199.
11 Edward Weston, Ansichtskarte an Tina Modotti, in: Albers, Das Leben kämpft in mir, S. 224.
12 Tina Modotti, Über die Fotographie, *Mexican Folkways*, Jg. 5, Nr. 4, Mexico City, Oktober/Dezember 1929, in: Frida Kahlo und Tina Modotti, S. 28.
13 Marti Casanovas, Symbole der Revolution, Rezension in *30/30*, Jg. 10, Mexico City, 1929, in: Ebd., S. 32f.
14 Tina Modotti, Photos als Waffe der RH-Agitation, *MOPR*, Berlin, März 1932.
15 Adelina Zendejas, in: Barckhausen, Tina Modotti, S. 162.
16 Julio Antonio Mella, Brief an Tina Modotti, 11. September 1928, *Excelsior*, 16. Januar 1929, in: Albers, Das Leben kämpft in mir, S. 257.
17 Modotti, *La Prensa*, 14. Januar 1929, in: Ebd., S. 259.
18 Albers, Das Leben kämpft in mir, S. 269.
19 *Excelsior*, 15. Januar 1928, in: Cacucci, Tina, S. 14.
20 *Excelsior*, 17. Januar 1929, in: Ebd.
21 Modotti, Rede vom 10. Februar 1929, Gedenkveranstaltung für Mella, in: Wolfe, The Fabulous Life of Diego Rivera, S. 232.
22 Modotti, Brief an Edward Weston, 17. September 1929, in: Albers, Das Leben kämpft in mir, S. 308.
23 Modotti, Brief an Beatrice Siskind, 17. Februar 1930, in: Ebd., S. 317f.
24 Modotti, Brief an Edward Weston, 23. Mai 1930, in: Hooks, Tina Modotti, S. 188.
25 Neruda, Ich bekenne ich habe gelebt, S. 345.
26 Barckhausen, Tina Modotti, S. 372.
27 Vidali, Retrato de Mujer, S. 39f., zitiert nach: Albers, Das Leben kämpft in mir, S. 405.
28 Ebd., S. 417.
29 Albers, Das Leben kämpft in mir, S. 428.
30 Egon Erwin Kisch, Nachruf 1942, in: Schultz, Tina Modotti, S. 77.

Kapitel XI: Tamara Bunke

1 Tamara Bunke, Brief an die Eltern, 30. Oktober 1962, aus Kuba während der Kuba-Krise, in: Rojas/Calderon, Tania La Guerrillera, S. 89.
2 Nadja Bunke, in: Estrada, Tania, S. 154.

Anmerkungen

3   Stellungnahme von Tamara Bunke, 4. Februar 1958, in: Rojas/Calderon, Tania La Guerrillera, S. 25.
4   Koenen, Traumpfade der Weltrevolution, S. 155.
5   Rojas/Calderon, Tania La Guerrillera, S. 28.
6   Ebd., S. 18.
7   Ebd., S. 15.
8   Bunke, Brief an die Eltern, 26. Mai 1961, in: Ebd., S. 29/32.
9   Ebd., S. 16.
10 Panitz, Cuba mi amor, S. 117.
11 Bunke, Brief an die Eltern, 30. Oktober 1962, in: Rojas/Calderon, Tania La Guerrillera, S. 89f.
12 Bunke, Lebenslauf für den »Fall Tania«, in: Estrada, Tania, S. 159, Anhang.
13 Mercys Bericht über seinen Kontakt zu Tania in Bolivien und Brasilien vom 7. Januar bis Ende März 1966, in: Ebd., S. 217f., Anhang.
14 Bunke, Letzter Brief an die Eltern, März 1961, in: Rojas/Calderon, Tania La Guerrillera, S. 179.
15 Castaneda, Che Guevara, S. 443.
16 Koenen, Traumpfade der Weltrevolution, S. 449.
17 Ernesto Che Guevara, Tagebuch, 27. März 1967, in: Che Guevara, Bolivianisches Tagbuch, S. 95f.
18 Che Guevara, Botschaft an die Völker der Welt, 16. April 1967, in: Che Guevara, Schriften zum Internationalismus, S. 225.
19 Che Guevara, Analyse des Monats Mai 1966, in: Che Guevara, Bolivianisches Tagbuch, S. 137.
20 Che Guevara, Tagebuch, 7. September 1967, in: Ebd., S. 191f.
21 *Neues Deutschland*, 3. November 1967.
22 Hearst, Her Own Story, S. 131.
23 Bunke, Gedicht, April 1966, in: Rojas/Calderon, Tania La Guerrillera, S. 178.

Kapitel XII: Phoolan Devi

1   Phoolan Devi, Ich war die Königin der Banditen, S. 164.
2   Ebd., S. 44.
3   Ebd., S. 68.
4   Ebd., S. 117.
5   Angelika Kopecny, Wer hat Angst vor Phoolan Devi?, in: Becker, Wild Women, S. 33.
6   Devi, Ich war die Königin der Banditen, S. 164.
7   Ebd., S. 182.
8   Ebd., S. 203.
9   Sen, Bandit Queen, S. 87.
10 Devi, Ich war die Königin der Banditen, S. 291.
11 Ebd., S. 310f.
12 Ebd., S. 382.
13 Ebd., S. 398.
14 Kopecny, Wer hat Angst vor Phoolan Devi?, in: Becker, Wild Women, S. 30.
15 Devi, Ich war die Königin der Banditen, S. 409f.
16 Veene Kade-Luthra, Phoolan Devi, in: Adelberger/Lübbke, Rebellinnen, S. 165.
17 Devi, Ich war die Königin der Banditen, S. 448f.
18 Ebd., S. 506.
19 Kade-Luthra, Phoolan Devi, S. 50.

Literatur

Abrams, Fran: Freedom's Cause. Lives of the Suffragettes, London 2003
Adelberger, Michaela/Lübbke, Maren (Hrsg.): Rebellinnen. Leben als Aufstand, Mannheim 1997
Albers, Patricia: »Das Leben kämpft in mir«. Tina Modotti, München 2001
Alpern Engel, Barbara/Rosenthal, Clifford N.: Five Sisters. Women against the Tsar, London 1975
Anneke, Mathilde Franziska: Die gebrochenen Ketten. Erzählungen, Reportagen und Reden 1861–1873, Stuttgart 1983
Anneke, Mathilde Franziska: Mutterland. Memoiren einer Frau aus dem badisch-pfälzischen Feldzuge 1848/49, Münster 1982
Aragon, Louis: Die Glocken von Basel. Übers. v. Alfred Kurella, Berlin 1964
Argenteri, Letizia: Tina Modotti. Between Art and Revolution, New Haven/London 2003
Badia, Gilbert: Clara Zetkin. Eine neue Biographie, Berlin 1994
Barckhausen, Christiane: Auf den Spuren von Tina Modotti, Kiel 1997
Barckhausen, Christiane: Tina Modotti. Wahrheit und Legende einer umstrittenen Frau, Berlin 1989
Becker, Baerbel (Hrsg.): Wild Women. Furien, Flittchen, Flintenweiber, Berlin 1992
Beecher Stowe, Harriet: Onkel Toms Hütte, Wien 1959
Beise, Arnd: Charlotte Corday. Karriere einer Attentäterin, Marburg 1992
Bennett, Lerone Jr.: Before the Mayflower: A History of Black America 1619–1964, New York 1988
Blos, Anna: Frauen der deutschen Revolution 1848. Zehn Lebensbilder, Dresden 1929
Borries, Achim von/Brandies, Ingeborg: Anarchismus. Theorie, Kritik, Utopie, Frankfurt/M. 1970
Brinker-Gabler, Gisela (Hrsg.): Kämpferin für den Frieden: Bertha von Suttner. Lebenserinnerungen, Reden, Schriften, Frankfurt/M. 1982
Cacucci, Pino: Tina. Das abenteuerliche Leben der Tina Modotti, Zürich 1993
Castaneda, Jorge G.: Che Guevara. Übers. v. Christiane Barckhausen, Frankfurt/M. 1998
Che Guevara, Ernesto: Bolivianisches Tagebuch. Dokumente einer Revolution. Übers. v. A. Aschenbrenner, Reinbek bei Hamburg 1989
Che Guevara, Ernesto: Schriften zum Internationalismus. Ausgewählte Werke in Einzelausgaben, Bd. 4, hrsg. von Horst-Eckart Gross, Köln 1989
Conrad, Earl: Harriet Tubman, Washington D.C. 1943
Coxhead, Elizabeth: Daughters of Erin. Five women of the Irish Renascence. London 1965
Delany, Martin R.: Blake or the Huts of Africa. A Novel, New York 1970
Devi, Phoolan: Ich war die Königin der Banditen. Übers. v. Marie-Thérèse Cuny, Bergisch-Gladbach 1996
Douglass, Frederick: The Heroic Slave, New York 1990
Estrada, Ulises: Tania. Undercover mit Che Guevara in Bolivien, Bremen 2007
Falk, Candace: Liebe und Anarchie & Emma Goldman. Eine Biographie. Ein erotischer Briefwechsel, Berlin 1987
Feuerstein-Praßer, Karin: Frauen, die aufs Ganze gingen. Zehn Frauenporträts aus drei Jahrhunderten, München 2008
Figner, Vera: Nacht über Russland. Lebenserinnerungen einer russischen Revolutionärin, Reinbek bei Hamburg 1988

Fingall, Elisabeth, Countess of/Hinkson Pamela: Seventy Years Young, London 1937
Fried, Alfred Hermann: Persönlichkeiten: Bertha von Suttner, Berlin o. J.
Friesen, Gerhard: A Letter from M. F. Anneke: A Forgotten German-American Pioneer in Women's Rights, in: Journal of German American Studies 12, 1977 Heft 2, S. 34
Furet, François/Ozouf Mona (Hrsg.): Kritisches Wörterbuch der Französischen Revolution. Zwei Bände, Frankfurt/M. 1996
Gara, Larry: The Liberty Line. The Legend of the Underground Railroad, Lexington 1961
Gates, Henry Louis Jr.: The Classic Slave Narratives, New York 1987
Goldman, Emma: Anarchism and other Essays, New York 1911
Goldman, Emma: Gelebtes Leben, Band 1, Berlin 1982
Goldman, Emma: Gelebtes Leben, Band 2, Berlin 1979
Goldman, Emma: Gelebtes Leben, Band 3, Berlin 1980
Goldman, Emma: My Disillusionment in Russia, London 1925
Goldman, Emma: My Further Disillusionment in Russia. Garden City, 1924
Goldman, Emma: Niedergang der russischen Revolution, Berlin 1987
Grubitzsch, Helga/Cyrus, Hannelore/Haarbusch, Elke (Hrsg.): Grenzgängerinnen. Revolutionäre Frauen im 18. und 19. Jahrhundert, Düsseldorf 1985
Gürtler, Christa/Schmid-Bortenschlager, Sigrid: Eigensinn und Widerstand. Schriftstellerinnen der Habsburgermonarchie, Wien 1998
Hamann, Brigitte: Bertha von Suttner. Ein Leben für den Frieden, München 1996
Hausmann, Friederike: Die deutschen Anarchisten von Chicago oder warum Amerika den 1. Mai nicht kennt, Berlin 1998
Haverty, Anne: Constance Markievicz. An Independent Life, London 1988
Hearst, Patty: Her Own Story, New York 1988
Hervé, Florence (Hrsg.): Clara Zetkin oder Dort kämpfen, wo das Leben ist, Berlin 2007
Hetmann, Frederik: Eine schwierige Tochter. Die Geschichte einer irischen Rebellin. Frankfurt/M. 1982
Hooks, Margaret: Tina Modotti. Eine Biographie. Übers. v. Nikolaus G. Schneider, München 1997
Jakoubek, Robert E.: Harriet Beecher Stowe. Author and Abolitionist, New York 1989
James, Daniel: Che Guevara. Leben und Sterben eines Revolutionärs, München 1985
Jena, Detlef: Die russischen Zaren in Lebensbildern, Augsburg 2003
Kade-Luthra, Veena: Phoolan Devi. Die Legende einer indischen Banditin, Frankfurt/M. 1983
Kahlo, Frida und Tina Modotti, Katalog zur gleichnamigen Ausstellung, Frankfurt/M. 1982
Karasek, Horst (Hrsg.): 1886 Haymarket. Die deutschen Anarchisten von Chicago. Reden und Lebensläufe, Berlin 1975
Karl, Michaela: Wir fordern die Hälfte der Welt. Der Kampf der Suffragetten um das Frauenstimmrecht, Frankfurt/M. 2009
King, Wilma: Toward the Promised Land 1851–1861. From Uncle Tom's Cabin to the Onset of the Civil War, New York 1995
Kleberger, Ilsa: Bertha von Suttner. Die Vision vom Frieden, München 1988
Knauss, Sybille: Charlotte Corday. Romanbiographie, Hamburg 1988
Koenen, Gerd: Traumpfade der Weltrevolution. Das Guevara-Projekt, Köln 2008
Landauer, Gustav: Briefe aus der Französischen Revolution, Frankfurt/M. 1990
Larson, Kate Clifford: Bound for the Promised Land. Harriet Tubman. Portrait of an American Hero, New York 2003

Literatur

Liddington, Jill/Norris, Jill: One Hand Tied Behind Us, London 2000
Lowry, Beverly: Harriet Tubman. Imagining a Life, New York 2007
Malleczewen-Reck, Fritz: Charlotte Corday. Geschichte eines Attentats, Wiesentheid 1947
Marat, Jean Paul: Ich bin das Auge des Volkes. Ein Portrait in Reden und Schriften, hrsg. v. Aglaia I. Hartig, Berlin 1987
Marcardle, Dorothy: The Irish Republic, Dublin 1951
Marlow, Joyce: Votes for Women, London 2001
Marreco, Anne: The Rebel Countess. The Life and Times of Constance Markievicz, London 2000
Michelet, Jules: Die Frauen der Revolution. Übers. v. Gisela Etzel, München 1984
Mill, John Stuart: Die Hörigkeit der Frau, Frankfurt/M. 1976
Möhrmann, Renate: Frauenemanzipation im deutschen Vormärz. Texte und Dokumente, Stuttgart 1978
Most, John: Memoiren, Erlebtes, Erforschtes und Erdachtes, Hannover 1978
Müller-Kampel, Beatrix: »Krieg ist Mord auf Kommando«. Bürgerliche und anarchistische Friedenskonzepte. Bertha von Suttner und Pierre Ramus, Nettersheim 2005
Neruda, Pablo: Ich bekenne, ich habe gelebt. Memoiren, München 1974
Nettelbeck, Petra und Uwe: Charlotte Corday, Nördlingen 1977
Oikarinen, Sari: »Dream of Liberty«. Constance Markievicz's Vision of Ireland 1908–1927. Helsinki 1998
Panitz, Eberhard: Cuba mi amor. Die letzte Insel, Berlin 2004
Panitz, Eberhard: Der Weg zum Rio Grande. Ein biographischer Bericht über Tamara Bunke, Berlin 1973
Panitz, Eberhard: Tamara Bunke. Mit Che Guevara in Bolivien, Schkeuditz 1995
Pankhurst, Emmeline: Ein Leben für die Rechte der Frauen, Göttingen 1996
Paz, Abel: Durruti. Leben und Tode des spanischen Anarchisten. Übers. v. Luís Bredlow, Hamburg 1993
Petry, Ann: Harriet Tubman. Conductor on the Underground Railroad, New York 2007
Poniatowska, Elena: Tinissima. Der Lebensroman der Tina Modotti, Frankfurt/M. 1996
Quarles, Benjamin: Black Abolitionists, New York 1969
Reed, John: 10 Tage, die die Welt erschütterten, Berlin 1982
Rocker, Rudolf/Goldman, Emma: Der Bolschewismus: Verstaatlichung der Revolution, Berlin 1968.
Rocker, Rudolf: Dem Andenken einer alten Freundin, in: *Die Freie Gesellschaft. Monatsschrift für Gesellschaftskritik und freiheitlichen Sozialismus.* 4. Jg. (1952), Nr. 36/37, S. 23–26
Rojas, Marta/Rodriguez Calderon, Mirta: Tania La Guerrillera, Ost-Berlin 1973
Roper, Esther (ed.): Prison Letters of Countess Markievicz, London 1934, repr. London 1986
Schmidt, Klaus: Mathilde Franziska und Fritz Anneke. Aus der Pionierzeit von Demokratie und Frauenbewegung, Köln 1999
Schmieding, Walther: Aufstand der Töchter. Russische Revolutionärinnen im 19. Jahrhundert, Frankfurt/M. 1981
Schmitt, Eberhard: Einführung in die Geschichte der Französischen Revolution, München 1989
Schmölzer, Hilde: Revolte der Frauen. Porträts aus 200 Jahren Emanzipation, Wien 1999
Schück, Henrik/Sohlmann, Ragnar (Hrsg.): Alfred Nobel, Leipzig 1928
Schulte-Kemminghausen, Karl: Die Briefe der Annette von Droste-Hülshoff, Band 2, Jena 1960

Schultz, Reinhard (Hrsg.): Tina Modotti. Ihr fotografisches Werk. Ihr Leben. Ihr Film, Frankfurt/M. 2005
Sen, Mala: Bandit Queen. Die Geschichte der Phoolan Devi, München 1993
Soden, Kristine von (Hrsg.): Zeitmontage. Rosa Luxemburg, Berlin 1988
Solomon, Martha: Emma Goldman, Boston 1987
Steffahn, Harald: Bertha von Suttner, Reinbek bei Hamburg 1998
Stoljarowa Ruth/Schmalfuß, Peter: Briefe Deutscher an Lenin 1917–1923, Berlin 1990
Suttner, Bertha von: Das Maschinenzeitalter. Zukunftsvorlesungen über unsere Zeit, Zürich 1898
Suttner, Bertha von: Der Menschheit Hochgedanken, Berlin 1911
Suttner, Bertha von: Die Haager Friedenskonferenz. Tagebuchblätter, Dresden 1901
Suttner, Bertha von: Die Waffen nieder! Eine Lebensgeschichte, Husum 1990
Suttner, Bertha von: Es Löwos. Eine Monographie, Dresden/Leipzig 1899
Suttner, Bertha von: High Life, München 1886
Suttner, Bertha von: Inventarium einer Seele, Dresden 1904
Suttner, Bertha von: Lebenserinnerungen, Berlin 1979
Suttner, Bertha von: Trente et Quarante, Dresden 1893
Thun, Alphons: Geschichte der Revolutionären Bewegung in Russland, Leipzig 1883
Treffer, Gerd: Geschichte Frankreichs, Regensburg 1998
Vidali, Vittorio: Retrato de Mujer. Una Vida con Tina Modotti, Mexico 1984
Voris, Jacqueline van: Constance Markievicz. In the Cause of Ireland, Massachusetts, 1967
Wagner, Maria: Mathilde Franziska Anneke in Selbstzeugnissen und Dokumenten, Frankfurt/M. 1980
Weston Edward: The Daybooks of Edward Weston, Volume II, New York 1973
Wexler, Alice: Emma Goldman. An Intimate Life, London 1984
Wolfe, Bertram D.: The Fabulous Life of Diego Rivera, New York 1969
Wunderlich, Dieter: WageMutige Frauen, München 2008
Zetkin, Clara: Ausgewählte Reden und Schriften, Band I, Berlin 1957
Zetkin, Clara: Ausgewählte Reden und Schriften, Band II, Berlin 1960
Zetkin, Clara: Ausgewählte Reden und Schriften, Band III, Berlin 1960
Zweig, Stefan: Briefe an Freunde, hrsg. v. Richard Friedenthal, Frankfurt/M. 1978

Personenregister

Acuna, Manuel 232
Alexander II., russ. Zar 94, 100–105, 177
Alexander III., russ. Zar 105–107, 109, 111, 116
Alibando 32
Amalia, Landgräfin von Hessen Kassel 74
Amelunxen, Klementine 36
Anneke, Fritz (Sohn) 40, 44–47
Anneke, Fritz 38, 40–50
Anneke, Hertha 47
Anneke, Irla 47
Anneke, Mathilde Franziska 10, 33–51
Anneke, Percy Shelley 45, 50
Anthony, Susan B. 46, 49f., 70
Aragon, Louis 118
Arce, Ricardo 226
Arnaud, Émile 87
Asef, Jewno 114
Asquith, Henry Herbert 147
Aston, Louise 34, 37
Augspurg, Anita 123

Bakunin, Michail 41
Banner, Spangled 47
Barbaroux, Charles Jean-Marie 26, 27, 30
Barrientos, Moisés Chiri 225
Barrientos, René 226, 229, 233
Bebel, August 120, 122, 126
Becker, Lydia 139
Beecher-Stowe, Harriet 65f., 83, 137
Benario, Olga 221
Berkman, Alexander 179–181, 183–186, 188–193
Bernstein, Eduard 120, 126, 130
Blanc, Louis 96
Blum, Robert 39
Bosch, Paula 129
Bosch, Robert 129
Bowley, John 62
Bowley, Kessiah 59, 61
Bowley, Kessiah 62
Bradford, Sarah 70
Braun, Lily 123
Bravo, Manuel Alvarez 207
Breckinridge, John Cabell 68
Brodess, Edward 56–59
Brodess, Eliza 59
Brown, John 66, 67
Brutus, Marcus Iunius 20, 31, 32, 178
Bunke, Erich 218, 222, 224f., 227f., 234
Bunke, Nadja 218, 220–222, 224f., 227f., 234f.

Bunke, Olaf 219
Bunke, Tamara 12, 217–235
Bunteschuh, Emma 38
Büschel, Elvira 75
Bustos, Ciro 230, 232
Byron, George Gordon Lord 36

Capa, Robert 212
Carnegie, Andrew 90
Cassius, Gaius C. Longinus 20
Castaneda, Jorge 229
Castro, Fidel 223f.4, 228, 230
Cato, Marcus Porcius C. Censorius 20, 31
Cauer, Minna 123
Chauveau-Lagarde, Claude François 30
Clinton, Hillary Rodham 54
Cobden, Richard 136
Codovilla, Vittorio 224
Collins, Micheal 165, 169, 171f.
Colton, James 192
Conolly, James 163, 165f.
Corday, Charlotte 11, 15–17, 20f., 23, 25f., 28–32
Corday, Eleonore 17
Corneille, Pierre 16
Cousins, Margaret 161
Crane, Sophia Jane 136–138
Czolgsoz, Leon 182

Dadiani, Ekaterina, Fürstin von Mingrelien 79
Danton, George 21, 25, 32
Darwin, Charles 80
Davis, Gertie 70f.
Davis, Nelson 70
Debray, Régis 230, 232
Delany, Martin R. 68
Descartes, René 76
Devi, Phoolan 11, 237–252
Dostojewski, Fjodor 94
Douglas, Stephen A. 68
Douglass, Frederick 54, 64f.
Droste-Hülshoff, Annette von 36f.
Dukakis, Michael 193
Dunant, Henri 89
Dunin-Markievicz, Casimir 160f., 163, 173
Durruti, Buenaventura 194

Edison, Thomas Alva 80
Eißner, Gottfried 119
Eißner, Josephine 119f.
Engels, Friedrich 37

266

Personenregister

Estrada, Ulises 225
Evrard, Simone 28f.

Fawcett, Millicent 142
Figner, Jewgenia 100, 113f.
Figner, Lydia 96–98, 101, 113, 116
Figner, Nikolai 95f.
Figner, Olga 113, 116
Figner, Vera 12, 93–116, 177
Filippow, Alexej V. 96f.
Fourier, Charles 96
Franco, Francisco 194, 213f.
Franz Ferdinand, Erzherzog 153
Franz II., Kaiser von Österreich 22
Franz Joseph I., Kaiser von Österreich 89
Freiligrath, Ferdinand 36
Freud, Sigmund 201
Frick, Henry Clay 180f.
Fried, Alfred Hermann 87, 89f.
Friedrich Wilhelm IV., König von Preußen 39, 41
Fürstenberg, Friedrich 75

Gandhi, Mahatma 249
Garibaldi, Guiseppe 47
Garner, Margret 62
Garrett, Thomas 62, 64
George V., König von England 164, 171
George, Lloyd 151, 170
Gerhardinger, Karolina 74
Giesler, Elisabeth 34, 45
Giesler, Karl 34f.
Ginsburg, Sofia 111
Gladstone 162
Goebbels, Joseph 133
Goldman, Abraham 176f.
Goldman, Emma 11, 175–195
Goldman, Helena 176f.
Goldman, Lena 176f.
Gómez, Hortensia 220
Gonne, Maud 161
Gore-Booth, Eva 158–161, 168, 173
Gore-Booth, Henry 158–160, 173
Gorki, Maxim 115, 187
Gottschalk, Andreas 38
Gouges, Olympe de 32
Goulden, Robert 136–138
Gratschewski, Michail 111
Green, Harriet 55f., 59, 61
Grey, Edward 145
Griffith, Arthur 163
Guerrero, Xavier 207f.
Guevara, Ernesto Che 218, 220–224, 228–235
Guggenheim, Peggy 192
Gujar, Babu 242f.
Gutzkow, Karl 36

Hannibal, karthag. Feldherr 80
Hardie, Keir 140, 154
Hazelton, Gerry W. 70
Hearst, Patty 234
Hearst, William Randolph 234
Hegel, Georg Wilhelm Friedrich 9
Heine, Heinrich 37, 76
Heine-Geldern, Gustav von 76
Helfman, Hesja 106
Hemingway, Ernest 213f.
Herwegh, Emma 34
Herzl, Theodor 85
Hitler, Adolf 214
Hoover, Edgar J. 186
Humboldt, Wilhelm 76

Ibarruri, Dolores 214

Julian, George W. 49

Kahlo, Frida 208, 210
Kant, Immanuel 76
Kapp, Cäcilie 48
Kapur, Shekhar 251
Katharina die Große, russ. Zarin 74
Kautsky, Karl 126
Kautsky, Luise 126
Kerr, Alfred 125
Kershner, Jacob 177f.
Keynes, John Maynard 140
Kibaltschitsch, Nikolai 106
Kisch, Egon Erwin 211, 214, 216
Klenze, Leo von 74
Kollontai, Alexandra 126, 187, 207
Körner, Sophie von 75–77, 80
Kraus, Karl 83
Kropotkin, Peter 116, 180, 182, 188
Kroul, Leni 215

L'Abrie Richey, Roubaix de 200–203
Lal, Putti 240, 243, 250
Landsbury, George 192
Larkin, James 163–165
Lassalle, Ferdinand 119
Lenau, Nikolaus 36
Lenin, Wladimir 111, 115, 126, 130, 132f., 187
Liebknecht, Karl 128, 131
Liebknecht, Wilhelm 83, 120, 122
Lincoln, Abraham 47, 68f.
Locke, John 21
Loris-Melikow, Michail Graf 104f.
Ludwig I. 39, 74
Ludwig V. Joseph, Herzog von Bourbon, Prince de Condé 25
Ludwig XVI., König von Frankreich 18f., 21f., 25, 30f.

267

Lueger, Karl 85
Lux, Adam von 31
Luxemburg, Rosa 118, 126f., 129, 130f.

Machado, Gerardo 207, 209
Machno, Nestor 188
Malatesta, Errico 182
Mallah, Mansukh 244
Mallah, Vikram 243f., 246f.
Malraux, André 214
Marat, Jean Paul 15f., 21, 23–30, 32
Maria Theresia, Erzherzogin von Österreich 74
Marie Antoinette, Königin von Frankreich 23, 30
Marinello, Juan 213
Markievicz, Constance 12, 157–173
Markievicz, Maeve Alys 160f.
Martínez, Mario 226
Marx, Eleanor 140
Marx, Karl 42, 119, 133, 140
Masetti, Jorge 230
Mathura 242
Mayadin 239–241, 250
McKinley, William 182
Mehring, Franz 126, 129
Mella, Julio Antonio 207–210, 215
Méndez, Bascope 226
Menéndez, Ramiro Valdés 218
Mercy (Kontaktmann) 227
Metternich, Klemens Wenzel von 39
Michailow, Timofej 106
Michel, Louise 121, 182
Michelet, Jules 32
Mill, John Stuart 138f.
Mirabeau, Honoré Gabriel Victor de Riqueti, Marquis de 19
Modotti, Guiseppe 198f.
Modotti, Mercedes 198f.
Modotti, Tina 12, 197–216
Monje, Mario 229
Montesquieu, Charles-Louis de Secondat, Baron de La Brède et de 18, 21
Montez, Lola 39
Montgomery, Colonel James 69
Morris, William 140
Morrison, Toni 62
Most, Johann 178f., 181
Mott, Lucretia 70
Munoz, Gonzalo López 226
Münzenberg, Willi 211
Murray, James 147
Mussolini, Benito 204, 214

Necker, Jacques 18f.
Neruda, Pablo 198, 212, 215f.
Netschajew, Sergej 101f.

Newton, Sir Isaac 80
Nexö, Martin Andersen 214
Nietzsche, Friedrich 201
Nikolaus I., russ. Zar 94
Nikolaus II., russ. Zar 87, 111–114
Nobel, Alfred 79, 81, 84–86

Obama, Barack 54
Orozco, José Clemente 203
Otto, Christian 16

Panitz, Eberhard 223
Pankhurst, Adela 139–141, 144
Pankhurst, Christabel 136, 139–141, 143–145, 148, 150, 153–155
Pankhurst, Emmeline 11, 135–137, 139–155
Pankhurst, Frank 139–141, 144
Pankhurst, Harry 139–141, 144
Pankhurst, Richard 139–141, 142
Pankhurst, Sylvia 136, 139–141, 143–145
Parnell, Charles Stewart 162
Pascual, Sara 222
Pasos, John Dos 207
Paul, Jean 16
Peabody, George Foster 80
Pearse, Patrick 166
Perowskaja, Sofia 106, 109
Pestowski, Stanislaw 204
Plechanow, Georgi 102
Plutarch 17
Pochitonow, Nikolai 111
Prestes, Anita Leocadia 221
Prestes, Luis Carlos 221
Proudhon, Pierre-Joseph 96

Radek, Karl 187
Radetzky, Joseph Wenzel Graf 80
Ram, Lala 243f., 247
Ram, Schri 243f., 247
Rappoport, Charles 121
Raynal, Guillaume–Thomas 17
Reece, Jane 201
Reed, John (Jack) 187f.
Rilke, Rainer Maria 83
Rio, Dolores del 207
Rivera, Diego 198, 203, 205, 208–210
Robespierre, Maximilien de 21–23, 25, 26, 30, 32
Rockefeller, John D. 184
Rocker, Milly 192
Rocker, Rudolf 190, 192–194
Roell (Kriminalsekretär) 124
Rojas, Honorato 233
Roland de la Platière, Marie-Jeanne 32
Rollmann, Franziska 43
Roosevelt, Theodore 88

Rosegger, Peter 84
Ross, Araminta siehe Harriet Tubman
Ross, Ben 55f., 59, 61
Ross, Ben 59, 61
Ross, Henry 59, 61
Ross, Moses 56, 61f.
Rousseau, Jean-Jacques 17f.
Rubio, Pascual Ortiz 211
Russell, Bertrand 140, 230
Ryssakow, Nikolai 106

Sablin, Nikolai 106
Sacco, Nicola 193, 207
Sand, Karl Ludwig 16, 32
Sandino, Augusto Cesar 207
Sartre, Jean-Paul 230, 234
Sassulitsch, Vera 102
Sayn-Wittgenstein–Hohenstein, Adolf
      Prinz zu 77
Scheffer (geb. Giesler), Maria 45f.
Schiller, Friedrich von 76
Schmidt, Auguste 119f.
Scholl, Sophie 74
Schücking, Levin 37
Schurz, Carl 42, 47
Schurz, Margarethe 47
Seghers, Anna 214
Semper, Gottfried 41
Shaw, George Bernhard 140, 166
Sheehy-Skeffington, Hanna 161
Sheljabow, Andrej 106
Sinowjew, Grigori 187, 189
Siqueiros, David Alfaro 203
Smyth, Ethel 148f., 155
Solowjow, Alexander 100f.
Stalin, Josef 133, 215
Stanton, Elizabeth Cady 46, 49
Stein, Edith 74
Stöcker, Helene 134
Strelnikow (Militärstaatsanwalt in
      Odessa) 106f.
Struve, Amalie 34
Suchanow, Nikolai 106
Suslowa, Nadeschda 96
Suttner, Arthur Gundaccar von 78–80,
      84–86, 88f.

Suttner, Bertha von 11, 73–92
Suttner, Carl von 78–80
Suttner, Marie Louise 86

Tabouillot, Alfred von 35, 37
Tabouillot, Fanny 35–37, 44–46, 50
Thompson, Anthony 55f.
Tolstoi, Leo 83
Tone, Wolfe 166
Trotzki 189, 190
Truth, Sojourner 54
Tschernyschewski, Nikolai 101, 177
Tubman, Harriet 11, 53–64, 66–72
Tubman, John 58f., 63, 70
Tubman, Tom 62

Uljanow, Alexander 111

Valera, Eamonn de 169–173
Vanzetti, Bart 193, 207
Victoria, Königin von England 159
Vidali, Vittorio 207, 211–215

Wagner, Richard 41
Webb, Beatrice 140
Webb, Sidney 140
Weißkirch (geb. Giesler), Johanna 45f.
Wellington, Arthur Wellesley, Duke of 80
Wells, H.G. 140
Weston, Chandler 203
Weston, Edward 198, 201–205, 207, 212
Wilde, Oscar 201
Wilhelm II., dt. Kaiser 81, 87f., 118
Wolf, Mischa 235
Wolkenstein, Ljudmila 110, 112

Yadav, Man Singh 245, 250
Yeats, William Butler 161, 163

Zetkin, Clara 10, 117–120, 122–134
Zetkin, Konstantin 120–122, 124–126
Zetkin, Maxim 120–122, 124f.
Zetkin, Ossip 120– 122
Zola, Emile 85
Zundel, Friedrich 125, 129
Zweig, Stefan 91

Bildnachweis

Interfoto/picturedesk.com (S. 15); ullstein bild/picturedesk.com (S. 53); ÖNB Bildarchiv/picturedesk.com (S. 73); Süddeutsche Zeitung Photo/picturedesk.com (S. 91); ullstein bild/picturedesk.com (S. 117); keystone/eyedea/picturedesk.com (S. 135); ullstein bild/TopFoto (S. 157); ullstein bild/picturedesk.com (S. 175); Interfoto/picturedesk.com (S. 197); Bundesarchiv, Bild 183-G0319-0204-002 (S. 217 u. Umschlagbild); Süddeutsche Zeitung Photo/picturedesk.com (S. 237).

Paul Schulmeister

Wende-Zeiten

Eine Revolution im Rückblick

Die faszinierende Bilanz eines Zeitzeugen

Der Fall der Berliner Mauer bedeutete eine Zeitenwende: Der ideologische, politische und militärische Ost-West-Konflikt ging unblutig zu Ende. Der Eiserne Vorhang war gefallen, Demokratie und Dialog, Gewaltverzicht und Menschenrechte hatten gesiegt.

Als Fernsehjournalist beobachtete Paul Schulmeister über viele Jahre den Gärungsprozess in den Gesellschaften des „Ostblocks". Aus persönlichem Erleben schildert er nun den Weg zur Wende: von der Unterzeichnung der KSZE-Charta 1975 in Helsinki über die historische Polen-Reise von Papst Johannes Paul II. bis zu den großen Friedensdemonstrationen in Berlin und Leipzig.

In aktuellen Interviews u.a. mit Helmut Kohl, Hans-Dietrich Genscher und Horst Teltschik sowie Joachim Gauck und Richard Schröder spürt er der Dynamik der damaligen Ereignisse nach. In seiner klugen Analyse zeigt er, was vom mutigen Kampf für Freiheit und Demokratie geblieben ist.

www.residenzverlag.at